"中国式现代化的故事"丛书

张占斌 总主编

中共江苏省委党校（江苏行政学院） 编著

水韵江苏

中国式现代化的江苏故事

中央党校出版社集团
国家行政学院出版社

图书在版编目（CIP）数据

水韵江苏：中国式现代化的江苏故事/中共江苏省委党校（江苏行政学院）编著 . -- 北京：国家行政学院出版社，2025.3. --（"中国式现代化的故事"丛书/张占斌主编）. -- ISBN 978-7-5150-2945-0

Ⅰ. D675.3

中国国家版本馆 CIP 数据核字第 20249M5V12 号

书　　名	水韵江苏——中国式现代化的江苏故事
	SHUIYUN JIANGSU——ZHONGGUOSHI XIANDAIHUA DE JIANGSU GUSHI
作　　者	中共江苏省委党校（江苏行政学院）　编著
统筹策划	胡　敏　刘韫劼　王　莹
责任编辑	王　莹　王　朔
责任校对	许海利
责任印刷	吴　霞
出版发行	国家行政学院出版社
	（北京市海淀区长春桥路 6 号　100089）
综 合 办	（010）68928887
发 行 部	（010）68928866
经　　销	新华书店
印　　刷	北京新视觉印刷有限公司
版　　次	2025 年 3 月北京第 1 版
印　　次	2025 年 3 月北京第 1 次印刷
开　　本	170 毫米 × 240 毫米　16 开
印　　张	20.25
字　　数	240 千字
定　　价	85.00 元

本书如有印装问题，可联系调换。联系电话：（010）68929022

出版说明

党的二十大报告指出，从现在起，中国共产党的中心任务就是团结带领全国各族人民全面建成社会主义现代化强国、实现第二个百年奋斗目标，以中国式现代化全面推进中华民族伟大复兴。习近平总书记在中央党校建校90周年庆祝大会暨2023年春季学期开学典礼上的讲话中首次创造性提出"为党育才、为党献策"的党校初心。紧扣党的中心任务，践行党校初心，中央党校出版集团国家行政学院出版社和中央党校（国家行政学院）中国式现代化研究中心特别策划"中国式现代化的故事"丛书，邀请地方党校（行政学院）、宣传部门、新闻媒体、行业企业等方面共同参与策划和组织编写，从不同层次、不同维度、不同视角讲述中国式现代化的地方故事、企业故事、产业故事，生动展示各个地区、各个领域在大力拓展中国式现代化新征程上的理念创新、实践创新、制度创新、文化创新等，精彩呈现当代中国以中国式现代化全面推进中华民族伟大复兴的宏大历史叙事，以讲好中国式现代化的故事来讲好中国故事。

该丛书力求体现这样几个突出特点：

其一，文风活泼，以白描手法代入鲜活场景。本丛书区别于一般学术论著或理论读物严肃刻板的面孔，以生动鲜活的题材、清新温暖的笔触、富有现场感的表达和丰富精美的图片，将各地方、企业推进中国式现代化建设的理论思考、战略规划、重要举措、实践路径等向读者娓娓道来，使读者在沉浸式的阅读体验中获得共鸣、引发思考、受到启迪。

其二，视野开阔，以小切口反映大主题。丛书中既有历史人文风貌、经济地理特质的纵深概述，也有改革创新举措、转型升级案例的细节剖解，既讲天下事，又讲身边事，以点带面、以小见大，用故事提炼经验，以案例支撑理论，从而兼顾理论厚度、思想深度、实践力度和情感温度。

其三，层次丰富，以一域之光映衬全域风采。丛书有开风气之先的上海气度，也有立开放潮头的南粤之声；有沉稳构筑首都经济圈的京津冀足音，也有聚力谱写东北全面振兴的黑吉辽篇章；有在长江三角洲区域一体化发展中厚积薄发的安徽样板，也有在成渝地区双城经济圈中走深走实的川渝实践；有生态高颜值、发展高质量齐头并进的云南画卷，也有以"数"为笔、逐浪蓝海的贵州答卷；有"强富美高"的南京路径，也有"七个新天堂"的杭州示范……丛书还将陆续推出各企业、各行业的现代化故事，带读者领略中国式现代化的深厚底蕴、辽阔风光和壮美前景。

"中国式现代化的故事"丛书既是各地方、企业推进中国式现代化建设充满生机活力的形象展示，也是以地方、企业发展缩影印证中国式现代化理论科学性的多维解码。希望本丛书的出版，能够为各地方、企业搭建学习交流平台，将一地一域的现代化建设融入全面建设社会主义现代化国家的大局，步伐一致奋力谱写中国式现代化的历史新篇章。

国家行政学院出版社
"中国式现代化的故事"丛书策划编辑组

总 序

党的二十大擘画了全面建成社会主义现代化强国、以中国式现代化全面推进中华民族伟大复兴的宏伟蓝图。中国式现代化是前无古人的开创性事业，是强国建设、民族复兴的康庄大道。回顾过去，中国共产党带领人民艰辛探索、铸就辉煌，用几十年时间走完西方发达国家几百年走过的工业化历程，创造了经济快速发展和社会长期稳定的两大奇迹，实践有力证明了中国式现代化走得通、行得稳；面向未来，在以习近平同志为核心的党中央坚强领导下，各地方各企业立足各自的资源禀赋、区位优势和产业基础、发展规划，精心谋划、奋勇争先，在推进中国式现代化过程中将展现出一系列生动场景，一步一个脚印地把美好蓝图变为现实形态。

中国式现代化，是中国共产党领导的社会主义现代化，既有各国现代化的共同特征，又有基于自己国情的中国特色。中国式现代化，是人口规模巨大的现代化，是全体人民共同富裕的现代化，是物质文明和精神文明相协调的现代化，是人与自然和谐共生的现代化，是走和平发展道路的现代化。这五个方面的中国特色，不仅深刻揭示了中国式现代化的科学内涵，也体现在不同地方、企业推进现代化建设可感可知可行的实际成果中。中国式现代化理论为地方、企业现代化的实践探索提供了不竭动力，地方、企业推进中国式现代化建设的成就也印证了中国式现代化道路行稳致远的时代必然。

为讲好中国式现代化的故事，更加全面、立体、直观地呈现中国式现代化的丰富内涵和万千气象，中央党校（国家行政学院）中国式现代化研究中心和中央党校出版集团国家行政学院出版社联合策划推出"中国式现代化的故事"丛书，展现各地方、企业等在着眼全国大局、立足地方实际、发挥自身优势，推进中国式现代化建设上的新突破新作为新担当，总结贯穿其中的完整准确全面贯彻新发展理念、构建新发展格局、推动高质量发展的新理念新方法新经验。我们希望该系列丛书一本一本地出下去，能够为各地更好推进中国式现代化建设以启迪和思考，为以中国式现代化全面推进中华民族伟大复兴凝聚更加巩固的思想基础，为进一步推进中国式现代化的新实践、书写中国式现代化的新篇章汇聚磅礴力量。

中央党校（国家行政学院）中国式现代化研究中心主任

2023 年 10 月

前 言

江苏，取江宁、苏州二府之首字而得名。地处我国沿海地区中部，长江横穿东西，大运河纵贯南北。全省土地面积10.72万平方千米，水域面积占全省面积的16.9%。境内山水平原错落，河流湖泊纵横，气候温和，土壤肥沃，物产丰饶，素有"鱼米之乡"的美誉。

江苏在中华文明发展史中有着重要的地位。在这里，清新柔美的吴文化与刚强雄浑的楚汉文化竞放异彩，豪迈清新的淮扬文化与兼收并蓄的金陵文化交相辉映，应时守则的农耕文化与多元开放的海洋文化相得益彰……从"泰伯奔吴"到"衣冠南渡"，中原文化与异域文化在此一次次地融合，催生了独具特色的江苏文化，有力推动了江苏经济发展、社会进步。深厚的文化底蕴、丰富的文化内涵，让江苏的富庶与繁华历经千年而不衰。

改革开放以来，江苏人民以敢为天下先的精气神，走出了一条云奔潮涌、气象万千的发展之路，江淮大地发生了翻天覆地的变化。1983年早春，邓小平同志以苏州为例证系统阐述了小康目标内涵。"翻两番，国民生产总值人均达到八百美元，就是到本世纪末在中国建立一个小康社会。这个小康社会，叫做中国式的现代化。"[1]20世纪末，江苏全省基本

---

[1] 《邓小平文选》第三卷，人民出版社1993年版，第54页。

迈入小康社会，苏南部分地区在全国探索率先基本实现现代化。江苏大地不断涌现出各具特色的"春天的故事"，无论是"由农到工""由内而外""由低向高"的发展变迁，还是"春到上塘""一包三改""沿海开放"的生动实践，无不表明，吃改革饭、走开放路、打创新牌，是江苏综合实力大提升、城乡面貌大变化、人民生活大改善的重要法宝。

江苏这片热土，一直是习近平总书记的关注点、调研点和研究点，总书记对江苏的关心关怀关注始终是进行时。党的十八大以来，习近平总书记多次亲临江苏考察调研，对江苏工作发表重要讲话、作出重要指示，每逢关键时期、重要节点，都亲自为江苏发展把脉定向、指路领航。

2014年12月，习近平总书记到江苏考察，亲自为江苏擘画了"建设经济强、百姓富、环境美、社会文明程度高的新江苏"宏伟蓝图，"强富美高"成为江苏现代化建设的最鲜明标识，从此中国梦江苏篇章有了更加明确的方向。

2020年11月，习近平总书记到江苏考察，又对江苏工作作出重要指示，赋予江苏"在改革创新、推动高质量发展上争当表率，在服务全国构建新发展格局上争做示范，在率先实现社会主义现代化上走在前列"的光荣使命。

2023年3月，习近平总书记参加十四届全国人大一次会议江苏代表团审议时，明确要求江苏在科技自立自强上走在前、在构建新发展格局上走在前、在推进农业现代化上走在前、在强化基层治理和民生保障上走在前，为江苏推动高质量发展走在前列擘画了"路线图"。

2023年7月，习近平总书记视察江苏，赋予江苏在科技创新上取得新突破、在强链补链延链上展现新作为、在建设中华民族现代文明上探索新经验、在推进社会治理现代化上实现新提升的重大任务。

2024年3月5日，习近平总书记再次亲临全国两会江苏代表团参加

前 言

审议，对江苏发展又明确了"4+1"重大任务，突出强调"要牢牢把握高质量发展这个首要任务，因地制宜加快发展新质生产力""使江苏成为发展新质生产力的重要阵地"，明确要求江苏坚定信心、鼓足干劲、勇挑大梁，为全国大局作出更大贡献。

2025年3月5日，习近平总书记在参加他所在的十四届全国人大三次会议江苏代表团审议时强调，圆满实现"十四五"发展目标，经济大省要挑大梁。江苏要把握好挑大梁的着力点，在推动科技创新和产业创新融合上打头阵，在推进深层次改革和高水平开放上勇争先，在落实国家重大发展战略上走在前，在促进全体人民共同富裕上作示范。总书记的讲话一如既往饱含着对江苏发展"走在前、做示范"的殷切希望，为江苏发展提供了根本遵循，极大激发了全省上下牢记嘱托、勇挑大梁的信心和动力。

新征程上，江苏坚持以习近平新时代中国特色社会主义思想为指导，牢牢把握"在推进中国式现代化中走在前、做示范"重大要求，努力以强烈的使命担当、扎实的工作举措，书写好党的十八届三中全会以来进一步全面深化改革的"实践续篇"和新征程推进中国式现代化的"时代新篇"。8500万江苏人民以大地作纸、以奋斗作笔，用心用力把总书记擘画的"强富美高"新江苏宏伟蓝图，从"大写意"一笔一笔绘制成"工笔画"：

强化扬子江城市群区域牵引带动作用。江苏沿江的南京、扬州、镇江、常州、无锡、苏州、泰州、南通八市承担着全省经济发展主引擎功能。沿江八市作为长江经济带节点区域，依托长三角世界级城市群，打造江苏发展的"金色名片"。协同打造世界级先进制造业集群和具有国际竞争力的数字产业集群，协同南京都市圈、苏锡常都市圈发展，当好全省乃至长三角区域经济发展动力源。

强化沿海经济带潜在增长极功能。江苏沿海的南通、盐城、连云港三市地处"一带一路"交汇点和长江经济带发展、长三角一体化发展等区域重大战略交汇区域,近年来乘势而上,深化陆海统筹、江海联动、南北贯通,从原来的"经济洼地"成长为全省增长速度最快、发展活力最强、开发潜力最大的区域之一。沿海三市正精准发力现代海洋经济和临港优势产业,塑造"缤纷百里""生态百里""蓝湾百里"滨海特色风貌,构筑江苏向海发展的"蓝色板块"。

强化江淮生态经济区生态产品供给功能。淮安、宿迁和里下河地区,河湖纵横,湿地密布,承担着展现江苏生态价值、生态优势和生态竞争力的功能。江苏正在依托这一区域打造江淮生态经济区,全力探索生态产品价值实现路径,重点发展绿色低碳产业,壮大新产业新业态新模式,努力实现"生态越美丽、发展越兴旺、百姓越幸福"的良性循环,构建江苏永续发展的"绿心地带"。

促进淮海经济区一体化协同发展,推动徐州高质量建设区域中心城市。徐州,既是淮海经济区的地理几何中心,又是其中经济总量最大的城市,承担着服务辐射周边地区、拓展江苏发展纵深的功能。江苏依托徐州建设淮海经济区中心城市,打造江苏高质量发展的"强劲支点"。

新江苏宏伟蓝图主题鲜明、立意高远,中国式现代化的江苏故事波澜壮阔、日新月异。要对新江苏宏伟蓝图作出全景式描述、把江苏故事讲得精彩生动并非易事。

在 2023 年全国两会上,习近平总书记参加江苏代表团审议时希望江苏全省广大干部群众要有"汇通江淮之气概、畅达黄海之辽阔"[1]的胸襟格局,总书记借水喻人,以物寓理,既是对江苏全省广大干部群众的殷

---

[1] 张晓松、朱基钗:《"勇挑大梁、走在前列"——习近平总书记参加江苏代表团审议侧记》,新华社,2023 年 3 月 5 日。

前言

切希望，也是"水韵江苏"文化特质最鲜明的表达！江苏是全国唯一一个同时拥有大江大河、大湖大海的省份，"汇通江淮""畅达黄海"不仅是江苏最鲜明的自然标识，也是江苏最突出的文化特征。习近平总书记指出，"文化自信是一个国家、一个民族发展中最基本、最深沉、最持久的力量"[①]，编写组最终确定了本书的编写思路：以江河湖海为表征的"水文化"为全书的切入点，以"经济强、百姓富、环境美、社会文明程度高"和"党建引领好"为显性脉络，以江河湖海体现的水文化特性为隐性逻辑，以具体生动的人和事为载体，生动讲述发生在江苏大地上的中国式现代化故事。

全书分为六章。第一章为总述，从文化、人物、成就三个层面进行全景描述，后五章分别从"强富美高""好"五个侧面讲述江苏现代化建设的精彩案例。本书对案例的选择除了必须贴合中国式现代化五大特征这一宗旨外，还有三个编撰原则：一是既重视典型性更注重新颖性。江苏现代化建设过程中诞生了很多经典案例，但也正因为经典所以广为人知。诸如"苏南模式"、苏州工业园、太湖治理等著名案例本书并未选用，入选的大多是最新的案例。二是既重视代表性更注重故事性。江苏有很多案例可以揭示中国式现代化建设的内在规律，但是有些案例更适合作为学术研究的对象，本书案例的选取重点关注发展变化的过程，努力突出可读性。三是既重视宏观性更注重微观性。中国式现代化建设是一个载入史册的宏大故事，本书整体框架立足宏观视野，但具体表述时尽量微观叙事，着意通过具体的人事和精彩的细节来"讲故事"。我们期待读者透过一个个生动故事，沉浸式感受江苏人民把"强富美高"新江苏宏伟蓝图逐步变成现实图景的探索历程。

---

① 习近平：《在全国抗击新冠肺炎疫情表彰大会上的讲话》，新华社，2020年9月8日。

目　录

第一章
汇通江淮之气概　畅达黄海之辽阔

一、水韵灵动的鱼米之乡 / 2

二、温润坚韧的江苏儿女 / 18

三、风生水起的江苏发展 / 30

结语 / 39

第二章

经济强 夯实高质量发展"压舱石"

一、求突破：紫金山实验室自立自强 / 42

二、争第一：徐工诠释中国制造高质量发展 / 51

三、做示范：句容探索中国式农业现代化之路 / 62

四、新格局：南京推进国家级都市圈建设 / 70

五、新标杆：连云港打造"一带一路"合作典范 / 79

六、新能级：常州新能源之都建设 / 84

七、新引擎：苏州书写人文经济新篇章 / 92

结语 / 105

第三章

百姓富 做好民生福祉"头等事"

一、无锡桃源：小桃子唱出的致富经 / 110

二、盐城恒北：创造更加幸福的乡村生活 / 120

三、徐州沙集：从"垃圾镇"到"淘宝第一镇" / 127

四、镇江扬中：打造区域共同富裕先行区 / 135

五、苏宿园区：探索携手共富的区域协调发展新路 / 142

六、泰州祁巷：从物质到精神的双重富裕追求 / 151

结语 / 157

第四章

环境美 绘就人与自然和谐新画卷

一、盐城麋鹿园：讲述自然与生命的传奇 / 162

二、镇江世业镇："比画还漂亮"的美丽家园 / 170

三、扬州三湾："好地方"的生动写照 / 182

四、"南通之链"：打造多元共生的生态系统 / 190

五、贾汪真旺：百年煤城的绿色"转型样本" / 197

结语 / 207

第五章

社会文明程度高　建设"可感可知"美丽家园

一、一个伟大理论　一次成功实践 / 212

二、一个人感动一座城　一群人温暖一片天 / 220

三、一座历史古城　一个文化样板 / 225

四、一个实业巨人　一座近代名城 / 233

五、一份特殊的礼物　一种精神的蝶变 / 242

六、一种新范式　一个新图景 / 250

结语 / 258

第六章

党建引领好 打造"强富美高"新发展红色引擎

一、党建引领,推动两个文明比翼齐飞 / 262

二、"耿车模式","两山"理念的实践伟力 / 271

三、渔村蜕变,从"黄沙窝"变"黄金窝" / 278

四、党建领航,"小网格"彰显"大作为" / 285

五、王杰精神,穿越时空的红色光芒 / 294

结语 / 301

后 记

第一章

汇通江淮之气概
畅达黄海之辽阔

大道似水，水有九德。

水韵江苏，得水之道。水之道无所不在，无所不生。

江苏建省始于康熙六年（1667年），合江宁府、苏州府两府首字得名，全省总面积10.72万平方千米，下辖南京、无锡、徐州、常州、苏州、南通、连云港、淮安、盐城、扬州、镇江、泰州、宿迁13个设区市，2023年末全省常住人口8526万。

江苏，长江横亘东西，运河纵贯南北，东临万顷黄海，内有湖沼广布，得天独厚的资源禀赋和人文底蕴成就了江苏在全国的特殊地位，使江苏成为中国历朝历代的经济文化枢纽。

1983年早春邓小平同志以苏州为例，系统阐述了小康目标内涵和小康社会建设的现实路径，找到了符合中国实际的社会主义现代化道路。2009年习近平同志在江苏调研时指出，"像昆山这样的地方，包括苏州，现代化应该是一个可以去勾画的目标"，为江苏续写现代化故事指明了方向。2023年全国两会上，习近平总书记勉励江苏人民要有"汇通江淮之气概、畅达黄海之辽阔"的胸襟格局，以当表率、做示范、走在前的果敢担当，谱写"强富美高"新江苏现代化建设新篇章。

今天，在江河湖海"水文化"滋养下的江苏儿女正奋力在中国式现代化故事中书写带有鲜明"水印"的时代华章！

水韵江苏

一、水韵灵动的鱼米之乡

水是人类的生命之源,中华民族的生活因大江大河的流动而绵延,中华文明也随着千水万流的牵引而变迁,无数江河湖海冲积出万顷沃土,滋养了黎民苍生,孕育了灿烂文明。江河湖海哪里都有,唯有江苏有福分同时拥有

南京远眺长江,自左至右分别为:京沪高铁桥、大胜关大桥、江心洲大桥(摄影:方东旭)

第一章 汇通江淮之气概 畅达黄海之辽阔

四者,既有大江、大河,又有大湖、大海,这是大自然对江苏的慷慨与厚爱。长江是中华民族的母亲河、中华民族的重要发祥地,在江苏境内蜿蜒432千米,串联了全省人均GDP最高的8个设区市;京杭大运河是连接南北经济、文化的重要纽带,江苏段纵贯南北,沟通长江和淮河两大水系,是大运河航运功能最强、历史文化资源最为丰富的区段;孕育了伟大中华文明的黄河也曾经流经苏北后注入黄海;中国五大淡水湖江苏有其二,浩渺的太湖和洪泽湖哺育了无数百姓和文化胜迹;黄海是我国海洋开发最早、利用最广泛的海域,周边地区经济发达,联系紧密,开放合作水平高,江苏拥有近千千米的黄海海岸线和全国面积最大的滩涂湿地……都得益于大自然的馈赠,在江河湖海的滋润下,江苏大地南北文化并蓄、经济人文共荣,成为令人向往的"鱼米之乡"。

水韵江苏

（一）江行万里：自强不息的精神底蕴

自古被称为"华夏四渎"的江、河、淮、济中，三条与江苏关系密切。浩荡的长江从西南部的南京进入江苏境内，奔腾向东最后在南通汇入大海。古代黄河多次夺泗夺淮在江苏入海，至今在徐州、淮安还留有"黄河故道"。蜿蜒的淮河西出桐柏，跨豫鄂而越皖苏，在江苏南接长江，东流入海。江苏因江而兴、居江而盛。深受浩荡长江的气韵熏陶，与淮河、黄河的水患抗争了千年，江苏不仅很早就孕育了小康社会、大同世界的理想追求，更培育了开放包容、自强不息的人文精神底蕴。

"南方夫子"的小康梦想

离长江入海口不远的常熟虞山上的言子墓，是孔子七十二贤人中唯一的南方弟子言偃（字子游）之墓。言子被尊称为"南方夫子"，《礼记·礼运》中记载了孔子与言子的对话，这是中国传统文化中最早关于"小康"和"大同"理想社会的系统阐释。孔子曾说，"吾门有偃，吾道其南"（我门下有了言偃，我的学说才得以在南方传播）。言子晚年回到苏南吴地传道讲学，对苏南文化的形成和发展产生了深远的影响，被赞为"文开吴会""道启东南"。他阐述并传承发展了孔子的"小康"与"大同"思想，描绘了理想社会的初步形态，开启了江南人民的小康梦想之门。

"六朝古都"的人文气质

南京是"六朝古都""十朝都会"，且有"天下文枢""东南第一学"的美誉，是承载中华文明的醒目坐标。长江自南京以下称扬子江，在这里，她收敛了从高原奔腾而下的汹涌激荡，变得宽广而宏伟，深邃而安详。扬子江以"厂"字

第一章　汇通江淮之气概　畅达黄海之辽阔

形拱卫着南京的城市发展、政治命运，甚至是文化基因。南京自古以来就是我国南方的政治、经济、文教中心，其最鲜明的文化特征便是南北交汇、兼收并蓄，既有儒雅之气，也有豪杰之风，智慧与刚猛并举，秀美与俊朗兼容。

南京文化可以称为"都城文化"。自古以来南京人绝不以城墙自限，今天的南京更以开放包容的胸襟气度和全新作为，诠释着江苏现代化建设的新格局：南京的地铁可以修到市外，通到镇江的句容；可以修到省外，通到安徽的马鞍山。作为我国最早启动建设的跨省都市圈，南京都市圈涵盖了南京之外的镇江、扬州、淮安、芜湖、马鞍山、滁州、宣城、溧阳、金坛等城（区）……

不仅省会南京，整个江苏都秉持着积细流而成大江、汇众智而无不成的文化追求，主动北联京津冀城市群的淮海经济区，西接长江经济带，积极投身长三角区域一体化发展……

这是格局意识，这也是使命担当，这更是江苏书写中国式现代化最新故事的壮志豪情！

南京夫子庙（图片来源：视觉江苏）

水韵江苏

"一水安澜"的世代追求

淮河素有"华夏风水河"之称,这既是因为孔孟、老庄等华夏文化精神的代表人物都出生、成长于淮河流域,更是因为古代淮河几乎年年水患成灾,淮河水利与朝政国运、民生安康息息相关。

旧中国始终没能彻底治理好淮河,数千年来"鼓钟将将,淮水汤汤,忧心且伤"[1]始终是淮河的主基调。即便孙中山先生在《建国方略》中明确指出了"修浚淮河,为中国今日刻不容缓之问题",但是彻底永绝水患、真正实现"淮水入湖而安,江淮因湖而康"梦想的,是中国共产党。

淮河是新中国第一条全面系统治理的大河,治淮是新中国大规模治水事业的开端。1950年,刚成立不久的政务院就作出了《关于治理淮河的决定》。在毛泽东同志"一定要把淮河修好"的号召下,江苏人民仅用180天就建成了大型人工入海河道——苏北灌溉总渠,仅用10个月时间又建成了淮河入江控制工程——三河闸。从20世纪50年代至80年代,通过加固洪泽湖大堤、整治淮河入江水道等工程建设,初步建成了淮河防洪工程体系。1991年国务院颁布《关于进一步治理淮河和太湖的决定》,明确建设淮河入海水道,使洪泽湖防洪标准提高到百年一遇。如今的淮河真正实现了"一水安澜",成为江苏人民新时代追求美好生活的生动写照。

千百年来与淮河水患的抗争,涵养了江苏人坚强不屈、执着追求的精神气质,激励着一代代江苏人穷则思变,发奋图强。今天的淮河两岸已经成为我国重要的"菜篮子""米袋子"。安澜淮河正朝着生态淮河、幸福淮河迈进,成为江苏人民自强不息书写现代化建设新篇章的生动写照。

---

[1] 出自《诗经·小雅·鼓钟》。

（二）湖泽千秋：博雅灵秀的文化性格

古人说：大地所蓄、川泽所聚乃成湖泊，所以湖泊是博大深邃的象征；诗人说：湖泊是大地的眼睛、天地的明镜，湖泊是智慧灵气的化身。

江苏全境拥有 154 个大小湖泊[①]。千百年来，这些或浩渺无边，或清奇幽深的湖泊润泽出了江苏博雅灵秀的文化性格，其中太湖和洪泽湖则是江苏大地上最明亮的"双眸"。

"泰伯奔吴"：独放异彩的吴文化

3200 多年前，周太王非常器重三儿子季历及他的儿子姬昌，希望将来由他们继承王位。长子泰伯、次子仲雍为成全父亲心愿，以上山采药为名主动离开都城，千里奔波来到了遥远的太湖边的梅里（今无锡市郊梅村）并留了下来。泰伯在太湖地区实施稻、麦轮作，在农业生产上改"一年一熟"为"一年两熟"，使太湖地区成为农业高产区，此后"苏湖熟，天下足"的美誉传颂千秋。泰伯教会了吴地百姓栽桑养蚕，饲养畜禽，从此江南处处锦衣绣被、六畜兴旺。他还带领当地居民兴修水利，开挖了中国历史上第一条人工运河——泰伯渎，自此梅村一带水陆通畅，旱涝保收……今天，当你走在"江南第一古镇"梅村上，依然可以听到村民们在纪念"田神""种田老祖"泰伯，传颂着他们成就千里江南"鱼米之乡"的千秋功德。"泰伯奔吴"不仅成就了赫赫有名的周文王、开启了中华历史上长达 800 年的周朝，更诞生了中华文化中极为重要的一脉，吴文化就此开枝散叶。

舟桥相望——最独特的水乡文化。小桥流水人家，花窗粉墙黛瓦，曲径通

---

① 见《江苏省湖泊保护名录（2021 修编）》。

水韵江苏

泰伯渎（伯渎河）旁梅里古镇中国年（摄影：崔寿伟）

幽的苏州园林和临水通舟的江南小镇，是太湖流域最常见的景色，也是吴文化最突出的视觉表征。

农商并举——最古老的富庶地区。自古吴地人民就有强烈的商品经济意识，太湖周边地区农业、商业、冶金、纺织、制造等诸业发达，大米、丝绸、药品、食品、工艺品等交易兴旺。苏州成为全国丝绸基地，无锡成为"四大米市"之首和区域金融中心……

刚柔相济——最和谐的平民风格。也许是宁静安澜的太湖造就了江南百姓崇真向善、淳朴平实的民风。求真务实、诚信平和、守成致用成为吴文化的思想精髓和最突出特点。这里的江苏人有对实业的不懈追求、对理想的努力超越，也有对精致生活、美妙艺术的拓展创造。古典园林、苏绣、桃花坞年画，核雕、玉雕、碧螺春茶叶，吴歌、昆曲、苏州评话……都是这种风格的生动写照。

无锡鼋头渚雄峙的太湖峭壁上"包孕吴越"四个大字，伴随太湖水拍击着崖壁时缓时急的声音，似乎在诉说着灵动瑰丽的吴地文化的千秋传奇，也成为江苏人民追求美好理想的恒久背景音乐。

"老子炼丹"：泽润万世的水文明

洪泽湖边的老子山镇是全国唯一以老子命名的乡镇。古人"青牛脱鞅已多年""后人犹记炼丹处"的诗句流传至今，老子炼丹救世、普济渔民的功德广为传颂。

洪泽湖北通骆马湖，南联高邮湖，周边更有邵伯湖、白马湖及里下河地区众多湖荡相拥。这里的湖荡纵横、河网交织、沃野平畴、林田共生。这里的古坝、古堤、桥梁、水闸、码头等建筑无不与水脉水工相关，这里的物产、工艺、音乐、戏剧、传说无不浸润着浓厚的水文明密码。大运河文化、长江文化在这里交汇，楚汉文化、淮扬文化、里下河文化在这里融通，具有浓郁地方特色的江淮水乡风貌与文化品质。

2023年底，江苏省颁布了《关于推进沿洪泽湖世界级生态文化旅游区建设实施方案》，洪泽湖将建设成为富有水韵风情、现代气象的国际生态旅游目的地和世界级湖泊休闲度假目的地。洪泽湖富有地域特色的文明价值、时代价值将更加彰显，成为打造"水韵江苏"、展示东方神韵、推动中华文化更好走向世界的亮丽名片。

（三）河通八方：南北交融的文化活力

江苏人说的"河"主要指的是京杭大运河。

水韵江苏

大运河穿越无锡市区（摄影：张明伟）

京杭大运河纵贯江苏南北，流经徐州、宿迁、淮安、扬州、镇江、常州、无锡、苏州8个城市。这里的大运河今天仍然是一条"黄金水道"，年运输量超过10条铁路的运输总量，为江苏经济社会发展提供了重要支撑。江苏段是大运河流经省（市）中河道最长（约700千米，占大运河总长的2/5）、文化遗存最多、保存状况最好和利用率最高的区段，也是江苏的"美丽中轴"。大运河沿线分布着大量的古代驳岸、驿站、城墙、关隘、古塔、寺庙、古桥、民居、园林等历史文化遗存，它们见证着岁月变迁，赓续着江苏文脉，形成了闻名遐迩的大运河文化带。

"缘水而兴"的扬州

扬州是世界文化遗产中国大运河的原点城市，2500多年以来，既"依水而建"，又"缘水而兴"。公元前486年，吴王夫差在此开凿了邗沟，这是中国最

第一章　汇通江淮之气概　畅达黄海之辽阔

早有确切年代记载的人工运河，后隋炀帝杨广在邗沟的基础上开挖大运河，连通了黄河、淮河、长江三大水系，促进了中国南北经济、文化交流，奠定了扬州繁荣兴盛的基础。唐朝时扬州富甲江淮，成为中国东南第一大都会，也是海内外交流的重要窗口。当时扬州常住有波斯、大食（阿拉伯）、新罗、日本等国的客商和日本的遣唐使。宋代扬州的经济、文化地位几乎与都城开封比肩。明清时扬州空前繁华，城市人口超过50万人，成为世界十大城市之一。"烟花三月下扬州"的盛景历经千年，经久不衰。

大河汤汤，名城煌煌。今天在扬州中国大运河博物馆内，游客们可以全景式了解大运河的"前世今生"，沉浸式感受大运河"融通九州"的千秋鸿业，在历史与现实的激荡中，体悟扬州千年兴盛的人文密码。

2020年11月13日，习近平总书记在扬州调研时指出，扬州"依水而建、缘水而兴、因水而美"，要"让古运河重生"。扬州，承运河滋润、枕长江涛声、接淮河余脉，身处两条中国"黄金水道"的十字交汇点上，与中华文明两大"动脉"紧密连接，昔日的大运河原点正肩负着赓续文脉的重任，开启了建设"好地方"的新篇章。

"定义南北"的淮安

千年运河，千秋淮扬。淮安历来拥有"南船北马、九省通衢、天下粮仓"的美誉，明清时期成为全国漕运指挥、河道治理、漕船制造、漕粮转输、淮盐集散的"五大中心"，被称为"壮丽东南第一州"。

历史上大运河并不总是全程贯通的。明朝以前由于北方运河水量不足，沿大运河北上的客商和货物，到淮安后，只能弃船转走陆路，乘车骑马继续北往，淮安成为"南船北马、舍舟登陆"的节点和繁华的水陆码头。明朝永乐年间开凿了清江浦，全面贯通了运河全线漕运，进一步成就了淮安"运河之都"的称号。

水韵江苏

中国南北地理分界线标志（摄影：张照久）

在淮安市中心的古黄河水道上，有一座飘带般的桥连接着一个地球状建筑，这就是经国家测绘局批准建立的中国南北地理分界线标志。桥南段是红色，北段是蓝色，中间的球体南北两侧是红、蓝过渡色，寓意中国南北气候特征。球体中有三条线，北边代表黄河，南边代表长江，而中间穿过淮安的红线则为秦岭至淮河一线，代表中国南北地理分界线。

襟吴带楚的地理区位，天造地设的自然组合，成就了淮安南北兼容的独特文化品格。淮安是叱咤风云、纵横天下的西汉开国功臣韩信的故里，淮安也是温文尔雅、雍容大度的新中国第一任总理周恩来的故乡。这里曾有能写铺张扬厉、华丽夸张大赋的枚乘，这里也有抵御外敌、以身殉国的民族英雄关天培……流连在江淮流域古文化发源地的淮安，你可以"一脚踏南北"，真切领略"北麦南稻，南船北马"不同的文化风范，亲身体会"水陆交通枢纽、苏北重要中心城市"的巨大发展成就。

第一章 汇通江淮之气概 畅达黄海之辽阔

今天的淮安正努力向历史要经验，向传统要智慧，书写"伟人故里、运河之都、美食之都、文化名城"的新传奇。

"五省通衢"的徐州

徐州，京杭大运河江苏段最北段的城市，这里曾被誉为"北方的锁钥""南方的门户"，自古是兵家必争之地，也是农兴商茂的富裕安康之地，素有"丰沛收，养九州"之说。徐州是刘邦、项羽、孙权、朱元璋等多位古代帝王的故乡原籍，自古有"千古龙飞地，一代帝王乡"的美名。穿城而过的大运河，南连江苏的骆马湖，北通山东的微山湖，让徐州自古就有"五省通衢""华东门户"之名，更是融通了黄河、长江两大文化体系，在此凝练成了刚强雄浑、开阔包容的楚汉文化。大运河也是一条高效便捷的文化交流大干线，运河上南来北往的客商成为中国地域文化的传播使者，造就了运河沿线庞大的互动文化圈，也

徐州云龙湖（图片来源：视觉江苏）

水韵江苏

使江苏文化与其他地域文化相互贯通、相互影响，熔铸了江苏南北兼容、刚柔相济的历史文化统一体。今天的徐州享有"中国工程机械之都""世界硅都"等美誉，在陇海铁路和京沪铁路两大铁路干线的双重加持下，五省通衢又叠加了国际通道，已然成为享誉海内外的"一带一路"重要节点城市。

（四）海纳百川：开放包容的胸襟气度

江苏东临黄海，从连云港的赣榆到南通的启东，拥有 954 千米海岸线。海纳百川，只有不弃涓流才得以汇成辽阔的大海；水无定形，正是水的随物赋形

中哈（连云港）物流合作基地（摄影：王健民）

第一章　汇通江淮之气概　畅达黄海之辽阔

才成就了海洋的宽广胸怀。得天独厚的海洋文化的哺育，锤炼出了江苏人宽容和顺的天性、开放容人的雅量、兼容天下的胸襟。

郑和的起锚点：走向深蓝

江苏太仓的刘家港是当年郑和七次下西洋的扬帆启航地。郑和的船队之所以在此起锚，不仅因为刘家港是当时世界上重要的枢纽港，还在于这里能给这种宏伟的海上航运提供最先进的航运技术支撑和最丰富的物质供给。刘家港所在的苏州府自古就是全国最富庶之地，明代时承担着全国12%的税赋，因此拥有"六国码头""天下第一码头"等美誉。

水韵江苏

当年郑和船队从太仓起锚,出江入海,走向深蓝,开创了海上丝绸之路,将中华文明广泛传播到了海外。今天的太仓港已是"长江第一港",江苏的第一外贸大港,集装箱吞吐量连续5年位居江苏第一。

开放的大舞台:合作共赢

自古以来,江苏面朝大海,从来都是以开放的胸怀拥抱世界。近代,以张謇为代表的一批仁人志士,开启了中国早期区域现代化的探索,立志"建设一新世界雏形"[①]。改革开放后的江苏更是以最大的热情,以海纳百川的开放包容心态,面向全球,开放合作。

1992年,邓小平同志在南方谈话中提出,应该学习借鉴新加坡的经验。在此精神指引下,江苏开工建设中新合作苏州工业园区。今天这座现代化产业园区已经汇聚了近2500家国家级高新技术企业,已然成为具有国际影响力的科技创新中心和高新技术产业园区,在国家级经开区综合考评中实现"八连冠"。其发展历程不仅是中国改革开放的生动缩影,也是新时代高质量发展的典范,更是"把中国式现代化的美好图景一步步变为现实"的样本。

2008年,江苏省与以色列签署双边产业研发合作协议,设立中以常州创新园,这是国内首个由中以两国政府签约共建的创新示范园区,在中以创新合作领域内一直保持合作机制、合作模式、合作成果的领先地位。2021年11月,习近平主席把中以常州创新园作为中以两国合作的标志性项目。

2014年5月,在中哈两国元首的共同见证下,位于连云港的中哈(连云港)物流合作基地正式投产运营,并与设立在新亚欧大陆桥中段的哈国霍尔果斯无水港实现了融通发展,进一步提升了上合组织国家出海口的功能,成为共建

---

① 王敦琴、崔荣华、徐静玉等:《张謇与近代新式教育》,人民出版社2015年版,第127页。

"一带一路"的重要标志性成果。

柬埔寨西哈努克港经济特区（以下简称西港特区）是由江苏的红豆集团联合中柬企业共同开发的，自 2008 年成立以来，西港特区已成为当地经济发展的"火车头"。西港特区取得了实打实、沉甸甸的发展成果，被习近平主席赞誉为"中柬务实合作的样板"。

亚欧的桥头堡：联通世界

长江和黄河挟带的大量泥沙在江苏沿海堆积，推动江苏的海岸线不断外移，2000 年新造出了近三分之一个江苏面积。这片亚洲大陆边缘面积最大的淤泥质滩涂湿地是大自然恩赐的资源宝库，却也是建设临海深水良港的发展瓶颈。智慧的江苏人一方面充分依托长江深水航道的优势，将沿江八港全部由江港升级成海港；另一方面利用海岸线北端仅有的一段基岩海岸建设成了江苏最大的海港——连云港。

连云港这座新欧亚大陆桥的东方桥头堡，今天已成为中国的国际枢纽海港，在"一带一路"建设中被定位为中哈物流合作基地、上合组织出海基地等，源源不断地为上合组织成员国、"一带一路"沿线国家和地区提供物流服务。当黄海边连云港港口的中哈物流合作基地与亚欧大陆腹地的哈国霍尔果斯无水港通过新亚欧大陆桥无缝对接，当连云港先后在哈萨克斯坦布局海外仓、在吉尔吉斯斯坦建设集装箱场站、在乌兹别克斯坦设立国际供应链基地……我们不仅看到了连云港在国内国际双循环格局中持续发力的成就，更看到了江苏在服务共建"一带一路"中"东西联动、通达天下"的奋进担当。

水韵江苏

二、温润坚韧的江苏儿女

"一方水土养一方人",江苏这一方得天独厚的水土,数千年来孕育了无数风流人物,有思想家、军事家,有文学家、艺术家,有科学家、实业家,更有革命先驱和时代楷模。他们犹如穿越时空的熠熠繁星,成为千百年来江苏人追求美好生活的智慧明灯和精神向导。

(一)古代贤达

"智者乐水",水能滋养万物,智慧亦能启迪心灵,智慧如同流水般灵动,可以适应各种环境的变化。江苏人历来崇尚文化的积累与智慧的传承,崇文尚智是江苏水文化最突出的表征。

"世界文学之都"南京,亲近书香已内化为南京城的城市气质。矗立在南京夫子庙前的"天下文枢"牌坊,昭示着南京十朝都会、千年文脉的俊雅风情;在古代最大的科举考场江南贡院基础上建设的南京中国科举博物馆,诉说着江苏历代为国家输出经世济国人才的千古风雅故事。

"季子三让":江南文化的深厚底蕴

传说孔子唯一存世的书法真迹就是江苏丹阳延陵镇上季子庙前的"十字碑"。

第一章 汇通江淮之气概 畅达黄海之辽阔

据《史记》中记载，季子（季札）是泰伯的后人、吴王寿梦的第四子，因其有才德有贤名，吴王想传位于他，季子的哥哥们也争相拥戴他。但是季子遵循礼法三次让国，坚决不受，也因此被孔子赞美为"至德"之人，成为中华文明史上礼仪和诚信的代表人物。传说季子庙前石碑上"呜呼有吴延陵君子之墓"十个字是孔子亲笔书写，季子也被世人称为与孔子齐名的"南方第一圣人"。季子的"三让至德"成就了吴地文化最核心的"精气神"，在苏（州）、（无）锡、常（州）这片深受太湖水文化影响的地域内，德化天下、以文化人成为千年不变的恒久理念，熔铸出厚德载物、生财有道、舍生取义、风行草偃等精神追求和价值认同。

尊师重教是江苏文化的核心内涵之一，也是渗入江苏人生活的历史传承。历代科举考试中这里的全国状元数量最多。今天的江苏依然是中国的教育高地，有普通高校168所，数量居全国第一，两院院士数量居各省区之首。在推进物质文明与精神文明相协调发展的现代化进程中，这些源远流长的文化积淀必然成为江苏现代化发展的最基本、最深沉、最持久内生动力。

南京夫子庙（图片来源：视觉江苏）

水韵江苏

"匹夫有责":心系天下的责任担当

出生于昆山市千灯镇的思想家顾炎武是明末清初的"三大儒"之一。他提出了"君子之为学,以明道也,以救世也"的经世致用主张,开启了一代朴实学风的先路。他从"明道救世"的经世思想出发,萌发了朴素的民权思想,提出"人君之于天下,不能以独治也",主张"以天下之权,寄之天下之人"。明确反对君权"独治"、主张"众治",主张民众在治理天下中的权利。他还提出,"保国者,其君其臣肉食者谋之;保天下者,匹夫之贱与有责焉耳矣"。这一思想后被梁启超概括为"天下兴亡,匹夫有责"。顾炎武从民众生存和民族文化赓续层面明确了社会运行中个人的责任和义务,他一生以"天下为己任"而奔波于大江南北,即便在病中还呼吁"天生豪杰,必有所任……今日者,拯斯人于涂炭,为万世开太平,此吾辈之任也"。顾炎武心系天下、敢于担当的精神追求,是江苏人传统美德的突出表征,也激励着后人主动扛起民族复兴的重任。[1]

实业救国的不懈探索

江苏南通的张謇42岁得中状元,而这一年中日甲午战争爆发,最终北洋水师惨败,邓世昌殉国。也许是5次科举屡战屡败加上家事蹉跎,让张謇看透官场之弊,无心空头学问;也许是泱泱大国的屈辱境况,让张謇激起了富国强民、挽救民族危亡的强烈责任。他明确提出了两条"立国自强"的主张:一是"富民强国之本实在于工",中国必须振兴实业,发展工业。二是"非人民有知识,必不足以自强",主张大力发展教育。张謇扎根中华传统文化又立足世界高度,奉行"实业救国、教育兴邦",在家乡南通开启了中国早期现代化探索。他创

---

[1] 参见顾炎武《日知录》。

办了中国第一家民营企业、股份制企业，创办了多所学校，还有气象台、博物苑……张謇开创的多元化、多层次的现代化发展体系，使南通成为"中国近代第一城"。

2020年11月12日，习近平总书记在南通调研时指出，在当时内忧外患的形势下，作为中华文化熏陶出来的知识分子，张謇意识到落后必然挨打，实业才能救国，积极引进先进技术和经营理念，提倡实干兴邦，起而行之，兴办了一系列实业、教育、医疗、社会公益事业，帮助群众，造福乡梓，是我国民族企业家的楷模。

（二）革命英烈

水，看似柔弱恒顺，实能滴水穿石。水文化熏陶下的江苏人在温顺中内含着对信念的坚定，在文静中迸发着对目标的执着。

江苏是中国共产党最早建立组织并开展革命活动的地区之一，这片红色的沃土上走出了周恩来、瞿秋白、张太雷、恽代英等党的早期领导人，也孕育了中国共产党人精神谱系的江苏符号。这些红色基因是江苏文化谱系的重要组成部分。2023年12月，习近平总书记参观盐城新四军纪念馆后强调，要用好这一教材，教育引导党员、干部传承发扬不怕困难、不畏艰险，勇于斗争、敢于胜利的精神，紧紧依靠人民，把强国建设、民族复兴伟业不断推向前进。今天红色基因已经成为激励江苏儿女书写中国式现代化故事的恒久动力。

"坚定地相信共产主义一定能实现！"

"我不是误信，我是相信，是坚定地相信！"这是16岁的雨花英烈袁咨桐的宣言。1930年，晓庄师范附属劳山中学学生袁咨桐参加革命两次被捕。最后一次被捕后，亲友找到能决定他生死的刽子手、南京政府"赫赫有名"的宪兵司

水韵江苏

令谷正伦,希望以"老乡关系"救他出来。谷正伦开出优待条件"教化"袁咨桐:只要他登报"悔过",远离"共党",就可以送他出国留学。然而,当袁咨桐看到要求自己签字的悔过书上写着"误信共产邪说"之后,一把抓过悔过书撕得粉碎,大声说,"我不是误信,我是相信,坚定地相信,共产主义一定能实现!"劝降不成,国民党反动派决定将袁咨桐杀害。为此,国民党反动派无耻地在判决书上将他的年龄改为18岁(按照当时国民党颁布的"法律",未满18岁不能判死刑)。

从1927年蒋介石发动"四一二"反革命政变到1949年南京解放,22年里国民党反动派在雨花台屠杀了近十万名共产党员及进步的工人、农民、知识分子。其中有姓名记载的烈士有1519位,这些烈士牺牲时的年龄平均还不到30岁。他们和袁咨桐一样,为了坚定的信念都抱定了必死的决心。恽代英烈士说,"国不可不救,他人不肯救,则唯靠我自己";金佛庄烈士说,"眼见国家将亡,不应徒作书生";洪灵菲烈士说,"流血呀,牺牲呀,自然是一件

雨花台烈士陵园

最可痛心的事情，但为着大多数人的幸福的缘故而流血，而牺牲，这是十二分值得的！"雨花英烈们大多家境优越，他们本来有更多人生选择，却甘为贫苦大众谋幸福，即使身遭酷刑仍然矢志不渝，用一生践行了自己的誓言。雨花英烈的信仰，是建立在科学的理论上的真信仰，是用毕生心血与宝贵生命捍卫的真信仰。为了心中的至真至诚的信仰，他们放弃了如花的生命，勇敢地走向了死亡。

雨花英烈们的革命是共产党人"为人民谋幸福、为民族谋复兴"初心使命的充分彰显。今天的我们要自觉赓续红色传统，勇于担当时代责任，不断谱写新时代新征程的新篇章。

"革命理想高于天"

瞿秋白、张太雷、恽代英这三位革命先驱，都是从常州走向革命、投身革命、献身革命的"常州三杰"。

1927年8月，面对大革命失败后的严峻形势，中共中央在湖北汉口秘密召开紧急会议（八七会议），年仅28岁的瞿秋白成为继陈独秀之后的中国共产党第二任最高领导人。他在革命生涯中提出了一系列重要的党建观点，诸如要坚定地捍卫党的统一、党的纪律和党的领导机关的威信，党部机关之一切决议及决定、调遣等，应当绝对地服从，一切党员，不论其地位如何都应如此。凡破坏纪律者，都应从严惩办。瞿秋白是这么说的也是这样做的。他在党的六届四中全会上遭受王明等的诬陷打击被排挤出领导核心，但他仍坚持为党工作，在文化战线找到自己的位置，成为左翼文化运动的领导者之一。在党的六大上瞿秋白虚心接受代表们的批评，作了深刻的自我批评，模范践行了党的领导人批评和自我批评的原则，彰显出党员领导干部勇于承担责任的胸怀和气度。习近平总书记曾强调，"我多次引用'革命理想高于天'来说明理想信念的重要性……面对敌人6天内9次劝降，瞿秋白作出了'人爱自己的历史，比鸟爱自己的翅膀更厉害,请勿撕破我的历史'的铿锵回答"①。我们从瞿秋白同志临刑前的最后一幅照片的眼神可以看到,他是带着微笑面对死亡。瞿秋白的诗句"我是江南第一燕,为衔春色上云梢"是对共产党人坚守理想信念最生动的诠释。

张太雷是我党历史上第一个牺牲在战斗第一线的中央政治局成员。他认为,革命是为了造福人民。即革命不是单求打倒敌人而已,而且是要造福人民。他提出:加强组织纪律性,"整顿我们队伍使有纪律有组织以谋最后的胜利";不务虚功,多做实事,"少道理想的理论,多做群众的工作"②。张太雷对建党、建军、建团都作出了巨大的贡献。"谋将来永远幸福"是张太雷的理想,这种朴素的理想代表了革命先烈对未来的美好憧憬。

恽代英是牺牲于南京的雨花英烈之一。1931年春季,身陷国民党监狱的恽代英听到好友林育南等人遇难的消息,提笔写下了这首豪迈悲壮的《狱中诗》:"浪迹江湖忆旧游,故人生死各千秋。已摈忧患寻常事,留得豪情作楚囚。"表达了一个无产阶级革命家为了革命事业,将个人生死置之度外的"无我"追求。面对敌人的劝降,恽代英严词拒绝。面对生的希望,恽代英选择慷慨赴死。这是他对党的承诺,更是他对信仰的坚守!他"革命理想高于天"和"为祖国的新生奉献一切"的精神,尤为值得学习。"我们天天都有风险……担惊受怕,甚至连条被子也没有,没有钱,没有固定收入,没有自己的房子,什么也没有,只有一颗火热的心,这就是我们的革命生涯。""我身上没有一件值钱的东西,只有一副近视眼镜,值几个钱。我身上的磷,仅能做四盒洋火。我愿我的磷发出更多的热和光,我希望它燃烧起来,烧掉过老的中国,诞生一个新中国!"③恽代英用生命践行了自己的信念。

---

① 习近平:《用好红色资源 赓续红色血脉 努力创造无愧于历史和人民的新业绩》,新华网,2021年9月30日。
② 《张太雷文集》,人民出版社2013年版,第373页。
③ 转引自《穿越时空 震撼心灵》,《人民日报》2016年9月30日。

"常州三杰"体现的信仰至上、对党忠诚、慨然担当、敢于斗争、勤奋求知、矢志兴邦、心系人民、鞠躬尽瘁、胸襟坦荡、从严自省等革命精神，持续激励着无数共产党员坚守初心、接续奋斗，为推进中国式现代化江苏新实践凝聚精神力量。

（三）时代楷模

老子说"上善若水"，做人就要像水一样泽被万物而不争名利。英雄楷模并不刻意追求名利，但却能够在关键时刻挺身而出，用自己的行动来激励他人，传递正能量。他们的事迹好像流水在坚硬的石面上镌刻下的印痕，深深地影响着一代代的后人，成为指引方向的航标。在丰厚人文的滋养下，江苏在不同时代都不乏无私奉献、为国为民的国之脊梁。生在红旗下、长在春风里的江苏儿女中，更涌现了无数用实际行动奉献祖国，谱写时代凯歌的人民英雄和时代楷模。他们爱国、敬业、诚信、友善，既有科技精英、行业先锋，也有大国工匠、创业明星，还有"中国好人"、党员楷模，他们是新时代江苏人的典型代表。

胡福明："发现错误思想不去批判，我就对不起党"

1976年10月，听到"四人帮"被打倒的消息后，南京大学哲学系教师胡福明和同事们一起，积极投身批判"四人帮"的斗争中。当时"两个凡是"的推行，严重阻碍了拨乱反正的开展。胡福明认为必须打破"两个凡是"的禁锢。出于理论工作者的责任感，胡福明暗下决心要正本清源，恢复马列主义、毛泽东思想的本来面目。但胡福明同时也感到心里没底担心批判"两个凡是"文章，他敢写也没人敢发。他犹豫了一个多月，责任感最终占了上风。"我是一个共产党员，是一个学马克思主义理论的人，发现错误思想不去批判，我就对不起党，不配做一个马克思主义理论工作者！"1977年9月初，胡福明将数易其稿的《实践是检验真理的标准》文章，寄给了《光明日报》。经过多轮集体修改，文章以《实践是检验真理的唯一标准》为题公开发表，很快引发了一场席卷神州大地的关于真理标准问题的大讨论。这篇文章和关于真理标准问题的讨论得到了中央领导的充分肯定，对中国历史产生重大影响。党的十一届三中全会上，关于真理标准问题的讨论，被高度评价为"对于促进全党同志和全国人民解放思想、端正思想路线，具有深远的历史意义"。2018年12月18日，党中央、国务院授予胡福明"改革先锋"称号。

王泽山："一辈子只做一件事"

1935年出生于吉林的王泽山，从小生活在伪满洲国的阴影下。列强打在积贫积弱旧中国肌体上的每一发炮弹，都刺激着王泽山的心灵，也促使他思考起"李约瑟难题"——火药是中国四大发明之一，中国古代的火药技术长期处于世界领先的地位，但是为什么近代很长一段时间却落后于西方？中国科技为什么没能追上世界科学的步伐？这些思考让王泽山很早就埋下了投身国防、治学报国的种子。

1954年王泽山考入中国人民解放军军事工程学院（哈军工），攻读火炸药专业，毕业后进入南京理工大学的前身——炮兵工程学院工作。在选择研究方向时，王泽山没有跟风去追逐前沿的材料设计，而是以装药设计作为主要研究方向。"这是一个社会需要、个人前途可能更灿烂、我有能力胜任的最佳选择。"从此王泽山埋头于火炸药研究，"一辈子只做一件事"，率领团队辛勤工作60余年，在我国火炸药领域作出了杰出贡献。他建立了发射装药理论，发明了低温感技术，研究和开发了废弃火炸药再利用的理论和综合处理技术，成为我国著名的火炸药专家、含能材料专家、中国工程院院士。他先后2次获国家技术发明一等奖、1次国家科技进步一等奖，并荣获2017年度国家最高科学技术奖，有"三冠王"的美名。

王泽山总是能打破科研上的惯性思维,在别人意想不到的地方找到突破点,发掘不引人注意的现象和细节,总能为一筹莫展的难题提供别具一格的解决方法。20世纪60年代,王泽山学习编程,他创造性地将计算机和传统火炸药学结合起来,使原本复杂难解的火炸药学问题变得清晰简单。80年代,王泽山为退役火炸药在民用领域找到了去处,开创了安全、绿色、资源化利用的路径。王泽山常说,搞研究要一切从实际出发,要将科研成果转化为实实在在的方法或产品,把自己的创新构想转化为解决实际问题的方法。

王泽山始终不忘献身国防的初心,以"一辈子只做一件事"的执着精神,坚守在火炸药这一艰苦、危险领域的第一线。他作为发射装药理论体系奠基人、行业领军人物,攻克了火炸药领域多项世界级难题,将关键核心技术牢牢掌握在中国人自己手中。他在我国由火炸药大国向强国迈进、由跟跑向领跑转变的进程中建立了显赫功勋,让中国古代四大发明之一的火药在21世纪重放光彩,他是让火药重焕荣光的"中国诺贝尔"。

习近平总书记亲自为王泽山颁发了2017年度国家最高科学技术奖。王泽山还获得了首届"全国优秀科技工作者"、新中国成立以来江苏省"十大杰出科技人物"和江苏"时代楷模"等多项荣誉称号,是江苏现代化建设英雄儿女群像中的突出代表。

赵亚夫:"做一个志愿者"

1996年,组织上推荐赵亚夫担任江苏省农科院院长,赵亚夫却推辞说:"新岗位尽管是组织上的提拔重用,但不合适我。再过几年我就要退休了,我想做的事还没有做完。"赵亚夫"想做的事"就是让革命老区茅山的农民尽快脱贫致富。

1982年,时任镇江农科所所长的赵亚夫到日本研修时,发现这里的草莓品种优良,可以引种到同样是丘陵地区的茅山,让当地农民尽快脱贫致富。赵亚夫潜心向农场主人学习草莓露天种植技术，一年后赵亚夫抱着日本友人赠送的20棵脱病毒原种苗，回到了故乡茅山革命老区。在他的精心抚育下，这20棵小苗很快变成了6000多棵种苗。

赵亚夫和农科所的同事抱着草莓苗来到一个村子里向村民介绍草莓种植，村民却根本不感兴趣，挨家挨户做工作，村民们还是不领情。赵亚夫承诺免费提供种苗、提供肥料并进行技术指导，"如果种砸了，我个人赔！"终于有10多户村民同意试种露天草莓，但有个村民却拿了录音机，让赵亚夫把"承诺"重说一遍，等待秋后兑现。为了保证草莓种植成功，赵亚夫吃住在村里，守护着种植地。后来9个试种小区共收获了600多公斤草莓，比常规农作物增收两倍。到1987年该镇露天草莓种植达到了7000多亩，村民的钱袋子终于鼓起来了。随后赵亚夫又试验成功了大棚草莓，进一步提高了村民的收益，扩大了草莓种植的面积。2003年，句容县被国家有关部门命名为"草莓之乡"。

"做给农民看，带着农民干，帮助农民销，实现农民富"一直是赵亚夫的执着理念。他在推广草莓时采用"培养示范户"的方法，先选一两户播下星星之火，继而形成燎原之势，他称之为"先点亮一盏灯，再照亮一大片"。后来由于需要推广的项目太多，加上种植业的周期是以年为单位，如果还是按照老办法行事，速度太慢。赵亚夫决定成立"科技示范园"，由农科所租一块地把所有需要推广的瓜果菜粮都种植在科技园里，让农民看得见、摸得着、学得会、用得上。1996年"农业科技示范园"建成了，农民可以随便进园看，随处跟着学，随时跟着干。"把失败留给园区，把成功教给农民。"这是赵亚夫给示范园定的"园训"。以示范园为基地，赵亚夫又建起了5个农业园区，形成了绵延10千米的高效优质应时鲜果产业带，他把这些科技示范园命名为"万山红遍"。

为了让茅山万山红遍，让百姓共同致富，赵亚夫就像一个普通的老农，每天都荷锄戴月奔波在茅山脚下。2002年，这位到了退休年龄的江苏省镇江市人大常委会副主任，决定"做一个志愿者"，他主动来到了当时镇江最穷的戴庄村，开始了新的奋斗，从推广有机稻、有机桃开始，帮助农民建立了江苏省第一个综合型社区农业专业合作社——戴庄有机农业专业合作社，并结合当地资源禀赋，推广农林牧立体种养新技术，激发了山、水、林、田、湖、草生命共同体的强大生命力，高端农产品不断涌现，农业效益大幅上升，农民人均纯收入翻倍增长，把戴庄农民带上了致富新途。赵亚夫这种发展路线被称作"戴庄模式"，这个模式逐渐被推广到整个镇江茅山地区，"探索出一条可复制、可推广的致富路径"，惠及当地100多万名农民。

数十年来赵亚夫扎根农村，献身农业，探索开辟了一条通过科技兴农、以农富农的发展模式，实现"农民共同富裕、农业生态高效、农村可持续发展"的新型农村小康社会建设之路，带领数十万老区农民实现了"小康梦"，展现了中国式农业农村现代化的生动图景。

水韵江苏

三、风生水起的江苏发展

凭借江河纵横、舟楫之便的地理优势，汲取生生不息、利泽万物的水文化滋养，经由历代人民辛勤劳作，江苏自古以来便"富甲东南"，经济社会发展在全国拥有举足轻重的地位。

江苏这方热土始终承载着习近平总书记和党中央的深切关怀和殷切期望。从 2014 年习近平总书记亲自为江苏擘画"强富美高"的发展蓝图，到 2023 年指出江苏是我国构建新发展格局的前沿阵地、是国内国际双循环相互促进的战略枢纽，再到 2024 年要求江苏更好地发挥经济大省对区域乃至全国发展的辐射带动力，总书记一以贯之地希望江苏勇挑大梁，在服务全国构建新发展格局中更好发挥作用。在 2024 年全国两会上，习近平总书记对江苏发展取得的成绩给予肯定，指出江苏为稳大局、应变局作出了贡献，强调江苏在服务国家现代化全局中举足轻重不可替代。习近平总书记的讲话是江苏经济社会发展的根本遵循，更是江苏儿女勇立潮头书写美好江苏故事的动力源泉。

（一）经济强

江苏以占全国 1.1% 的国土面积，创造了全国 10.2% 的经济总量。进入新时代江苏坚定不移以新发展理念引领高质量发展，加快打造发展新质生产力的重

第一章　汇通江淮之气概　畅达黄海之辽阔

要阵地，扎实推进中国式现代化江苏新实践，全省经济发展交出了一份厚重提气的亮丽成绩单：

近十年来江苏全省地区生产总值连跨 6 个万亿元台阶，从 2014 年的 6.51 万亿元跃升至 2023 年达到 11.64 万亿元，人均 GDP 自 2009 年起连续 14 年稳居全国各省（区）第一；

江苏下辖的 13 个设区市全部进入全国百强，5 个城市经济总量过万亿元，综合实力百强区、百强县、百强镇数量位居全国第一；

江苏拥有全国最大规模的制造业集群，制造业增加值约占全国 1/8，制造业增加值占地区生产总值比重全国最高，规上工业企业利润总额居全国第一；

江苏 13 个设区市全部上榜 2023 先进制造业百强市，江苏制造业高质量发展指数连续 3 年全国第一；

江苏国家级经济技术开发区、高新技术产业开发区数量均居全国第一，2023 年江苏实际使用外资 253 亿美元，继续保持全国第一；

江苏创业类国家重大人才工程入选数量连续 13 年居全国第一，产业智能化

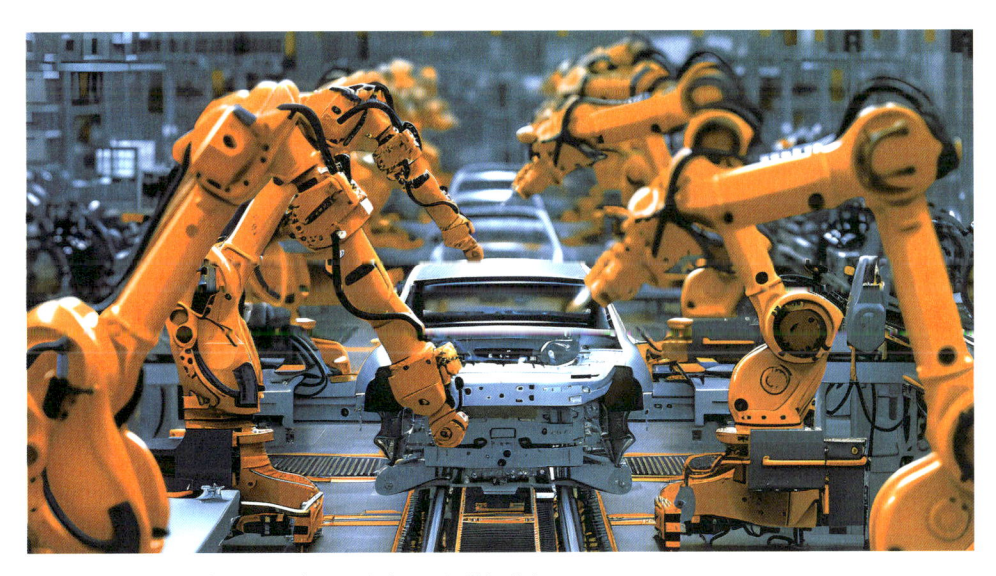

江苏工厂中高科技工业设备（图片来源：视觉江苏）

31

和改造数字化转型的企业两化融合发展总体水平达64.8、连续多年居全国第一；

江苏地区发展指数居全国省域第一；

……

今天的江苏，"经济强"的实力更加彰显，高质量发展的特色更加鲜明，综合实力、核心竞争力、发展影响力稳居全国前列，已经成为中国综合发展水平最高的省份。

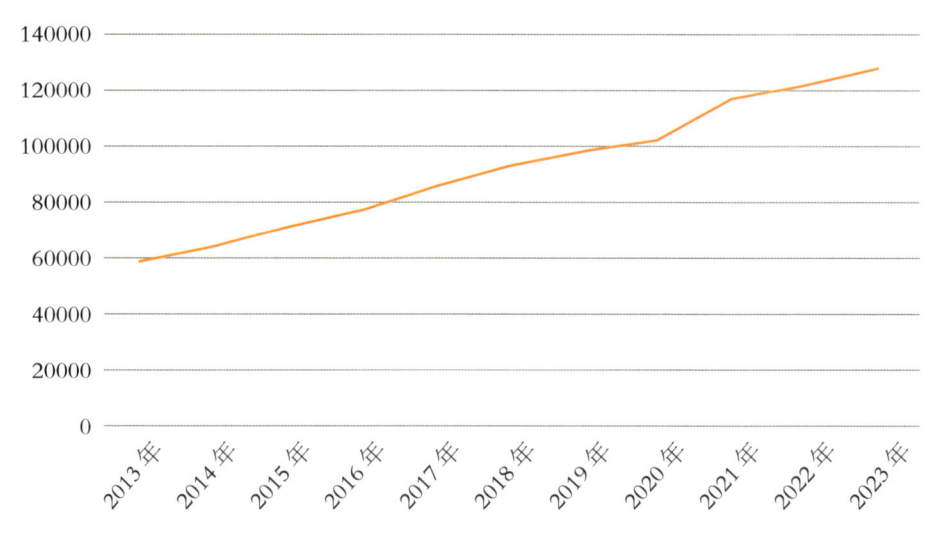

（单位：亿元）

党的十八大以来江苏地区生产总值

（二）百姓富

让人民生活幸福是"国之大者"。习近平总书记在江苏调研时，对广大群众的民生福祉无比牵挂。他与老百姓拉家常："希望大家日子都过得殷实。"江苏坚定践行以人民为中心的发展思想，坚持把为民造福作为最大政绩，扎实推动共同富裕，让高质量发展成果更多更公平惠及全省人民，人民生活水平持续提升，基

本公共服务体系更加完善,民生福祉不断增进,"百姓富"的成果更加丰硕:

党的十八大以来,江苏居民人均可支配收入翻了一番,名列全国各省(区)中第2位,是全国城乡收入差距最小的省份之一;

江苏民生指数(DLI)居全国省域第一;

(单位:万元)

■社会消费品零售总额

(单位:元)

■居民人均可支配收入

党的十八大以来江苏相关经济统计数据

水韵江苏

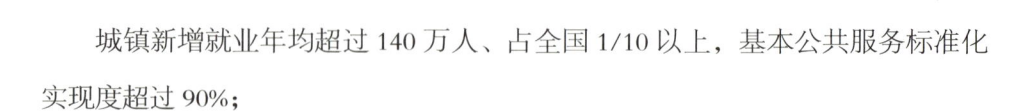

城镇新增就业年均超过 140 万人、占全国 1/10 以上，基本公共服务标准化实现度超过 90%；

江苏城乡发展更趋协调，新型城镇化稳步推进，城镇化率高出全国平均水平近 10 个百分点；

……

江苏始终围绕"百姓富"谋篇布局，持续实施城乡发展一体化和民生共建共享，认真落实惠民政策，努力让居民分享到更多改革发展的红利，不断补齐民生短板弱项，解决群众急难愁盼问题，人民群众获得感、幸福感、安全感明显增强。

（三）环境美

江苏地处江海河湖汇聚的平原水乡，总体呈现为"一山二水七分田"的格局，以水为韵，既是建设美丽江苏的自然本底优势，也是美丽江苏的鲜明特色。党的十八大以来，江苏全面贯彻习近平生态文明思想，把保护生态环境摆在突出位置，奋力走出一条生态优先、绿色发展的新路子。现在，江豚重现长江江苏段，桃花水母再现太湖，蓝天白云成为常态，绿水青山触目可及，新时代的鱼米之乡更加令人向往：

10 年来，江苏在经济总量连跨 7 个万亿元台阶的同时，主要污染物排放总量持续下降，全省 PM2.5 浓度改善 54.8%，地表水国考断面水质优Ⅲ比例改善 49.5 个百分点，生态环境质量指标均创有监测记录以来最好水平，实现生态环境从透支到明显好转、全面向好的历史性转变；

江苏公众生态环境满意率连续 5 年达 90% 以上。第二轮中央生态环境保护督察对江苏工作给予高度评价，指出江苏"现代环境治理体系建设走在全国前列"；

江苏获得联合国人居环境奖 5 个、中国人居环境奖 15 个、国家生态园林城

第一章 汇通江淮之气概 畅达黄海之辽阔

市9个，数量居全国第一；

太湖连续多年实现安全度夏，水质藻情为近十多年最好，近岸海域海水水质为有监测记录以来最好值，长江干流江苏段水质连续多年保持Ⅱ类，主要通江支流断面水质优Ⅲ比例达100%；

…………

江苏在省委、省政府的坚强领导下，切实推动经济社会发展全面绿色转型。"美丽江苏"的生动画卷充分彰显了自然生态之美、城乡宜居之美、水韵人文之美、绿色发展之美。江苏的天更蓝、地更绿、水更清，人民群众对生态环境获得感日益增强，"美丽江苏"正成为中国式现代化江苏实践的最亮丽底色。

苏州太湖三山岛国家湿地公园（摄影：王建中）

（四）社会文明程度高

文明程度，彰显社会发展的底色和亮色。党的十八大以来，江苏围绕贯彻习近平总书记建设"社会文明程度高"新江苏的重要指示精神，始终坚持"两手抓、两手都要硬"的战略方针，大力构筑思想文化引领高地、道德风尚建设高地、文艺精品创作高地，持续推动文化强省、平安江苏建设，"社会文明程度高"的标识更加鲜明：

江苏的全国文明城市数量位居全国第一，已创成的全国文明村镇、全国文明单位、全国文明校园、全国文明家庭的总数均居全国前列；

江苏被命名为中国特色小镇的数量居全国前列，江苏创建的全国乡村治理示范乡镇、示范村数量居全国第一；

江苏保有的国家级历史文化名城、中国历史文化名镇和街区全国最多；

江苏的国家一级图书馆、文化馆、博物馆的总数均居全国前列，江苏博物馆年接待观众人数连续多年居全国第一；

江苏文化产业增加值连续多年稳居全国第二，江苏获文华表演奖、梅花奖、牡丹奖、兰亭奖等国家级重点奖项总数位居前列，全国第十一届、第十二届书法篆刻作品展江苏入展总数均居全国第一；

江苏入选全国学雷锋志愿服务"四个100"先进典型、获评全国岗位学雷锋标兵、获评全国学雷锋活动示范点的总数位居全国前列；

江苏的群众安全感高达 99% 以上，政法队伍满意度始终保持全国前列，江苏被公认为全国最安全的省份之一；

江苏学生学业表现位居世界前列，在两届国家级教学成果奖评选中获奖总数均位居全国第一；

江苏获评慈善七星城市、百强慈善城市的数量均居全国首位，江苏对机构集中养育孤儿、社会散居孤儿的平均保障标准位居全国第一；

江苏基本公共卫生服务绩效评价名列全国第二，住院患者满意度位居全国第一；

江苏8个市创成全国社会信用体系建设示范区，社会信用体系建设成效总体走在全国前列；

…………

在江苏大地上，社会主义核心价值观深入人心，文化事业蓬勃发展，人民群众的精神生活丰富多彩。经过多年的努力，道德风尚建设高地展现出令人欣喜的现实模样，崇德向善、共建文明，美人之美、美美与共已成为江苏鲜亮的文明底色，社会文明程度的不断提高为全省上下扛起新使命、谱写新篇章提供了强大文化支撑和精神动力。

（五）党建引领好

进入新时代，习近平总书记以前所未有的决心和力度推进全面从严治党，创造性地提出一系列具有原创性、标志性的新理念新思想新战略。党的十八大以来，全省各级党委认真落实新时代党的建设总要求和新时代党的组织路线，深入推进党的建设制度改革，全力以赴建强组织、配强班子、用好干部、盘活人才，充分发挥党建引领作用，把组织力量、组织优势有效转化为发展动力、发展优势。

经济工作推进到哪里，党建工作就跟进到哪里。近年来，江苏大力推进产业链党建工作，把组织建在链上、服务沉在链上、资源聚在链上、作用融在链上，在产业链上建堡垒、聚合力，把链上常态化开展活动，推动政企高效沟通、产业有效合作、科技协同创新。全省901个产业链党建联盟或产业链党委，大力实施企业需求、部门资源、行动项目"三张清单"，以党建共同体凝聚产业链合作、创新、发展"最大公约数"。

干事创业，关键在人，充分调动广大党员干部干事创业的积极性、主动性、创造性，是发挥好党建引领作用的"关键一招"。江苏把激励干部担当作为放在高质量发展大局中系统谋划，放在干部选育管用工作中大力推进，出台《关于进一步激励广大干部在推动高质量发展中担当作为的若干措施》，拿出20条硬举措为担当者担当、为干事者撑腰，有力推动干部敢为善为、奋发有为。

从2018年起，江苏创新开展高质量发展综合考核，用好考核"指挥棒"。如今，全省系统设计"高质量发展绩效评价""党的建设成效评价""满意度评价"三张考卷，推动全省各地各单位在高质量发展的赛道上比学赶超、争先创优。

目前，在苏两院院士116人，国家级人才数量占全国10%以上，居全国前列，为江苏高质量发展提供了坚强的人才保证和智力支持。先后出台"人才26条""人才10条""人才强省意见"等政策文件，推出人才"周转池""双落户"、人才分类评价改革、社会化引才奖补、人才攻关联合体等突破性改革举措，激发各类人才的创新创造活力。

江苏坚决扛起全面从严治党重大政治责任，出台《中共江苏省委关于推动全面从严治党迈上新台阶的意见》《关于推动党委（党组）落实全面从严治党责任的若干规定》等规范性文件，从明确责任、履行责任、述评责任、考核责任、追究责任等方面对严格落实管党治党责任进行部署，不断实现自我净化、自我完善、自我革新、自我提高。

党的十八大以来，江苏各级党组织深入学习贯彻习近平总书记关于党的建设的重要思想，牢固树立大抓基层的鲜明导向，把人才作为推动高质量发展的关键支撑，创新开展年度综合考核，通过有强度的激励举措和有底线的容错机制，激励干部担当作为，以高质量党建推动高质量发展，为推进中国式现代化江苏新实践、谱写"强富美高"新江苏现代化建设时代篇章提供坚强的组织保证。

结语

水塑造了江苏灵秀的山川、柔美的气韵、坚韧的品性，还有利万物而不争的境界。深受江河湖海交融的水文化滋养，江苏人对水之"七善"有着更真切的体会，对孔子说的水之"九德"有着更透彻的领悟。江苏人聪慧勤劳、坚韧不拔、开放包容、务实自信。江苏人"散是满天星，聚是一团火"，江苏人赤诚的家国情怀，是江苏发展最炽热、最深沉、最持久、最珍贵的力量。

中国式现代化是一项伟大而艰巨的事业。习近平总书记明确要求，新征程上江苏要勇挑大梁、勉励江苏广大干部群众汇通江淮之气概、畅达黄海之辽阔，以当表率、做示范、走在前的果敢担当，谱写"强富美高"新江苏现代化建设新篇章。这是一份殷切的期望，也是一项历史的重任，更是生长在黄海之滨、长江下游、太湖周边、运河两岸的广大江苏儿女的共同使命、共同的光荣与梦想。

新征程上，江苏人"汇通江淮之气概"，敢于战胜前进中任何困难和艰险，一往无前、百折不回，勇于开拓、敢为人先，不断创造"走在前、做示范"的新业绩；新征程上，江苏人"畅达黄海之辽阔"的胸襟，以更宽广的全球视野和国际眼光，海纳百川、开放包容，把握主动、赢得优势，不断打开事业发展新天地！

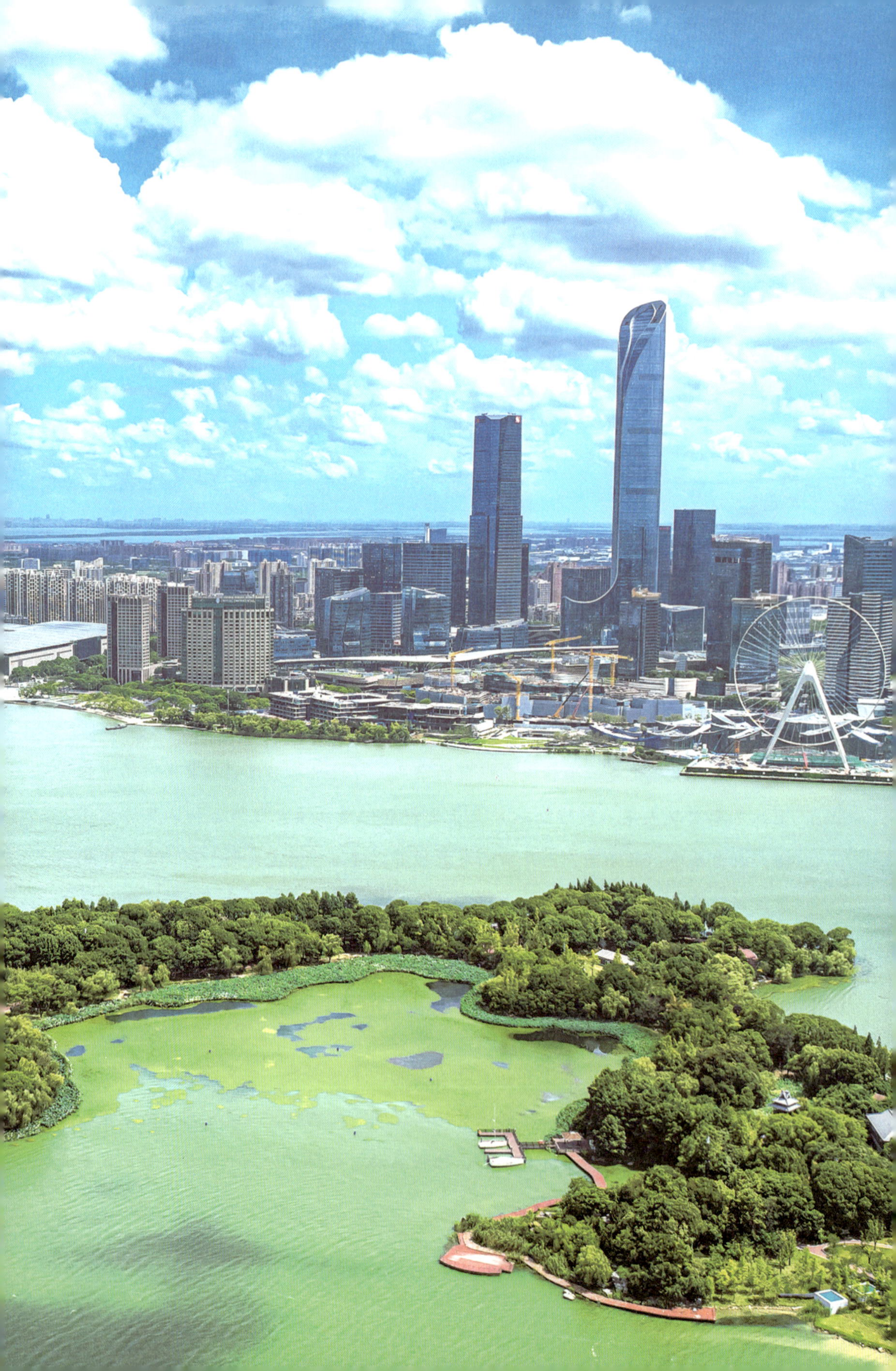

第二章

经济强　夯实高质量发展"压舱石"

上善若水，水滴石穿。

水韵江苏，得水之善。至柔至刚，莫之能胜。

江苏河网密布，资源丰富，交通便利，历代都是全国的经济重心、财赋重地。古人用"苏湖熟，天下足""国家根本，仰给东南"等来赞誉江苏在全国的突出地位。在近代"产业报国"的浪潮中，江苏人秉承与时俱进的自觉，成为中国民族工商业的摇篮。

改革开放以来，江苏乡镇企业"异军突起"，外向型经济快速发展，民营经济突飞猛进，创新驱动持续发力。江苏始终坚持"在高质量发展上继续走在前列"，今天的江苏已是全国经济最强省份之一。江苏的"经济强"，体现在高水平科技自立自强、现代产业竞争力强、服务构建新发展格局功能强上。江苏矢志追求科技创新率先取得新突破，全面构建以先进制造业为骨干的现代化产业体系，全面建成具有全球影响力的产业科技创新中心、具有国际竞争力的先进制造业基地、具有世界聚合力的双向开放枢纽，努力凸显江苏在新发展格局中的枢纽作用、支撑作用和示范引领作用。

新时代以来，江苏为稳定全国发展大局发挥了重要的"压舱石"作用。今天的江苏，"经济强"的基础更厚实、实力更彰显，高质量发展步伐更坚定。

水韵江苏

一、求突破：紫金山实验室自立自强

科技创新是发展新质生产力的核心要素。2023 年伊始，江苏紫金山实验室创新性地将 6G 技术应用于 5G 系统，实现了频谱效率 10 倍以上的提升，极大地增强了 5G 应用的可靠性和适用性。

紫金山实验室主任兼首席科学家、移动通信全国重点实验室主任、东南大学教授尤肖虎说："习近平总书记到我们实验室，他指出我们要走求实扎实的创新路子，要为实现高水平科技自立自强立下功勋。"

如今，这个诞生仅 6 年的重大科技创新平台，已成为我国网络信息前沿关

紫金山实验室（图片来源：视觉南京）

键技术的最先突破者，在新型网络架构与核心技术方面取得了多项重要突破。

2023年7月6日下午，尤肖虎向来到紫金山实验室的习近平总书记汇报：紫金山实验室已经取得多项6G颠覆性技术突破，包括：光子太赫兹无线通信系统、无线传输效率提升10倍的无蜂窝移动通信技术，以及两项未来6G技术的专用器件研究。

也是在这里，习近平总书记再次强调，现在信息技术飞速发展，颠覆性技术随时可能出现，要走求实扎实的创新路子，为实现高水平科技自立自强立下功勋。[①]时下，按照"使用一代，建设一代，研发一代"的发展节奏，紫金山实验室已处于当前全球6G战略布局和技术研发竞赛的最前沿。参考我国5G的商用元年，紫金山实验室给出了一个6G的时间表：2026年开始做标准化，2030年左右进入大规模商用化阶段。

"未来的三到四年时间是6G发展的最为关键时期，我们会更加努力，一定不辜负习近平总书记对我们的期望。"尤肖虎如是说。

（一）解锁6G，擘画未来网络蓝图

1秒下载50部高清电影，在5G时代，这似乎是难以想象的事情，但6G的突破，让这一愿景变成了现实。

2022年初，紫金山实验室搭建出世界上首个6G光子太赫兹100Gbps实时无线传输通信实验系统，创造出世界最高实时传输纪录。截至2023年底，课题组已实现太赫兹频段下1Tbps的无线传输速率，比5G整整提升了100倍。也就是说，与5G相比，实验系统展示的传输速率和频谱效率等关键技术指标能力，可谓量级提升。诚然，这也代表了当前6G研发的国际最高水平，标志着我国在

[①] 《如何"走在前、做示范"？习近平江苏考察这样阐述》，人民网，2023年7月8日。

6G 关键技术指标能力较 5G 量级提升的可行性技术验证方面取得了突破性进展。

跳出我们最通俗易懂的下载场景，把眼光放到更长远的未来、视野拓展到更宽广的生产生活方面，可以预见，现有 5G 难以支撑的全息通信、自动驾驶、AR、VR 等这些要求网络速率非常高且交互时延非常低的应用，在使用上这项核心技术后，一切皆有可能。

突破封锁技术、解决"卡脖子"难题，重中之重是要掌握技术话语权。当前各国都在全面推进 6G 技术研发。根据国际电信联盟发布《IMT 面向 2030 及未来发展的框架和总体目标建议书》，6G 提出了六大典型场景，除了对 5G 增强移动宽带、海量机器类通信和超高可靠低时延通信三大场景进行增强外，还引入了通信与 AI 融合、通信与感知融合和泛在互联三大新的场景。

从 2G 跟随到 3G 突破，从 4G 同步到 5G 部分领跑，求实扎实的创新基因，早已植入中国的血脉。作为江苏省和南京市共同建设的重大科技创新平台、我国 B5G/6G 无线通信的重要研究机构之一，紫金山实验室自 2018 年成立以来，一方面瞄准国家"6G 引领"重大目标，引领发展 6G 无线接入能力较 5G 量级提升的基础理论与技术；另一方面瞄准国家"补短扬长"重大需求，摆脱原有路径依赖，在 6G 底层支撑技术方面作出突破性贡献。

2020 年，紫金山实验室发布了第一份 6G 白皮书，提出"全频谱、全覆盖、全应用、强安全"6G 愿景。在实现愿景的道路上，紫金山实验室稳扎稳打，为我国 6G 移动通信发展建立不可替代的技术领先优势，在全球竞争中引领 6G 移动通信发展。

"现如今，研发 6G 就是为未来智能化信息社会提供超强连接能力，比如用户要使用云端智能技术，只需极短的时间。总书记的关怀是我们技术攻关的最大动力，我们有信心把 6G 通信技术做得更好、覆盖更多使用场景！"尤肖虎说，"我们团队的成员都会加倍努力，争取将这些关键技术逐步成熟化、实用化，支撑我国未来 6G 技术发展。"

（二）求实攻坚，收获颠覆性成果

争分夺秒攻坚创新，不断挑战失败，对于紫金山实验室的科研团队来说，已经是常态。

有一次，团队需要就 6G 的一项技术应用进行外场测试。紫金山实验室专项课题负责人、东南大学教授王东明就与负责外场测试的团队成员一起安排具体流程，从带哪些设备，到谁负责哪个环节，全部作了细化。但测试结果却不甚理想，甚至数据越到后面偏差越大。当天，实验室的灯光一直亮到深夜——当天的问题当天讨论，这是过去 20 年里团队形成的惯例。直到 3 天后，经过优化的第三个测试版本顺利完成外场测试。

正是团队数十年如一日的坚持，"厚积"才会"薄发"。作为本土科技工作者，王东明从 2002 年就跟随尤肖虎进行通信技术的攻坚研发，见证并参与了从 4G 到 6G 的攀登之路，"20 年磨一剑"对他来说，已经不只是一个形容词。

2002 年，在我国 B3G 技术研发阶段，尤肖虎团队将分布式协作传输作为核心架构，并在 2004 年牵头的国家自然科学基金重大项目中开始了分布式多天线的基础理论研究，这也是国际上最早开展分布式协作传输的研究团队。

当时，分布式协作传输研究是热点技术，通过理论计算、仿真，学术界广泛认为分布式多节点传输具备很好的性能。但是，这些性能增益来源没有被理论证明。2006 年王东明博士毕业留校后，在尤肖虎等老师的指导下，借鉴了集中式 MIMO 理论研究的思路，经过了长期讨论，尝试从概率论的基础理论入手，历时一年多终于推导出了系统容量增益的表达式，解决了理论上的难题。其成果发表在通信领域最高级别的国际期刊《IEEE JSAC》上，至今仍受到较为广泛的关注。

2014 年开始，王东明所在的团队负责国家高技术研究发展计划（863 计划）

水韵江苏

重大课题，开始构建 5G 大规模分布式 MIMO 试验系统，他负责关键技术的研究和试验系统的研发。由于天线多、带宽大，并且要求实时处理，对试验系统的实现带来极大的挑战。最大的问题是系统采用软件实现实时，对软件的效率要求很高。

"那个时候，试验系统的硬件都是老师搭的，没有通信软件工程师支撑系统研发，需要自己来写软件实现。"回忆起当时，王东明至今仍然记得，在第 1 版试验时运行的结果和大家预想相去甚远，"可能跟预想的差了将近百倍，大家非常沮丧，压力也非常大，但没有人放弃。我们与测试人员一起分析数据，讨论问题出在哪里，并思考新的软件架构如何设计，每天都在实验室待到深夜"。这样的场景持续了好几个月，后来王东明自己下场负责并行基带信号处理的软件研发，从最底层的代码入手，最终突破了大规模分布式 MIMO 系统的实时信号处理难题，并验证了相关的关键技术。正是在这样日复一日的坚持下，2018 年，团队在国际上率先实现了 128 天线的大规模试验系统，通过实际的试验平台验证了其各方面的性能增益，受到国内外业界的广泛关注。

紫金山实验室科研人员（图片来源：视觉南京）

20年来，团队的研发历经基础理论、关键技术、试验验证、标准化及商用产品基础上的研发和应用演示，探索出了有效打破蜂窝架构的实现方式，并解决了节点之间高精度载波相位同步的难题，申请了一系列专利。2022年团队基于现有5G商用产品实现了无蜂窝组网技术的验证，并在相关技术标准化之前验证了打破蜂窝架构并实现分布式协作传输的可行性及性能增益。下一步，团队将致力于打破产业界长期以来低效的实现方式，实现6G的技术突破并走向应用。

（三）创新体系，打好核心技术攻坚战

6G是一项系统性的研究，研究覆盖面很广，必须构建协同创新体系，集聚创新力量加强原创性引领性科技攻关，实现从科学到技术到产业的融通创新，才能在重点领域、关键环节实现自主可控。

2019年紫金山实验室牵头承接国家重点研发计划"6G总体技术研究"以来，加强与高校和大院大所的合作，联合了东南大学、清华大学、电子科大、华科大、北邮、南邮等近十所国内通信领域顶尖的高等院校，以及运营商、设备商、大院大所等总计20家国内优势单位共同开展技术攻关。

紫金山实验室作为牵头单位，组织各类技术交流会数十场，通过强强联合，不断创造"1+1>2"的效果，项目取得了丰硕的科研成果，提出的6G"3+X"愿景、14项技术性能指标被国际电信联盟6G目标建议书采纳，达成全球共识，也为国家将来在6G领域的布局提供了科学依据与建议。

紫金山实验室深知，把视野放到国际上，是实现高水平科技自立自强的必要选择。为此团队邀请了加拿大滑铁卢大学，英国杜伦大学、谢菲尔德大学、赫瑞－瓦特大学，美国加利福尼亚大学戴维斯分校，日本大阪公立大学等高校的国际知名学者、研究团队来南京开展合作交流。其中受邀的英国肯特大学教

授、皇家工程院院士王江舟在实验室做访问学者一年，为团队相关领域的研究工作提供了很大的支持，并在此期间成功当选了中国工程院外籍院士，通过交流互鉴实现了共同发展。

（四）探索体制，锻造战略科技国之重器

党的二十大报告提出，健全新型举国体制，强化国家战略科技力量，加快实现高水平科技自立自强。国家实验室是体现国家意志、实现国家使命、代表国家科技创新最高水平的战略科技力量，是实现我国科技创新从"跟跑"向"并跑"和"领跑"转变的国之重器。[①]

然而，创新不止在科技，更在于体制机制的瓶颈突破。以锻造国家战略科技力量为使命，紫金山实验室身处全国唯一的科技体制综合改革试点城市，探索新型举国体制具有先发优势和基础。

紫金山实验室虽然是事业单位法人机构，但努力体现"科研自主"理念，实行市场化机制管理模式，执行理事会领导下的主任负责制，推行首席科学家负责制。运行机制的改变让紫金山实验室创新能动性犹如一池春水被激活——由首席科学家自主组建跨学科、跨机构的科研创新团队，并建立高层次人才和特需人才引进"绿色通道"。同时，把薪酬配给权力下放到各研究中心，使首席科学家、各科研团队真正能够根据科研任务需要引进人才。

在紫金山实验室确定 6G 通信研究方向后，首席科学家尤肖虎院士通过"揭榜"拿下科研任务，实验室赋予其充分的科研、用人自主权，可以打破学历等常规限制组建人才团队，也可以自由决策划分子课题和子任务，加速实现科研

[①] 王喆、陈伟伟：《破除体制机制陈规旧章提速国家实验室建设进程——基于北京、合肥、上海、青岛四地的调研》，《科技管理研究》2020 年第 13 期。

第二章 经济强 夯实高质量发展"压舱石"

紫金山实验室（图片来源：视觉南京）

攻关。6G光子太赫兹无线通信系统项目由一位副教授牵头，紫金山实验室从复旦大学引进了一位知名教授，还招了十几个博士和研究生组成一个高水平科研团队，提供一个完整的实验平台和先进的仪器设备，5年下来持续投入4000万元，最终这个项目前期成果创下了世界传输最快的纪录。在这一过程中，被时光赠予的不只是科研成果，也积聚了大量科研基础设施、高水平科研团队和先进仪器设备的高水平创新平台，为后续创新研发奠定了基础。

基础研究离不开长期稳定有效的投入。紫金山实验室成立以来，中央、省、市三级在硬件载体和科研经费上，累计投入约51亿元。长期稳定的科研投入机制和竞争淘汰机制，保障了载体建设投入和日常运营，科学的资金配套稳定了科研项目投入并保证了项目升级的经费支持。

紫金山实验室实行灵活畅通的人才培养与吸引机制。实验室拥有自主职称评审权和省人才项目的直报权，灵活采取全职聘任、兼职聘任、访问学者等多种方式，打破地域、身份、人事关系等刚性制约引进科研人员。在这里，通过"举荐""点将""揭榜""赛马"等多种方式组建科研创新团队成为常态。由于畅通了高层次人才和特需人才引进的"绿色通道"，实验室成功引进和培养了一批学术基础扎实、创新能力强、发展潜力大的领军人才和中青年后备科技人才。其中实验室 6G 团队的人才规模和质量位居全球第一梯队，6G 团队 2 位科学家分别入选中国科学院院士、中国工程院外籍院士，2 位科学家入选主要发达国家院士。

人才聚、科技兴、产业强。以紫金山实验室为核心，南京在其周边规划了 43 平方千米的紫金山科技城，建成 26 家高品质科创空间，孵化引进培育 1000 多家网络通信与安全关联企业，成为南京未来网络通信产业集聚效应最突出的地方。紫金山实验室以科技创新引领现代化产业体系建设，与江苏省产业技术研究院等强强联合，再有南京市成立的紫金山科技产业集团的加持，都将促成紫金山实验室的成果转化，助推紫金山实验室由原始创新"策源地"加速转化成市场"澎湃力"。

（张芬芬　中共南京市委党校）

二、争第一：徐工诠释中国制造高质量发展

2017年12月，习近平总书记饶有兴致地登上徐工集团完全自主研发的XCA220型全地面轮式起重机驾驶室。

习近平总书记指出，装备制造业是制造业的脊梁，要加大投入、加强研发、加快发展，努力占领世界制高点、掌控技术话语权，使我国成为现代装备制造业大国。

2023年3月全国两会期间，习近平总书记参加江苏代表团审议，来自徐工集团的代表单增海给总书记带来一个好消息："2017年您考察徐工时乘坐的220吨全地面起重机，关键指标已达到全球第一，国产化率由原来的71%提升到100%。"

习近平总书记予以肯定，指出"我们还要再提升，向中高端走，我们高质量发展要体现在这里"。

从2017年到2024年，徐工集团将全地面起重机的最大起重能力从1200吨提高到3000吨，再到2024年全球最大的4000吨，吊装高度从100米提高到190米，主要性能指标排名全球第一。

水韵江苏

（一）勇闯"无人区"

清晨，内蒙古乌拉特后旗，茫茫戈壁，长风猎猎。万里晴空下，臂展长173.5米的"超级大力士"——徐工2600吨全地面起重机（以下简称XCA2600）格外亮眼。

高度到位、角度到位、配重到位、风速8米/秒……

"启动！"7点整，现场总指挥一声令下，起重机开始运行，随即将总重达128吨、叶片长97米的风机叶轮缓缓吊起。叶轮升至110米高后，起重机带着它整体旋转，56颗螺栓精准插入机舱轮毂预留的小孔。

2022年11月14日，XCA2600全地面起重机在山东潍坊首吊成功（图片来源：徐工集团）

第二章 经济强 夯实高质量发展"压舱石"

百米高空，上演精准对接，力拔山河的 XCA2600 亮出"绣花"功夫。这样一个全能"大力士"，代表中国起重机再次刷新世界纪录，被人们称为"全球第一吊"。

"从提出想法，到变为图纸，每一步都是全球的第一步，所有的技术都是第一次摸索。"设备总设计师李长青感慨。

近年来，我国风电行业蓬勃发展，风机功率持续升级，叶轮直径、风机重量随之上升。不少吊装公司向徐工集团提出，希望能够生产一款吊装更稳、高度更高、吊装重量更大又兼具灵活性、能实现快速转场的起重机。

市场有需求，企业有反馈。研发一款起重能力更强的新产品被提上日程。"曾有国外企业认为，2000 多吨全地面起重机是不可能实现的。"李长青说，此前，徐工集团已将全地面起重机的起重能力极限推到了 2000 吨，"我们决定再闯一回。"

最大起重吨位从 2000 吨增至 2600 吨，最大起吊能力从 140 米吊 165 吨升至 160 米吊 173 吨，从表面来看，XCA2600 升级幅度不大。但在极限吨位情况下，每增加一点吊装高度，都对产品综合技术实力提出了巨大挑战。

第一个难关，臂架结构设计。臂架是起重机最重要的受力结构，决定着最终的起吊能力。在臂架所用原材料不变的情况下，怎样才能让臂架有更强的承重能力？答案是从结构设计入手。李长青团队将 XCA2600 的臂架设计成一个拥有复杂立体结构的"超级鱼竿"。

"超级鱼竿"，顾名思义，起重机臂架可一节节伸缩，最上端的节段最细。"这种结构有个弱点，最后一节臂的截面非常小，与风电臂的连接处十分薄弱。"李长青说，这个问题解决不了，就无法造出更大吨位的产品。

为此，研发团队专门设计了一个拉撑结构——通过上面拉、下面撑，提高臂架的强度。看似简单的"一拉一撑"，背后却是上万次试验。仅设计方案，前后就变更了几十次，每变更一次就要重新进行一次仿真实验。仅攻克这一项难题，团队就花费了 4 个月。

不仅如此，徐工重型全地面起重机研究所还专门为 XCA2600 研发了"超起一键定长张紧"功能。XCA2600 搭载的系统可根据环境和工况变化，精确调整两侧钢丝绳的拉力，随时调整臂架的侧向变形，使大臂始终处在笔直状态，拥有最好的起吊能力。

第二个难关，底盘设计。相同结构设计下，起重机自重越轻，则起重量越大。减自重这一"重任"，落在了底盘身上。

行业内有一句话，底盘每减重 1 千克，相当于上部结构减重 5 千克。徐工集团零部件技术专家胡小冬介绍，为了兼顾起重性能和产品的机动性、灵活性，XCA2600 用上了徐工集团自主研制的独立悬架系统，并且采用了断开车桥，能够实现载重 300 吨转场。

车桥又称车轴，通过悬架与车架相连，两端安装车轮以维持车辆正常行驶。以往的起重机配备的是整体车桥。"整体车桥自重更重，过坑能力、抗颠簸能力也不强。"胡小冬说，采用断开车桥，即使 XCA2600 的左、右侧车轮高度相差 30 厘米，依旧可以保持车身平衡。

此前，断开车桥只能依靠进口。自 2013 年起，徐工集团下定决心研发断开车桥。经过近十年持续努力，徐工集团研制出断开车桥，不仅成本更低，且比进口车桥轻 8%；不仅完成减重重任，还保障了良好的爬坡能力，目前已逐步应用到超大吨位起重机上。

（二）升级产业链

性能全球领先的 XCA2600，代表了中国工程机械行业全产业链的集体跃升。它全身上下 1 万多种、超 10 万个零部件，国产化率接近 90%。

液压系统被视作起重机的"心脏"，决定着"超级大力士"的力量有多大。

第二章 经济强 夯实高质量发展"压舱石"

液压油缸，负责把液压能转换成机械能，是液压系统的重要部件。而超大吨位起重机的液压油缸，缸壁必须做到又薄又硬，既实现轻量化，又具备高强度，对基础原材料、加工工艺等提出了很高要求。

"此次为XCA2600配套的圆柱形液压油缸，总长超过10米、圆筒外径0.54米、内径0.5米，尺寸精度达到0.01毫米。"徐工集团液压技术专家张青山说，为此，徐工液压准备了近20年。

以原材料为例，2010年当徐工集团决定开发400吨以上超大吨位起重机时，找遍国内原材料牌号，没有一种能够满足大吨位起重机液压油缸的性能要求。唯一找到的国外材料又面临交货周期长、后期加工难度大等问题。

面对困境，徐工集团决定联合国内钢管企业自主研发。"那个阶段，国内钢

XCA2600全地面起重机的生产过程（图片来源：徐工集团）

材产品供不应求，很少有厂商愿意开展小众、新型特种材料的研发。"张青山说。徐工集团足足花了两年时间才找到合作伙伴，2014年，合作开发出徐工集团专用的XG系列新材料，材料强度提升一倍以上。

解决了原材料问题，还要克服加工工艺难关。钢管公司提供的无缝管坯料壁厚偏差达正负8%，徐工集团得找到适合的加工手段，将无缝管坯料拉长、变薄、变致密，使钢管满足设备需求。

当时，国内基础工艺技术缺乏，甚至都没有缸筒"冷拔"概念。张青山说："同样强度的产品，我们采用传统机加工出来的缸体又重又笨，而国外先进产品壁厚只有一半。"

困难面前，徐工集团再次下定决心，一定要啃下"冷拔法"这个"硬骨头"。这一步一踏出，又是一次漫长的攻坚。

整整花了8年时间，徐工液压终于成功掌握冷拔技术的系列参数，并联合国内企业生产出首台拥有自主知识产权的冷拔机。"不同规格的产品，需要匹配不同的冷拔速度。光研究这个技术参数，我们就花了两年，用废了近百吨钢管。"张青山说。

2018年，亚洲自动化程度最高、行程最长的冷拔机在徐工集团液压建成投产。设备最大冷拔长度可达18米，拉拔力可达600吨，相当于22辆50吨的重卡同时拉着钢管前行。通过内外环模具的同时挤压，冷拔机可以像"拉面条"一样拉钢管，使其强度提升30%。

为了研制出满足大吨位起重机要求的液压油缸，徐工液压还联合上下游企业研发了20米长的国内最长移动退火炉，全国首创开发的大吨位两辊校直机，近100种粗镗、浮镗、珩磨加工磨具……"围绕液压油缸生产，我们已拥有材料开发、机加工、试验设计等国际专利。"张青山说。这种积累让徐工液压生产出高性能的液压油缸，助力XCA2600顺利问世。

发动机，来自潍柴；高强度板材、管材，来自宝钢；液压系统，来自徐工……在 XCA2600 身上可以清晰地看到我国工业基础水平的提升。"可以说，XCA2600 的成功是从发动机到液压油缸，从硬件到软件全面升级的成果。"李长青说。

XCA2600 干活有多精细？在徐工集团试验场，它曾用软绳成功吊起红酒瓶，并将红酒一滴不漏地倒入玻璃杯中。徐工集团控制系统技术专家柴君飞介绍，这背后源于算法的精准控制，让起重机即使在百米高空，也能拥有极致的微动性，以 2 毫米／秒的速度精准移动。而这一切归功于 XCA2600 拥有的国产化"大脑"。徐工集团自研的起重机智能控制系统，是 XCA2600 具备"绣花"功夫的关键所在。

（三）突破新工艺

能想象吗？ XCA2600 这样的"大家伙"，曾一度因为一根小小的螺纹轴而中断研发。

2015 年，根据设计图纸生产的第一批产品，在极限试验中屡次发生断裂。经过数十次失败，用上所有方法分析断裂截面，研发团队发现，问题出在承重部件的一根螺纹轴上。

关键时刻，徐工集团"000001"号特级技师孟维挺身而出，"螺纹轴之所以容易断裂，是因为轴上的异形螺纹加工精度不够，所以连接处不够顺滑、受力不均，加工工艺需要改进"。

刀具，打磨精密零部件的工具。孟维提出，想提升异形螺纹的加工精度，还得从刀具入手。然而，螺纹轴零件自重就达 139 千克，市面上并没有适配的刀具来加工。

此前，孟维团队用 18 把非标刀具拼接成新刀具来加工螺纹轴，可惜没有成功。怎么办？孟维团队反复试验，先后推翻了 20 多种方案，最终研制出了一套

水韵江苏

精确到微米的专用刀具。

"第一批,我们只成型了20根螺纹轴,成功率还比较低。"孟维说,"后来经过持续优化,成功率一点点提升,逐步适应了批量化生产要求。"

走进徐工集团的焊接车间,由我国自主研发的全球首台激光复合焊接专机正在紧张作业。它的独特之处在于,当设备在钢板外部焊接时,钢板内部也在火光四溅,一次作业两面焊接。这克服了普通电弧焊只能焊接钢板外部、内部需要人工焊接的短板,极大提升了焊接效率。

然而,即使有了激光复合焊接专机的助力,在XCA2600的生产过程中,面对复杂的超级起重机结构件,依旧有超过50%的焊缝需要人工焊接。电焊工张怀红说,留给人工焊接的往往是一些异形、隐蔽的焊缝,"以XCA2600最大截面的起重臂为例,需要9名高技能焊接工人协同作业15天,才能完成焊接"。

焊接工作十分辛苦。为了保证焊缝平滑、不开裂,每次焊接前,都要将钢材预热至100摄氏度。身穿10多斤重的隔热焊服,趴在100摄氏度的钢板上,

2023年11月28日,XCA3000全地面起重机在辽宁营口完成首吊(图片来源:徐工集团)

第二章 经济强 夯实高质量发展"压舱石"

2024年3月22日，XCA4000轮式起重机在河北衡水完成首吊（图片来源：徐工集团）

一干就是4个小时，还要保证手一点不能抖，焊接工人每次下工都会浑身湿透。

XCA2600起重臂的焊接是工匠精神的极致体现。张怀红介绍，2600吨的起重臂焊接量较大，80%的位置都需要多层多道焊接。"多层多道焊接时，每焊接一层，都要进行层间打磨清理，才能焊接下一层。"张怀红说。

"焊接是个技术活儿，也是个良心活儿，容不得半点马虎，必须把每一层、每一道焊缝按照精品的标准来焊接。"张怀红说，一个小小的焊接裂纹，都有可能造成严重的事故。正是所有焊接工匠的努力，才造就XCA2600的优异性能。

庞然大物的研发制造，会卡在一条螺纹上；每条焊缝的设计，都需要设计师与工匠多次沟通、修改。李长青感慨："再复杂的'大国重器'，也要从造好一颗'螺丝钉'开始。"

2023年11月28日，辽宁营口，百米高空之上，我国自主研制的全球最大吨位全地面起重机——徐工XCA3000将重25吨、长95米的风机叶片精准对接

2024年3月6日，XCA4000全地面起重机发布（图片来源：徐工集团）

风机轮毂，安装到位。这位全能"大力士"的圆满首秀，代表中国起重机再次刷新研发世界纪录，成为"中国制造"高质量发展的又一里程碑。

平均每两年，就有一款刷新全球吊载能力的起重机产品下线；产品系列横跨8吨至4000吨，施工领域覆盖市政、化工、风电等多个场景；300吨以下产品全部实现国产化，千吨级以上产品零部件国产化率达到91%。在千吨级起重机产品方面，徐工集团已经拥有完全自主研制的能力，实现了我国原创、世界领先的重大创新。

近年来，徐工集团坚持锚定创新驱动，不断加大科研投入，曾经首创的"世界第一吊"4000吨履带式起重机、"神州第一挖"700吨液压挖掘机、全球最大后驱刚性矿车XDE440、2.3万吨米全球超大塔机、中国最大35吨装载机等多项国产首台套重大装备相继下线，近千项关键核心技术及一批关键核心零部件不断突破，在"中国制造"的自主创新之路上，添上了浓墨重彩的一笔。

布局"国之重器"，破局"卡脖子"难题。徐工集团始终牢记习近平总书记"必须始终高度重视发展壮大实体经济，抓实体经济一定要抓好制造业"[①]殷殷嘱托，从2017年习近平总书记视察徐工集团时位列第七，到连续跻身全球行业第一阵营，产品出口190多个国家和地区，主要指标连续35年稳居"中国第一"，连续6年位列世界品牌500强，国内行业第一。

未来，答好赶考路上的时代答卷，徐工集团正以高端化、智能化、绿色化、服务化、国际化"五化"发展转型的奋斗姿态，奋力攀登世界高端装备制造业产业珠峰、努力建设世界一流企业，为中国制造高质量发展、构建新发展格局贡献蓬勃的徐工力量，真正不负关怀、不负信任、不负重托！

（徐工集团工程机械股份有限公司品牌与文化发展部）

[①] 刘志强、邱超奕：《在高质量发展之路上勇立潮头（这十年，总书记这样勉励企业高质量发展）》，《人民日报》2022年8月15日。

三、做示范：句容探索
　　中国式农业现代化之路

习近平总书记强调，没有农业的现代化，没有农村繁荣富强，没有农民安居乐业，国家现代化是不完整、不全面、不牢固的。发达地区在这方面一定要带好头、领好向，把工业化、信息化、城镇化、农业现代化同步发展真正落到实处。[①]近年来，镇江句容市坚定不移沿着总书记指引的前进方向，以"走在前、做示范"的使命担当，踔厉奋发、砥砺前行，奋力推进中国式现代化句容新实践，大力发展现代农业。

国家市场监管总局公布的第一批国家农业标准化示范区典型案例，句容是江苏省唯一入选案例；在农业农村部科教司发布的2022年全国先行县共建工作结果通报中，句容市先行县创建工作连续2年获评估优秀，列为24个首批"全国农业科技现代化先行县"之一；入选"2023年国家现代农业产业园"创建名单；登记注册的农民合作社共728家，其中国家级示范社18家、省级示范社23家。句容是如何发展现代农业并取得如此成绩的呢？让我们一起来探寻。

---

① 霍小光、王骏勇、顾雷鸣：《习近平在江苏调研：主动把握和积极适应经济发展新常态 推动改革开放和现代化建设迈上新台阶》，中国共产党新闻网，2014年12月15日。

（一）"选种"：将劣势转化为发展优势

句容的低山、丘陵与岗坡地面积达181.53万亩，占全市土地面积的87.2%；平原及低洼圩田面积仅26.58万亩，占全市土地面积的12.5%。句容20%以上的水稻生产要通过三级翻水，每10年要遭遇3—4次秋旱和2—3次伏旱。天然的劣势导致句容传统农业的成本偏高，在市场经济条件下缺乏竞争力。

正如俗话所说，河有两岸，事有两面。岗坡地占比高达60%的句容丘陵山区，这对于传统种植业来说，产量不高自然是发展劣势，但是对发展经济林果、优质茶叶、应时鲜果、特色蔬菜、彩叶苗木等特色产业来说却是最适宜的宝贵资源。尤其对观光产业而言，山地可以增加层次和纵深，营造移步换景、步步有景的美感。因此，句容立足实际，优先种植适宜本地土壤的葡萄、草莓、无花果、茶叶、草坪、苗木等经济作物，采取绿化、采摘的种植结构，搭配高低起伏、错落有致的丘陵山地地貌，发展休闲观光农业和乡村旅游业。如今，句容的葡萄节、樱花节、草莓节等农事节庆活动丰富多彩，成为周边地区著名的农业休闲目的地和重要的现代农业生产基地。

（二）"育苗"：榜样示范引领现代农业发展

句容现代农业的发展离不开榜样的力量，"亚夫精神"和"糜林精神"影响着年轻的后辈，越来越多的人将汗水洒向农村，将目光投向现代农业。

赵亚夫是党的二十大代表，曾获时代楷模、全国脱贫攻坚楷模、全国优秀共产党员、全国道德模范、全国优秀领导干部、全国先进工作者、全国优秀科技特派员等称号。他一生扎根农村，早在20世纪80年代中期就提出了江苏丘陵山区水田增粮，岗坡增效的观点；90年代提出岗坡地重点开发应时鲜果为主的经济林果、林下放牧养殖畜禽、农牧结合；21世纪初又提出丘陵山区重点开发绿色食品，在有条件地区示范有机农业，发展有区域优势的生态农业。赵亚夫退休后还带领戴庄村创新发展生物多样性农业，把一个贫困村建设成为殷实的全国文明村。多年来，他带领的亚夫团队累计推广新品种新技术350多万亩，帮助农民增收近300亿元。赵亚夫始终致力于发展江苏丘陵山区农业，实现农民致富。他编写科普手册让农民看懂、学会农业知识。他主动学习农业经营管理和市场营销，参加农产品推介会，帮助农民建立直销渠道、助建土特产销售网络。习近平总书记在镇江考察调研时赞扬他做给农民看、带着农民干、帮助农民销、实现农民富。[1] 勉励他"把成绩写在大地上"。[2]

糜林生前是镇江市农业科学院果树研究室主任、研究员，在他57年的生命中，33年是扎在田野里的。他把科技兴农、助民增收作为毕生奋斗目标，积极开展农业科学研究和技术推广服务，帮助茅山老区农民掌握应时鲜果先进栽培技术，实现脱贫致富。作为农业果树专家，他践行"为农民服务一辈子"的诺言，走进中西部地区4个省份、20多个县，累计培训农民16万多人次，帮助农民增收10多亿元。糜林一直铭记农业科学研究所前所长赵亚夫对科研人员要求的"做给农民看、带着农民干、帮助农民销、实现农民富"四句话，身体力行，献身基层。而糜林作为"中国好人"和全国道德模范则又影响了更多人。目前，仅在江苏，糜林的徒弟中就涌现出全国劳模2名、省劳模3名、市级劳模36名。

在"亚夫精神"和"糜林精神"的影响下，句容充分发挥农技科教资源优势，深化农业供给侧结构性改革，大力培养更多"葡二代""莓二代"等有文化、懂技术、善经营、会管理的"新农人"，吸引全国优秀的"爱农"人才深耕句容现代农业产业，推动句容快速发展。

---

[1] 霍小光、王骏勇、顾雷鸣：《习近平在江苏调研：主动把握和积极适应经济发展新常态 推动改革开放和现代化建设迈上新台阶》，中国共产党新闻网，2014年12月15日。
[2] 刘宇轩、黄垚：《把成绩写在大地上》，新华每日电讯，2022年10月11日。

第二章 经济强 夯实高质量发展"压舱石"

时代楷模、全国脱贫攻坚楷模赵亚夫（右）指导戴庄村村民育秧（摄影：戴退宁）

（三）"坐果"：构建现代农业产业体系

句容拥有"五山一水四分田"的典型丘陵地貌，固然难以发展传统农业，但句容人"牢固树立和践行绿水青山就是金山银山的理念，站在人与自然和谐共生的高度谋划发展"，探索利用当地自然禀赋，转变发展方式，调整农业结构，逐渐形成了"戴庄经验""丁庄样本"，构建起具有鲜明地域特色的现代农业产业体系。

生态农业之果，果生果

天王镇戴庄村是句容生态农业发展的一个缩影。戴庄通过生物多样性培养，让水稻田形成了一个完整的生态系统：沟渠使用泡沫砖代替全部硬化，给

65

水韵江苏

予了小动物栖身之地；稻田收割后翻耕再种的紫云英，既为牲畜提供口粮，又是很好的有机肥；鸭子吃掉杂草和飞虫，鸭粪做肥料，"以田养鸭，以鸭促稻"的共生模式，实现种植和养殖的双收益……种种生态手段的运用，形成了"稻（菜）+ 草 + 畜禽（渔）"的生态循环种养模式，让土地高产高效。村领导表示，"我们还恢复山顶的森林生态，让野生动植物安家，在山坡上种果树和茶树"。山顶、山坡和山下三类农业生态系统完整组成了丰富多彩的丘陵山区小流域生态景观，既保住了绿水青山，又恢复了生物多样性。生物多样性农业发展新模式将尊重自然、顺应自然的农耕文明与现代文明的绿色创新成果相结合，实现了戴庄的高质量可持续发展，为全面完成中国式农业现代化，实现农业强国打下坚实基础。

戴庄有机稻田里的稻鸭共作和人工除草（摄影：杨政）

经营主体之果，果恋果

1989年，全国劳动模范方继生种下了2亩巨峰葡萄，也点燃了丁庄葡萄的"星星之火"。为了增加产量，丁庄人积极向镇江农业科学院专家赵亚夫、芮东明请教，对水平网架栽培进行改良和升级，在水平网架上加设拱棚，实现避雨栽培，减少葡萄与雨水的长期接触，从而降低葡萄病虫害发生概率，增加产量。有了产量还需要有品质支撑才能卖出好价格。从2017年开始，茅山镇组织"葡二代"前往日本，系统学习葡萄栽培管理模式，"葡一代"也自主地将自己的子女送去日本。学成归来，"葡二代"们将先进的生产技术和科学管理模式运用到葡萄种植上，丁庄葡萄无论是外观还是品质，受到越来越多消费者的认可。自2015年丁庄万亩葡萄专业合作联社成立以来，把丁庄村1900多户农户拧成了一股绳。联社实行统一品种育苗、统一技术指导、统一生产资料、统一质量标准、统一品牌销售"五个统一标准"，实现了千家万户"小生产"与千变万化"大市场"的对接。目前，丁庄葡萄已与盒马鲜生、百果园、开市客、叮咚等多家中高端商超及大型电商交易平台建立稳定合作，实现了丁庄葡萄的市场直销，大大提高了农户的收益。

科技创新之果，果连果

句容牢牢抓好科技与改革驱动，创新农业科技发展，推进农业农村现代化迈出新步伐。首先，深化落实"一村一所"科技帮扶机制。加大产学研合作力度，组织科技专家驻村驻点，每个重点涉农主导村都有一名科技专家联系到村、服务到户，确保每个行政村都有一个教学科研单位提供科技支撑。全市76个涉农村"一村一所"覆盖率达100%。其次，打造农业科技产业示范基地，当前，已建立草莓、葡萄、茶叶、稻米等15个省级现代农业科技产业体系示范基地，将各类基地打造成为新品种、新技术、新模式遴选的田间超市、新型

戴庄村现代农业园区航拍图（摄影：余晖）

农民培训的课堂、农业科技致富的样板。最后，强化合作，打一体化合作平台。2019年协同江苏农业科技服务云平台，对接"农技耘"App，开发了农技耘—句容频道，政府为农户提供精准的信息服务。近些年，句容还不断强化"政府 + 企业 + 高校"的研学合作，为现代化发展提供充足的财力支持和智力保障。

文旅结合之果，果串果

句容连续3年入选全国县域旅游综合实力百强县20强，当前正积极创建国家全域旅游示范区，"文化 + 旅游""农业 + 旅游""红色 + 旅游"三张特色牌被用得有声有色：每年3月，以拥有江苏省最大的樱花林而闻名的天王镇举办句容樱花节,同月白兔镇举办白兔草莓文化旅游节;5月,茅山镇丁家边村举办句容桑果紫酒节;8月,茅山镇丁庄村举办丁庄葡萄节;等等。此外,句容还积极弘扬红色文化,将茅山铁军营、新四军纪念馆、苏南抗战胜利纪念碑等红色基因融入城市文化血脉。当前,句容串联起农村旅游点,形成了农文旅融合的全域效应,实现了"春有百花、夏有葱绿、秋有硕果、冬有蕴藏",让每位游客都能在句容找到自己的诗和远方。

展望未来,句容将继续走好特色现代农业产业发展道路,聚焦聚力推进农业现代化"走在前、做示范"。

(龙海峰 中共镇江市委党校)

句容市边城镇金丝皇菊种植基地(摄影:杨志国 笪倩倩)

四、新格局：南京推进
　　国家级都市圈建设

有网友惊呼：南京"又双叒叕出圈了"！

2021年2月，国家发展改革委批复了《南京都市圈发展规划》（以下简称《规划》），南京都市圈成为首个获得国家层面批复的跨省域都市圈！

《规划》将南京都市圈纳入长三角一体化发展、长江经济带发展等国家战略，要求苏皖两省共同努力，将南京都市圈建设成为跨省域都市圈典范，打造成长三角向内辐射中西部、向外连接全世界的枢纽型都市圈。虎踞龙盘的南京，如今又以卓尔不凡的气质站在了新时代新征程的全新始发点上！如何担当好承东启西、辐射中西部的门户型都市圈历史重任？如何发挥好南京在南京都市圈高质量发展中的核心和龙头作用？这既是南京服务构建新发展格局的使命担当，也是南京把握下一轮发展的机遇所在。

（一）当表率，建设首个跨省域都市圈

当表率的首个国家级都市圈

南京都市圈地处长江下游，横跨江苏、安徽两省，位于我国重要的沿海和

沿江发展轴线的交会点。南京都市圈"承东启西、承南接北",是东部与中西部经济发展的转换地带、南方与北方经济发展的交融区域,具有战略性的枢纽地位,也是我国最早启动建设的跨省都市圈,在长三角一体化发展乃至全国区域发展格局中具有战略地位。2021年2月《规划》获批,标志着南京都市圈建设上升到国家战略高度,特别是南京都市圈"跨省"的特性,要求苏皖两省共同探索跨省级行政区区域治理新模式,赋予了南京都市圈努力为我国现代化都市圈建设积累经验、提供示范的历史重任。

独具特色的南京都市圈

南京都市圈城市之间地缘相近、人缘相亲、文化相通,曾经长期隶属于同一行政辖区,明朝同属南直隶,清代同属江南省。历史上南京也是南直隶和江南省的政治中心。正是基于这种特殊区位和历史渊源,南京与周边的安徽滁州、马鞍山、宣城等都市圈城市具有天然而深厚的密切联系,现代交通技术的进步,进一步提高了联系的便捷性。南京市30分钟高铁圈可覆盖镇江、滁州、马鞍山、芜湖4市,1小时高铁圈可覆盖整个都市圈区域,1小时高速交通圈可覆盖马鞍山和镇江主要市域范围,以及滁州东部、扬州西南部地区。南京都市圈经济实力雄厚,2023年GDP超过5万亿元,占全国比重为4.0%[1],为推动长三角一体化高质量发展贡献了南京都市圈力量。

(二)走在前,打造现代化都市圈典范

南京都市圈作为国家批复的首个跨省都市圈,叠加长江经济带发展、长三

---

[1]《二〇二三年南京都市圈发展"大数据"发布"同城化"蹄疾步稳"现代化"持续推进》,《南京日报》2024年2月18日。

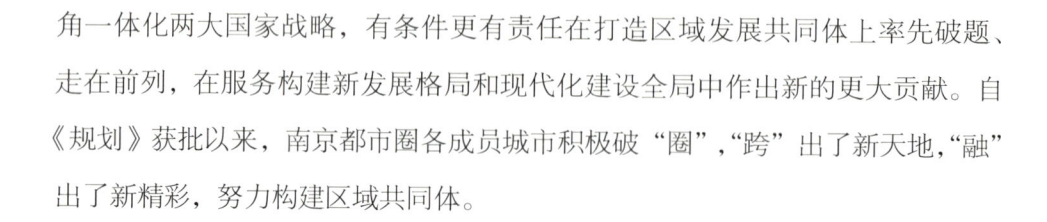

角一体化两大国家战略，有条件更有责任在打造区域发展共同体上率先破题、走在前列，在服务构建新发展格局和现代化建设全局中作出新的更大贡献。自《规划》获批以来，南京都市圈各成员城市积极破"圈"，"跨"出了新天地，"融"出了新精彩，努力构建区域共同体。

"大交通"冲破边界

《规划》批复后南京都市圈高快速铁路、高速公路里程分别新增101千米、318千米。截至2022年底，都市圈高速公路里程达3346千米，都市圈综合交通网总里程突破11万千米。交通部门加速推进沿江、沪宁—宁合、宁蚌—宁杭、宁淮—宁宣等射线通道和淮扬镇宣、合蚌淮盐、合芜宣杭等环线通道打通，加强都市圈铁路、公路、航道统筹规划建设。随着沪宁沿江高铁通车运营，都市圈铁路运营里程达到2840千米，其中，高快速铁路里程近1600千米，面积密度分别约为长三角和全国的1.3倍、5.6倍。沪渝蓉高铁合肥至南京至上海段、南京至淮安、南京至宣城铁路等项目正加快建设，南京北站已于2024年9月开工建设。都市圈市域（郊）铁路建设正有序推进，2021年底首条跨市域轨道交通线宁句城际通车，宁句同城化迈出实质性步伐；同年底宁马、宁滁、宁扬城际三线齐开工，2023年6月宁滁城际(滁州段)开通运营。截至目前，南京、芜湖、滁州累计开通17条城市轨道交通线路，里程达557千米。

目前，南京都市圈高快速铁路设区市节点通达率100%。南京与都市圈其他城市（除淮安、扬州和宣城外）实现高快速铁路直连。除淮安外，南京与都市圈各市基本实现高快速铁路1小时直达，高峰期南京与镇江、滁州往返频率均小于10分钟/班，除宣城外南京与都市圈各市往返频率均小于20分钟/班，基本形成公交化运行。2024年4月29日起，S6宁句城际（马群至句容方向）末班车时间延迟至23点，为跨城上班族提供了便捷交通保障，以"一日生活圈""一小时通勤圈"为代表的"协同开放共同体"正在加速成形。

第二章 经济强 夯实高质量发展"压舱石"

S6宁句城际为跨城上班族提供了便捷交通保障（图片来源：视觉南京）

"大市场"扫除壁垒

15分钟直达南京北边界，35分钟直达南京江北新区，60分钟直达南京主城区，拥有G25高速、G205国道及在建的G235国道……宁淮智能制造产业园是南京进入苏北的第一站和淮安融入南京的"桥头堡"。全面对接江北新区"双创"政策，园区拥有与生俱来的区位优势，也能很好地融入苏南、苏北协同发展战略。南京与淮安地理相近，文化相融。在宁淮智能制造产业园高质量发展推介会上，南京市委主要负责同志提出，要深化"研发在宁、生产在淮"的创新协同模式，支持"就近服务、在地转化"的创新资源布局，促进创新资源向园区集聚、向产业转化聚焦，全力推动产业创新双向协作。

江苏岚江智能科技有限公司是首家入驻宁淮智能制造产业园的南京企业，4000平方米的厂房已正式投产，敞亮的生产车间里，数十台即将下线的履带式

73

水韵江苏

无人果园机器人正在进行功能测试。"它集除草、植保和运输功能'三位一体',能解决宜机化果园'请工难、用工贵、效率低、效果差'的难题,已在20多个省市做了试验推广,广受好评。"岚江智能科技产品总监介绍。岚江智能科技的研发中心则位于南京玄武区徐庄产业园,南京科研资源丰富,公司的40多名科研人员在南京的科创基地工作,驱车来宁淮智能制造产业园的生产基地仅需一个小时,便捷的交通有效链接了宁淮两地的科技和土地等要素资源,真正使企业从南京都市圈同城化发展中获得了实实在在的好处。

为了更好地链接南京的创新生态优势,宁淮智能制造产业园在中国(南京)软件谷和江北新区研创园建设了共1万平方米的"科创飞地",帮助落户企业深入城市中心链接科创资源,开展技术研发。"身"在宁淮智能制造产业园的人才可以享受南京的政策,如落在园区的人才享受南京积分落户、人才购房等政策。未来,宁淮智能制造产业园将不只是一个园区,更有望成为南京都市圈的产城融合示范点。[1]

"大生态"共治共享

2022年在南京首次召开了南京都市圈联合河湖长制会议,九城市围绕主要边界河湖签订了14份"共治"协议,推动了更多"共建共享"举措的落细落实。其中南京、马鞍山、扬州、镇江、芜湖五市签订了《长江联合共治协议》,南京、宣城、马鞍山、芜湖四市签订了《水阳江联合共治协议》,南京、常州、宣城三市签订了《胥河联合共治协议》等,明确了联合会商、信息共享、协同治理等各项机制。

上述各项机制将推动一系列生态保护工作的开展。以《长江联合共治协议》为例,明确了五城市将以推动长三角生态绿色一体化发展为目标,共同落实

---

[1] 《"跨"出新天地,"融"出新精彩》,《南京日报》2022年8月5日。

第二章　经济强　夯实高质量发展"压舱石"

南京都市圈开展长江禁捕冬季联合执法检查，共同守护长江（图片来源：视觉南京）

《长江保护法》，联合开展长江大保护专项行动，共建信息共享机制、协同治理机制、联合执法机制等，协同治理水安全、水资源、水环境、水污染、水生态等突出问题，共同建设幸福长江。

南京、芜湖等都市圈九城市自建立南京都市圈联合河湖长制工作框架后，实现治水由此前的"分段治""各管各"，走向"全域治""联合治"。"通过共建共享，共同推动了沿滁河区域跨省协同共治，滁河浦口—南谯段已建成国家级水利风景区；'环石臼湖'苏皖两省开展联合巡查，共同打造幸福石臼湖；'栖霞—江宁—句容'协作提升七乡河水质，均取得了明显成效。"南京水务局负责同志表示，共建南京都市圈联合河湖长制，为齐心建设美丽、绿色、生态的南京都市圈拓展了新空间。

"大民生"连接彼此

让老百姓享受更多的同城化福利是南京都市圈发展的关键目标。每天早上7点，马鞍山慈湖工业园，园中园路西北侧的公交站台已经有十多位乘客在等公交。他们准备乘坐707路或867路去南京。2023年6月1日，宁马慈湖公交枢纽正式启用，南京江宁的3条线路可以跨过省界，直接驶入枢纽站，实现宁马间无缝换乘。目前南京与周边城市开通毗邻公交52条，其中包含2021年12月28日通车运营的宁句轨道交通线（南京S6线），还有正在建设中宁马轨道交通线。

南京拥有丰富优质的公共服务资源，周边城市充分利用这一优势，全力抓好一批带动性强、可操作性强、群众获得感强的共建项目，在教育医疗、健康养老、民生社保等方面加快协同步伐、提高公共资源共享水平。从马鞍山市中心出发，走205国道，上宁芜高速，再经南京绕城，到南京儿童医院河西分院，全程不到50分钟。在医院地下车库，六七成的车辆来自周边的安徽地区，即便是偏远地区的小患者，一两个小时就能享受到这家全国排名前十的儿科医院的医疗服务。"花几分钟，在手机上提前挂个专家号，再开半小时车来看病，南京的大医院就像在我们家门口！"一位安徽居民的73岁老父亲前几年得了直肠肿瘤，手术虽在本地做的，但病症确诊、术前术后诊断等关键环节全都在江苏省人民医院完成。为解决周边地区患者来宁就医"挂号难"，南京市早在2010年开始探索建设区域预约挂号服务平台。经过10余年努力，南京建成了全国唯一一个集约式、跨省的预约挂号服务平台，推出一系列惠民举措：统一号源池管理，避免号码浪费；分时段预约，能精准到几点几分；健康档案线上查询，患者可以回家等报告。[①]都市圈公共资源的便捷共享服务正催生出全新的"民生幸福共同体"。

（三）做示范，构筑跨省域都市圈样板

南京都市圈是我国最早启动建设的跨省都市圈。近十年来，南京都市圈不断探索跨省域治理新模式，努力实现同城化发展，为我国建设跨省域都市圈积累经验、提供示范。

---

① 颜芳、董翔：《大数据解码"南京核聚力"》，《新华日报》2023年6月5日。

第二章 经济强 夯实高质量发展"压舱石"

省市合力助推都市圈同城化

2022年6月11日，南京都市圈建设办公室揭牌成立，办公室秘书处设在南京市发展改革委，内设综合协调、规划协同、科创产业和公共服务4个工作部，分别对口联系各成员城市及南京市相关单位，都市圈"决策—协调—执行"三级运作机制进一步完善。同时，省市两级围绕《规划》落实落地，加强统筹谋划、沟通对接，编制出台省际、省内合作重点任务、工作要点等年度政策文件。随着多种合作交流平台的搭建，诸如举办南京都市圈专题培训，定期编发《南京都市圈建设工作简报》，上线运行"南京都市圈建设办公室"微信公众号等，不断强化省级层面规划指导和协调沟通机制，南京都市圈示范效应和辐射能级得到显著增强，同城化发展水平迈上更高台阶。

以毗邻区域为重点集成制度创新

大数据平台显示，在南京往返的群体中，大部分人员来自跨省毗邻地区。安徽的滁州和马鞍山在来源地和目的地人数排名中分别为第二、第三。近水楼台先得月，2019年中共中央、国务院印发《长江三角洲区域一体化发展规划纲要》列举的6个省际毗邻区域中，南京与周边地区的毗邻区就占到3个，即顶山—汊河、浦口—南谯、江宁—博望。南京江北新区、浦口区和江宁区都将跨省毗邻区一体化发展示范区写入了当地"十四五"规划，每年列出年度计划，一步一个脚印把国家战略落在实处。

江宁与博望开展的水务一体化项目已经全部完成，马鞍山博望区丹阳镇的10万人直接喝上了南京的自来水，从根本上解决了博望区自来水水质差且供水不稳定的问题。江宁购买了苏皖交界处的一幢三层楼房作为"两省一街"警务室新址，并对警务室新址提档升级，为两地居民开展"一站式"服务，积极探索在身份证办理、户籍迁移等业务方面的互办互认，办个证需要来回跑几趟的情况再也不复存在了。

南京江北新区与滁州来安按 6∶4 出资比例联合成立了南京扬子宁安开发投资有限公司，负责一体化发展示范区投融资和开发建设。目前一批重点基础设施项目加速启动，其中宁滁城际（南京段）、黑扎营大桥等项目正加快推进。在滁州汊河，从江北新区转移而来的轨道交通装备企业已集聚上百家，每天这些企业的近半员工在南京与滁州之间通勤往来。

浦口高新区与南谯经开区签署合作共建协议，围绕集成电路、智能装备、工业物联网等产业，在南谯设立了 1000 亩"一体化发展共建合作园区"。目前，11 万平方米的标准化厂房一期项目已竣工交付使用。2023 年 3 月，由南谯和浦口以"共招、共建、共享、共赢"模式引进的滁州德兰明海新能源储能项目在南谯开工。

从南边的江宁到北边的浦口、江北新区，南京三个板块以成立联合开发公司的模式实质性推动毗邻区的一体化示范区建设。从交通互联、服务共享、生态共治、治理协同再到产业互促，毗邻区可以说是都市圈协同发展的先导板块，南京的探索正一步步从区域资源共享走向同城化制度创新。

都市圈是介于"城市"和"城市群"之间的概念，都市圈发展的"小逻辑"离不开城市群和国家战略的"大逻辑"，都市圈既是构建国内大循环的"微循环"，也是构建国际大循环的"大枢纽"，都市圈建设已成为我国构建新发展格局、推进高质量发展的关键节点。跨省都市圈建设不仅能起到衔接不同行政区、促进行政区转向经济功能区的关键作用，更能打破行政壁垒、促进跨行政区市场融合，是中国式现代化建设中制度优势的突出体现。南京都市圈作为第一个跨省域国家级都市圈首先登场亮相，必将"圈"出新亮点、"圈"出新未来！

（董也琳　中共南京市委党校）

五、新标杆：连云港打造
"一带一路"合作典范

2013年9月，国家主席习近平访问哈萨克斯坦时，提出共同建设"丝绸之路经济带"倡议，并与哈国总统见证了中哈连云港过境货物运输通道及货物中转分拨基地项目合作及协作协议（以下简称协议）的签署，由此掀起了推进中

新亚欧大陆桥东端起点标识（摄影：王健民）

哈（连云港）物流合作基地建设的新篇章。2023年迎来协议签署十周年，连云港港始终践行落实"一带一路"倡议，牢记嘱托、担当奋进，致力推动连云港—霍尔果斯串联起的新亚欧陆海联运通道成为"一带一路"的标杆和示范项目，成为密切沿线国家和地区的经贸合作与人文交流的成功典范。

为了壮大成为中哈运输合作的示范区，连云港在贯通亚欧两大洲、连接三大洋的开放型格局亚欧跨境运输中加速形成"四个新"。

（一）布点：扩充中哈海陆枢纽新动能

作为中哈两国物流合作领域的标志性成果，设立在连云港港口前沿的中哈（连云港）物流合作基地与设立在新亚欧大陆桥中段的哈国霍尔果斯东门—无水港实现了融通发展，诠释了我国"一带一路"倡议的理念。中哈（连云港）物流合作基地于2014年6月建成投产，现拥有集装箱堆场22万平方米、铁路专用线3.8千米，日均装卸能力10.2列，具备智能化调度、可视化生产、无人化作业、船站车直通等功能模式。2023年全年完成集装箱进出场量24.3万标箱，同比增长10.07%。霍尔果斯东门—无水港，通过与中哈（连云港）物流合作基地业务互动、信息通联，成为江苏省唯一获评的中国"海外安全发展优秀项目"，2023年全年完成过境换装量30万标箱、增幅12.78%。依托中哈海陆"双枢纽"，哈国过境中国进口的日用消费品及出口的矿产品、粮食等优势贸易商品80%以上通过连云港口岸集散分拨，对中亚、上合组织等沿线国家起到了风向标式的带动作用。

（二）连线：增创亚欧陆桥通道新优势

为了构建"深水大港、班轮航线、铁路班列、物流场站"的无缝对接，全力推进港口、铁路、航运相互间的融合度和协同化。

第二章　经济强　夯实高质量发展"压舱石"

在陆向上，致力推动国际班列转入质量型发展轨道。现已布局阿拉山口、霍尔果斯、二连浩特、喀什、满洲里5个出境口岸，开行至中亚五国、中吉乌、中蒙、中俄、中欧、中土（跨里海）6条班列线路，实现对中亚地区主要站点的全覆盖。2023年全年开行806列、增幅10.7%，特别是班列满载率基本达到100%、回程运量占比接近45%、日均运速超过900千米等优势集成，以及"海—铁—空"联运、"保税+出口"混拼、"内陆—中亚—东南亚—中亚"循环利用、"集改散、散改集"等新模式，被誉为我国体系最全、效率最快、质量最优的班列运输典范。

在海向上，致力推动航线向"一带一路"沿线国家和地区港口覆盖。目前航线总数达到88条，串接起24条海铁联运通道及苏鲁豫皖内河港口，打造出铁公水、海河江多式联运品牌。2023全年完成铁水联运量85.4万标箱、增幅8.1%。在支点上致力推动港口深水化专业化智能化建设，"一体两翼"组合港成型，建成30万吨级深水泊位和40万吨矿石码头，可靠泊40万吨的矿石船和1.7

"中国（连云港）至俄罗斯（莫斯科）"中欧班列从中哈（连云港）物流合作基地发车（摄影：王健民）

81

水韵江苏

万标箱的集装箱船，40万吨矿石码头纳入国家布局，电子口岸、蓝宝星球等平台新增170多项信息化项目，港产城融合发展明显提速，港口吞吐量、集装箱量2022年实现3亿吨和556.83万标箱，2023年突破3.2亿吨和613.7万标箱、增幅达到6.7%和10.2%，在国内国际双循环格局中持续发力增量。

（三）扩面：承接上合组织合作新要素

为更好地服务"一带一路"倡议，承担国家战略任务，2015年4月，连云港市委、市政府设立上合组织（连云港）国际物流园，形成以基础物流、增值物流、公共物流三大功能为体系的现代物流业，有力提供多式联运、国际商贸、保税物流、加工增值、智慧信息、商务金融、物流价值链延伸七大服务功能，保税物流中心、内河港、公路港、信息服务、矿石精选、铁路场站等平台运营良好，海运快件、冷链物流、商品展示、平行进口车等新兴业态加快发展，不

2023年9月4日拍摄的中哈（连云港）物流合作基地（摄影：王健民）

断为上合组织成员国、"一带一路"沿线国家和地区提供物流服务。并通过举办上合组织国际圆桌会议，在中亚宽板车体项目合作、保障成员国贸易安全、深化交通运输领域多边合作等方面达成共识。先后在哈萨克斯坦阿拉木图、吉尔吉斯斯坦比什凯克等地布局海外仓和集装箱场站，与哈萨克斯坦、乌兹别克斯坦等国多家企业设立国际供应链基地，有效扩大了连云港在"一带一路"沿线国家和地区的知名度和影响力。

（四）成体：打造跨境自由贸易新高地

切实用好各项政策制度，集成一批创新举措，具备了哈国出口粮食过境中国指定离境口岸、我国多式联运监管中心等监管资质，具有综合保税区、国际贸易"单一窗口"、启运港退税试点等功能，海关实现全国通关一体化，检验检疫率先在中西部沿线实现"出口直放、进口直通"，是我国首个集装箱铁水联运物联网示范港、首批16个多式联运示范项目、唯一与我国铁路实现全面数据交换的港口。自2019年8月以来，将江苏自贸试验区港口区块获批建设作为最具开放高度、最具动力变革的大舞台，加快推动制度创新和载体平台建设。累计形成市级创新成果32项、省级创新成果14项。其中，在《国务院自由贸易试验区工作部际联席会议简报》专刊印发举措2项、长三角自贸试验区十大制度创新案例3项、省自贸试验区首批十佳制度创新案例1项。

连云港牢记习近平总书记的重要指示和殷殷嘱托，以当表率、做示范、走在前的果敢担当，主动参与"一带一路"建设，放大向东开放优势，做好向西开放文章，拓展对内对外开放新空间。奏响了一曲基础设施"硬联通"、规则标准"软联通"、同共建国家和地区人民"心联通"的交响乐。

（刘南秋、车昱澎、贾金荣、韩家威　中共连云港市委党校）

六、新能级：常州新能源之都建设

常州并不具备传统意义上新能源产业所需的资源禀赋优势——既没有锂矿等核心矿产资源，也没有突出的日照、风力、潮汐等能源条件，但在2023年全国生产的新能源汽车中，每14辆就有1辆出自这里，全国每出口10辆新能源汽车就有1辆诞生于此……常州是我国人口最少、地域面积较小的"万亿之城"，名副其实的"新能源之都"。

（一）开局：曾经的"一条龙"

过去，常州一直是长三角制造业版图上的耀眼明珠。现代化建设初期，常州充分发扬"不等不靠、一干二闯"的自立精神，通过"农字当头滚雪球"，以农促工，铸牢工农产业基础，累积了发展的起步资金。后来常州又主动把单一分散的中小企业组织起来，通过技术革新走内涵扩大再生产道路，实现了"小桌子上唱大戏"。

从1962年到1977年，常州独创并巩固了"一条龙"模式。当时，常州工业果断抛弃了"向上伸手、搞全能厂、独家包揽"的常规方式，按照多厂协作、上下配套的思路，将灯芯绒领域有内在联系的纺纱、织布、割绒、印染等11个配套工厂组合成"一条龙"专业化协作线，使灯芯绒生产效率和合格率大幅提

第二章 经济强 夯实高质量发展"压舱石"

常州大运河工业遗产展览馆(摄影:王锐)

高。这就是全市第一个"一条龙"专业协作生产方式,后来这种模式被常州政府和产业界演化成一种成熟的产业推动机制:围绕大类产品,抓住1—2家骨干工厂,打破企业界限,把工厂"梳成辫子",配套成龙,协作生产,以提高地方工业的综合生产能力。这种模式用现在的话讲,其实就是产业链和产业集聚的思想内核。

常州将"一条龙"的精髓广泛复制,发展出生产灯芯绒、卡其布、花布、手扶拖拉机、化纤、半导体收音机、塑料、玻璃钢八条"龙"。到1978年,又增加了照相机、自行车等产业,使专业公司或总厂与外协单位组成"一条龙",形成十六条"龙"群"龙"飞舞的良好态势,初步构建了常州现代工业体系的框架。

1981年,常州工业总产值达37亿元,比1952年增长了18倍。仅占江苏省土地面积4%左右的常州,在当时一度创造了全省一半的生产总值和税收收入。已故经济学家童大林评价常州经济建设成果"是常州市的领导者们长期以来不受'条条''块块'的限制和干扰，按照产业城市本身的发展规律，统一地在全市范围内安排合理的产业结构，充分地发挥一个中心城市的综合经济能力的结果"。

常州在现代化建设初期，凭借深厚的工业文化底蕴在工业发展中闯出了一条全新的道路，被中央肯定为全国城市中的一个典型，"中小城市学常州"的风潮随之掀起。

（二）变局：无奈的"慢半拍"

常州与苏州、无锡并称"苏锡常"。社会学家费孝通在《小城镇·再探索》中率先将苏州、无锡、常州等地发展乡镇企业实现非农化发展的经验称为"苏南模式"，一经提出便广受认可，成为当时县域经济的模板。"苏锡常"从此由一个地理概念转变为一个经济概念，走进大众视野。

但进入新世纪后，相比风光无限的苏州、无锡，常州不管是经济体量还是城市影响力，在一段时期里显得有些"小透明"，坊间常有"苏锡无常"的调侃。

事实上，苏锡常虽然同属苏南模式，但三市的地域差异并不小，工业化道路不尽相同。简要看来，苏州城乡发展比较均衡，无锡则是农村强大，而常州却有点城不城、乡不乡：20 世纪 80 年代初期常州只是一个城区（当时武进还属于镇江，1983 年之后才划入常州），较大的城乡差异导致城乡融合过程面临很多体制机制难题，一定程度上使常州在苏南模式转向外向型经济的历史关口上"慢半拍"。

1992 年邓小平南方谈话后，苏锡常纷纷开展开放型、外向型经济转型。随后，苏州凭借紧邻上海的地缘优势和开放的政策环境，外向型经济得到了迅猛发展。而无锡的部属企业很多，地理位置相对常州更优越，轻工业、机械、电子产业多，在招引和利用外资上更具优势。相比而言，虽然常州也大力引进外资，建立了常州高新科技园区，但其对外资的吸引力明显弱于苏锡。"十五"期间，常州累计利用外资 33 亿美元，是苏州的 1/8，无锡的 1/3，由于"冰山"效应，浦东开发给常州带来的辐射力远低于苏州和无锡。

与此同时，国外优势产业大举进入，冲击了常州的传统优势产业，相比苏州和无锡，常州高污染、高耗能的重化工业比重仍较高，并且缺乏科技创新资源，没有"985""211"高校，也没有国家级科研院所，加之还要解决早年城乡分割体制造成的城乡要素流动融合受阻问题等，常州与苏州、无锡的差距逐渐扩大。2001 年苏州、无锡的 GDP 已分别达到 1760.28 亿元和 1360.11 亿元，而常州仅为 672.90 亿元。2004 年常州 GDP 刚突破 1000 亿元大关，而苏州和无锡已分别达到了 3450 亿元和 2350 亿元。

数据上的"慢半拍"使常州产生了急于赶超的心态，世纪之交，进行过以规模和产值论英雄的尝试，但在经历了一些挫折后，常州干部群众醒悟过来：如果再盲目地追求扩张，不走内涵式发展道路，土地和环境的制约作用会越来越明显，对地区和国家的发展都不利。常州产业的转型升级，亟须新质生产力的引领。

（三）破局：找准了"超车道"

"事事当争第一流，耻为天下第二手"，200 多年前清代常州文人恽敬和恽南田共同提出的这句口号，精辟地总结了千百年来常州人的性格特点和常州这座城市的精神特质。时光荏苒，岁月变迁，"勇争一流，耻为二手"的常州精神历久弥新，激励鼓舞着常州人民不甘平庸，埋头苦干，在新千年的发展浪潮中上下求索，找寻一条属于常州的转型破局之路。

2007 年，常州确立自主创新为发展第一方略。常州市委、市政府清醒地意识到，常州面临着"标兵在迅跑，追兵在狂奔"的区域竞争形势，"科技创新，是常州最大的也是最后一次机遇"，进而明确提出了"创新比 GDP 更重要"的口号。在全市各界的努力下，2010 年 4 月常州成为国家科技部批复的首批国家创新型试点城市之一。

与此同时，国内新能源产业开始萌发新芽。2009 年 1 月，国务院审议并原则通过《汽车产业调整和振兴规划》，首次提出形成 50 万辆新能源汽车产能，新能源汽车销量占乘用车销售总量 5% 左右的发展目标。同年，国家四部委启动"十城千辆节能与新能源汽车示范推广应用工程"，开展了以对公领域为主的小规模示范推广应用。以新能源汽车为核心应用场景驱动，新能源产业逐步实现从技术突破向市场推广的产业导入期，新的产业增长风口即将到来。

"有志者，事竟成；苦心人，天不负"，机会向来只会垂青有准备的人。在新能源产业兴起的关口，常州找到了属于自己的"超车道"。深耕工业数十载、工业家底深厚的常州拥有同类城市中最完备的产业体系，国家工业 41 个大类中常州有 37 个，207 个中类有 191 个，666 个小类有 606 个，工业体系完备且规上工业企业中有四成都是装备制造，牢牢占据常州经济主导地位的制造业为新能源产业发展奠定了坚实基础和先天优势。

同时常州在新能源领域早有积淀，20 世纪 50 年代就涉足变压器制造，80 年代电线电缆产业初显规模，21 世纪初光伏产业全面起步，拥有一批如天合光能、上上电缆等具备改革拓荒精神的行业领军企业。

此外，之前困扰常州的"不靠上海、不靠南京、四周强邻"的尴尬区位在此刻也成为优势。常州地处江苏南部、长三角腹地，位于长三角中心地带，与上海、南京等距相望，恰好位于新能源汽车产业版图的"4 小时经济圈"中心（在 4 个小时之内，一辆新能源汽车所需要的绝大部分零部件都可以配齐），且常州一小时车程内可达的城市（南京、无锡、苏州、扬州、泰州、杭州、嘉兴等），几乎覆盖了长三角地区大部分"资源优秀城市"。

常州发展新能源产业可谓集齐了"天时、地利、人和"。常州的新能源之都建设是常州"工业明星城市"在新的发展形势下的延续与突破。2009年，常州市紧跟国家步伐，发布《常州市振兴五大产业行动计划（2009—2011年）》，将新能源产业纳入重点发展的产业之一。2013年常州从工业转换新动能出发，实施工业经济"三位一体"转型升级发展战略，拿出当年苏南模式下"双手舞出八条龙"的看家本领，以五大产业为基础，以链式招商为手段，布局"十大产业链"，其中汽车及零部件产业链、太阳能光伏产业链和智能电网产业链构成了当下常州新能源产业版图的雏形。

（四）新局：发展成"排头兵"

道路决定了梦想与现实的走向。产业本来就是常州的立市根基，发展新能源产业成了常州的拿手好戏，当下，新能源产业正在常州高歌猛进。

自2015年以来，常州持续开展"重大项目攻坚突破年"活动，锚定新能源领域，以项目为抓手，紧盯产业链关键环节，瞄准行业龙头或独角兽企业，招引培育了一大批新能源核心企业，很多企业成为常州"新能源之都"建设的中流砥柱。2015年中创新航落地金坛区，盘活了当地动力电池上下游产业链，这样的成功经验后来在蜂巢能源公司的引进上又一次得到复制。2016年溧阳市牵手宁德时代、理想汽车落户武进区，"发储送用"的新能源产业生态实现闭环。2019年比亚迪与新北区强强联合，并连续追加投资，常州新能源产业规模再上新台阶。2021年以来，常州全面推进"532"发展战略，加快壮大十大先进制造业集群，新能源汽车及汽车核心零部件集群成为关注度最高、投资强度最大的集群。至此，常州新能源产业集聚已经具备了相当的领先优势，成为发展的"排头兵"。

把企业招进来，更要让企业做得好、留得住。在新能源产业培育壮大的过

蜂巢能源智能动力电池工厂（摄影：高岷）

程中，常州始终坚持政府和企业是发展命运共同体、合作互动共赢体的理念，政府甘当"店小二""急郎中"，有"懂得、舍得、等得、融得"的政策激励和宽容信任，有"有求必应、无事不扰"的暖心服务。"千里马常有，而伯乐不常有"，2016年为融资和厂房困扰已久的理想汽车创始人李想带着PPT来到常州时，武进区敏锐把握了新能源汽车的发展前景，更精准鉴别了理想汽车未来的成长潜力，以"厂房代建＋招投结合"的模式，为理想汽车提供了落地生根的土壤。自理想汽车项目确立起，相关部门就有专人与企业负责人联络，成立项目推进群，提前指导企业倒排时间节点、准备申报材料，为办事企业提供精准服务、主动服务、无感服务，实现项目开工的最快速度。经过多年发展，理想汽车已成为造车新势力中的翘楚，2023年全年产量达37.6万辆，企业也以3110亿元估值首次跻身胡润世界500强，成为最年轻的上榜企业之一。理想汽车董事长兼CEO李想在微博上致谢常州，谈到常州当地的营商环境，言语中充满溢美之词，直呼"好到令人感动！"

第二章　经济强　夯实高质量发展"压舱石"

一手抓项目，一手提服务，政府与企业双向奔赴，常州新能源之都建设成绩瞩目。2023年常州光伏产业规模接近全国十分之一，动力电池产业链完整度达97%、全国第一，新能源汽车及核心零部件产业产值达4700亿元。2024年常州新能源产业集聚度全国前三，投资热度全国第一，以新能源为代表的新兴产业集群加速壮大，"新能源看常州"的热度持续升温。

城以产兴，产因城成，精准定位自身资源禀赋和优势，把握"时"与"势"，把不可多得的发展之"势"转化为不可替代的竞争之"能"。常州加快新能源之都建设既是推进产业结构和能源结构调整、锻造新的产业优势的必然选择，也是率先创造绿色低碳的生产生活方式、全方位提升城市发展能级的绝佳机遇。

（张嘉润、周犀行　中共常州市委党校）

理想汽车走下生产线（摄影：高岷）

七、新引擎：苏州书写人文经济新篇章

"耕织纷纭，商贾云屯，市廛鳞列，为东南一都会"，清代画师徐扬在《姑苏繁华图》题跋中如是写道。画卷之上，水运漕行、街巷纵横、坊肆林立，记录了古城苏州的一世繁华。而今的苏州，繁华更胜往昔：一面历史源远流长，人文鼎盛；一面产业高地构筑，经济繁荣。

人文经济学是习近平总书记参加十四届全国人大一次会议江苏代表团审议时布置的重要命题。2023 年 7 月，习近平总书记在苏州考察时指出："苏州在传统与现代的结合上做得很好，这里不仅有历史文化的传承，而且有高科技创新和高质量发展，代表未来的发展方向。"传统与现代、人文与经济融合互动，已成为这座城市发展的内生动力，也成为这座城市未来高质量发展的"金名片"和"新引擎"。

（一）"悟道"：何以苏州？以文铸魂

历史学家顾颉刚说："苏州城之古为全国第一，尚是春秋时物。"自伍子胥相土尝水、象天法地建阖闾大城，吴地文化在朝代的更迭中不断演化。文化浸润下的苏州，成长出一批批引领风骚的文人墨客、巧夺天工的能人巧匠，养成崇文重教、精工重商、崇德向善的社会氛围，凝聚起苏州经济社会精神文明全面发展的磅礴力量。

第二章　经济强　夯实高质量发展"压舱石"

传统与现代的结合：从姑苏古城眺望工业园区（摄影：徐志强）

崇文重教，人杰地灵，人才辈出

苏州自古有"状元之乡"的美名，自唐至清，苏州状元数量之多居各州之最。而今，苏州籍两院院士数量依旧全国领先，成为"院士之乡"。苏州何以人才辈出？大抵在于千百年来崇文重教传统的赓续传承。尤其北宋范仲淹捐南园宅地兴办苏州府学，开创了左庙右学、庙学一体的格局，首开东南兴学之风，各地效仿，遗泽后世。故有"天下之有学自吴郡始"一说。而今，当年苏州府学所在的苏州中学，依然是苏州学子向往的学习场所，久享盛名的文庙已成为碑刻博物馆，其中《平江图》等碑刻及"清代苏州工商经济碑刻"，以碑载史，见证着苏州的文化传承和积淀。

水韵江苏

文庙：苏州碑刻博物馆（摄影：王建中）

精工重商，精益求精，苏工苏作

苏州历来手工业繁盛，南宋碑刻《平江图》上，醋坊、石匠巷、绣线坊等地名反映了当时手工业者的聚居和古城业态的分布，这幅手刻地图里所展示的苏州是一座市场经济相当发达的商业都市。自晚明开始，苏州地区工商业发展迅速，实现了从"苏湖熟天下足"到"衣被天下"的产业转型，从事手工业生产的机工、织工、染工大量出现。当时的苏州地区手工业行会众多，会馆公所、商业铺行林立。"万商云集在金阊，航海梯山来四方"，乾隆时期的桃花坞木版年画《姑苏阊门图》中寥寥几句写活了姑苏坊肆林立、街巷纵横的繁华盛景。这里技艺百工、能工巧匠众多，他们用精益求精的"匠心"和巧夺天工的技艺塑造了风靡全国的"苏作"品牌，"宫廷样苏州匠"引领全国时尚。

第二章　经济强　夯实高质量发展"压舱石"

崇德向善，家国情怀，担当作为

苏州历来崇德向善，范仲淹创办的范氏义庄旧址是我国最早的家族义庄，"置义庄里中，以赡族人"，展现出的社会责任担当，引得苏州各大家族纷纷效仿，开启了古代慈善先河。从范仲淹"先天下之忧而忧，后天下之乐而乐"的"忧乐"思想、顾炎武"天下兴亡，匹夫有责"的家国情怀，到苏州望族潘家舍命守护大盂鼎、大克鼎的共同意志……从一个人到一群人，从一团火到满天星，传统文化里的情怀担当，其人可见，其言可闻，其德可彰，成为苏州崇德向善、均贫共富的文化根脉和思想根基，为后世留下了丰厚的文化滋养。

既要会"文化搭台、经济唱戏"，也要能"经济搭台、文化唱戏"，文化与经济交融互动，方能汇聚出生生不息的城市发展动力。苏州被誉为"丝绸之乡"，专为皇家宫廷供应织品的"江南三织造"之一的苏州织造署就在姑苏区带城桥下塘18号。古老织机见证了江南丝织业的繁荣，织机轻唱记录着这座城市的工业记忆。一根丝线串古今，而今苏州的工商业发展轨迹依旧在延续：在明代已是著名丝市之一的吴江区盛泽镇，如今走出了大批优秀民营企业、诞生了两家世界500强企业；一条丝绸产业带正在人民路沿线崛起，丝绸文化创意园、上久楷宋锦文化艺术中心、太湖雪展示运营中心等一批优质项目集聚，续写了"新丝路"华章。

何以苏州？一座城市总有自己的文化，涵养着一个城市的发展。于苏州而言，崇文重教、精工重商、崇德向善的千年文脉，正是苏州过去和未来高质量发展的灵魂所在。苏州用古典园林的精巧，布局出现代经济的版图；用双面刺绣的绝活，实现了传统与现代的融合对接。苏州既可以"移步换景"兼收并蓄，也可以"精益求精"稳中有进，原因就在于千年岁月积淀而成的文化基因延绵不绝，代代相传。

水韵江苏

（二）"修道"：不老苏州，以文兴业

苏州自古因经济繁荣而成为文化渊薮，深厚的文化又赋能现代经济的蓬勃发展。苏州传统优势产业通过高技艺的劳动实现高水平发展，精湛的技艺和深厚的文化浸润到所有的产业里，便会成为产业发展的引领力量。千年赓续的匠心传承照亮了"专精特新"金字招牌，精工重商的人文底蕴催生出一大批高精尖产业，成就了苏州产业之城、创新之城、开放之城的美誉，中国式现代化人文内涵的高质量发展之路越走越宽广。

苏州"智造"，传统文化的全新生机

"要牢牢把握高质量发展这个首要任务，因地制宜发展新质生产力"，这是习近平总书记在参加2024年全国两会江苏代表团审议时提出的重大要求。苏州主动把握数字经济发展趋势，积极培育新质生产力。苏州立足省"1650"产业体系部署，正在全力打造由10个产业集群和30条产业链组成的"1030"产业体系。传统产业以"智"增效，支持钢铁、化工、纺织等传统产业提质焕新，大力推进制造业智改数转网联。新兴产业以"智"赋能，以人工智能赋能制造业，进一步推动高端装备、电子信息等战略性新兴产业与数字经济深度融合，进一步巩固新兴产业优势。未来产业以"智"提速，加快布局光子、量子技术、元宇宙等未来产业，加速颠覆性技术突破和产业化进程。此外，全力在低空经济、智能车联网、人形机器人等领域开辟新赛道、抢占先机。苏州正处处涌动着新质生产力的活力：在太仓，100多家航空航天产业相关企业集聚成势；在昆山，布局元宇宙新赛道，发力"千亿级虚拟蓝海"；在常熟，以声学为引领的产业创新集群建设如火如荼……

第二章　经济强　夯实高质量发展"压舱石"

科技自强，文化活力的现代绽放

科技自立自强既是苏州产业结构升级的"牛鼻子"，也是苏州实现高质量发展的必由之路。2023年7月，习近平总书记在江苏考察时指出，苏州工业园区"值得看，看了让我对实现高水平科技自立自强有了底气"。在工业园区展示中心，生物医药、医疗器械、装备制造、电子信息……满满的现代化科技元素扑面而来。苏州以实施科技创新"八大工程"为抓手，推进苏州实验室、"一区两中心"（国家新一代人工智能创新发展试验区，国家生物药技术创新中心、国家第三代半导体技术创新中心）等高能级平台建设，加快突破一批关键核心技术。在科技创新的支撑下，苏州的产业结构得到有效转型：高端装备、电子

2024全球人工智能产品应用博览会在苏州国际博览中心举办（摄影：张锋）

97

信息、先进材料三大万亿级产业集群支撑有力，其中高端装备达到1.42万亿，跃居第一大产业，体现了产业能级的跃升。传统的电子信息产业也在不断升级，特别是汽车电子领域发展迅速，一批全球领先厂商在苏州加大布局。生物医药、纳米新材料、光子等领域，也形成了一批代表新质生产力的千亿级产业集群。

越来越多的企业成为创新"主力军"，塑造出强劲的创新矩阵引力场。苏州拥有国家科技型中小企业超2.5万家、全国第一；科创板上市企业55家、全国第三；国家高企超1.57万家、全国第四。2023年全社会研发投入超1050亿元，其中95%以上来自企业。苏州汇川技术有限公司一直按销售额的10%投入研发，2023年的研发费达到36亿元。凭借科技创新，汇川技术快速崛起成为国内工业自动化控制与驱动技术领域的领军企业，其研发的旗舰型高性能伺服系统成为国内首个获得欧盟复杂安全功能认证的伺服系统，实现了国产高端装备的突围。

开放包容，文化基因的内蕴外化

开放，是镌刻在苏州人骨子里的文化基因。苏州秉持"敢为天下先"的开放创新精神，营造了一流的营商环境，使苏州备受海内外资本青睐。苏州连续4年获评全省民营企业心目中的"最优营商环境设区市"，保持全国领先，成为民营经济的热土；苏州先后被世界银行、《福布斯》杂志评选为"中国投资环境金牌城市"和"中国大陆最佳商业城市"。当前，苏州拥有1.8万家外资企业，吸引境外世界500强企业投资项目486个，累计使用外资超1600亿美元、位居全国第三。太仓集聚了超500家的德企，是中国德企投资最密集、发展最好的地区之一；高新区是"日资高地"，聚集日企近800家；工业园区已吸引超过80个国家超5100家外企落户，其中世界500强企业投资项目就达174个。

追问苏州发展的动力源泉，不难看到：物质的光芒是外表的，精神的涵养是内生的。苏州文化所蕴含的精益求精、开放包容、兼收并蓄，造就了苏州从一座江南水乡小城到现代化国际都市的精彩蝶变，见证了人文经济发展的新动能。

（三）"得道"：中国苏州，以文化人

人文经济学，本质上是人文经济一体学，是人文与经济的辩证互动、精神文明与物质文明的协调发展。苏州人明白，人文经济的核心就是围绕一个"人"字，打造以人民为中心的人文环境，让人的主体作用充分发挥，推动人文价值回归。

太仓市科教新城天镜湖（图片来源：视觉江苏）

人是文化主体，也是发展主体

功以才成，业由才广。苏州把每年 7 月 10 日定为"苏州科学家日"，以一

水韵江苏

华兴源创科技股份有限公司外景（摄影：计海新）

第二章 经济强 夯实高质量发展"压舱石"

座城市的名义向科学家致敬,这是苏州文化底蕴的延续,也是尊重人才的现代表现。作为改革开放前沿城市,苏州早已意识到,人才竞争已从"拼政策"转向"拼生态"。"人到苏州必有为,你只需要一个背包,其他包在苏州身上!"苏州用一系列真心实意、真招实举、真金白银的举措,吸引各类人才到苏州创业、工作,让他们不仅在这里安家立业,更"呼朋引伴"前来共同发展。如今,人才总量超370万人、高层次人才总量超38万人,苏州孜孜以求建设的"劳动者就业创业首选城市"日渐成为现实。华兴源创科技股份有限公司的创始人陈文源当年决定回苏州创业,就是因为看中苏州人的"工匠精神":"一生做一件事,并把它做到极致,这种精神在苏州的传统文化里就有。"如今,该公司已成为江苏专精特新"小巨人"企业。

苏州还特别用心用情打造归国人才首选城市,建设留学人员创业园,提供更多创业工作机会,营

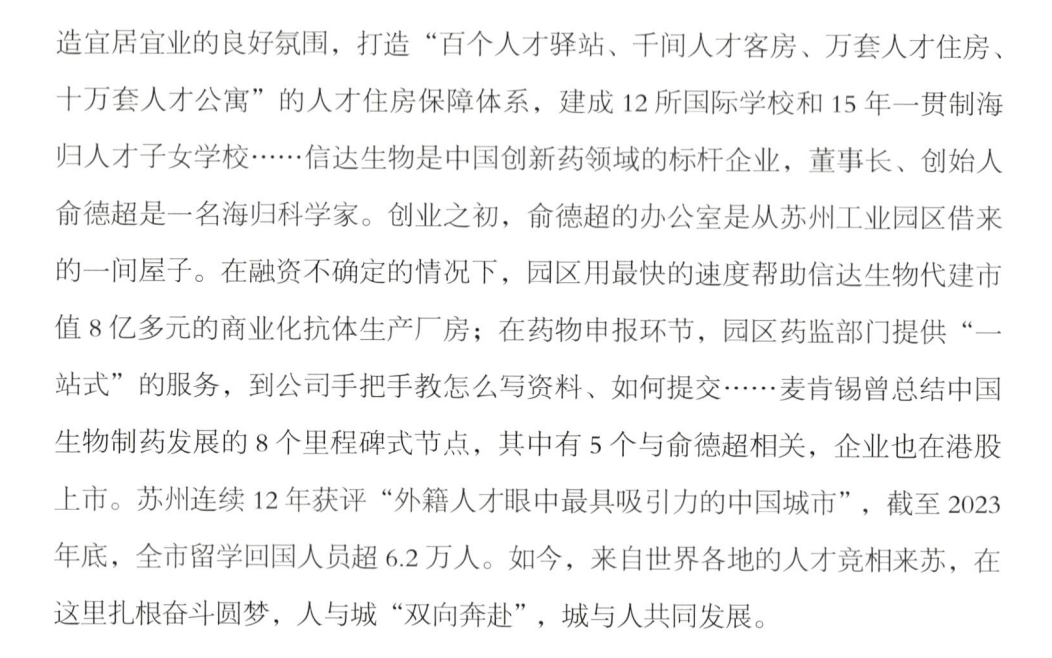

造宜居宜业的良好氛围，打造"百个人才驿站、千间人才客房、万套人才住房、十万套人才公寓"的人才住房保障体系，建成 12 所国际学校和 15 年一贯制海归人才子女学校……信达生物是中国创新药领域的标杆企业，董事长、创始人俞德超是一名海归科学家。创业之初，俞德超的办公室是从苏州工业园区借来的一间屋子。在融资不确定的情况下，园区用最快的速度帮助信达生物代建市值 8 亿多元的商业化抗体生产厂房；在药物申报环节，园区药监部门提供"一站式"的服务，到公司手把手教怎么写资料、如何提交……麦肯锡曾总结中国生物制药发展的 8 个里程碑式节点，其中有 5 个与俞德超相关，企业也在港股上市。苏州连续 12 年获评"外籍人才眼中最具吸引力的中国城市"，截至 2023 年底，全市留学回国人员超 6.2 万人。如今，来自世界各地的人才竞相来苏，在这里扎根奋斗圆梦，人与城"双向奔赴"，城与人共同发展。

生活就是文化，发展为了人民

文化就是一种生活方式。让百姓安居乐业、有幸福感，是文化发展的题中应有之义。不久前，"夜光跑道闪耀金鸡湖"冲上热搜，原来是环金鸡湖全域的跑步道升级，设置了互动跑夜光效果，市民在运动中可以拥有"灯光随动"的体验，夜跑的趣味性也直线上升，这在全国都是首创。事实上，苏州工业园区将金鸡湖畔的"C 位"都留给了市民——大剧院、电影院、美术馆、文化馆等环湖而建，构成了苏州的文化新地标。2023 年 11 月，苏州荣获"2023 中国最具幸福感城市"，实至名归。在苏州，无论文化空间，抑或口袋公园、小微绿地，无不体现这座城市的文化底蕴和人文关怀，展示着人文经济学"发展为了人民"的目标。

传承文化，就是守护未来

苏州到处都是古迹、名胜、文化，文化因创新而繁荣，因传承而有了延续。

第二章 经济强 夯实高质量发展"压舱石"

传承文脉、守住城市记忆已成为每一个苏州人的自觉意识。苏州有近 10 万名文化保护志愿者、3875 个文化保护志愿服务组织"保护好、挖掘好、运用好"这份福气。走进历史文化街区社区支部活动室，映入眼帘的便是满桌的宣传手册和书籍。很难想象，这些"硕果"皆出自一个由退休居民组成的党支部——"朝霞学习组"。夕阳一般的年龄，守护古城的决心却如朝霞一般，他们自发地穿梭在青石巷和石板桥之间，丈量古城土地，挖掘古城文化，记录古城故事。76 岁的组长曾北海老先生如数家珍地介绍起手册写作时的情形，那些穿街走巷挖掘

传统与现代交相辉映的苏州工业园（金鸡湖）（摄影：王建中）

古城历史的日子历历在目。正是有了像他们一样的"守护人",古城的"文化底蕴"才不断涌出"源头活水"。历史峰回路转,总有一些东西贯穿岁月、一脉相承,这就是文化的力量。

2023年9月,《人民日报》刊发《一座城,创新实践人文经济学》,指出"苏州,正成为人们读懂中国式现代化、读懂人文经济学的一个实践样本"。2024年1月,江苏省文化产业发展联合会公布了第一批《江苏人文经济入库案例》,打造人文经济共生共荣的"平江样本"、长江文化节扛起弘扬长江文化大旗、"运河十景"描绘现代版姑苏运河繁华图、苏州湾数字艺术馆——开启文化与科技无界融合的数字艺术之旅、"夜周庄"塑造古镇旅游新"夜"态、探索视听文旅融合发展的"黎里实践"、版权"针眼"穿引苏绣产业"金线"、丝绸纹样数字化创新应用8个苏州案例成为人文经济发展中的"苏州答卷"。

从苏州古城的北寺塔向东眺望,千年古城肌理未变,工业园区的东方之门伫立在金鸡湖畔。苏州这座拥有2500年历史的古城,始终在"变"与"不变"中赓续文脉、砥砺前行。回眸历史,我们找到了这座城市成功发展的密码,是深厚人文底蕴的传承,是文化与经济的有效嫁接。传统与现代、人文与经济融合互动,绘就而成文化图强的苏式工笔画卷,书写出人文经济学的"苏州篇章"。

(李静会、姜春磊　中共苏州市委党校)

结语

"事善能"是老子"上善若水"中的"七善"之一,水虽然没有固定的形态,但可以用柔韧的力量去面对各种难题,并根据条件的变化,用智慧去解决问题。

深谙水文化特性的江苏人民,多年来坚定不移地以新发展理念引领高质量发展,充分发挥江苏自然资源的禀赋优势和区域文化的独特优势,以滴水穿石、久久为功的精神专注提升发展品质,使高质量发展成为江苏发展最鲜明的特征。

深入实施创新驱动发展战略,着力突破"卡脖子"技术,加快实现科技自立自强。在江苏创新版图上,科技创新能力显著提升,创新链与产业链深度融合,布局建设了紫金山实验室、苏州实验室、太湖实验室等一批重大创新平台,锻造了一批"国之重器",科技进步成为推动经济增长的主要动力。

坚守实体经济"看家本领",加快建设制造强省,着力构建自主可控的现代产业体系。江苏制造业基础不断巩固,先进制造业集群发展壮大,骨干企业竞争力加快提升,全省制造业增加值占全国13.4%、全球约4%,规模超万亿元的行业达到5个,新型电力装备、工程机械、物联网、纳米新材料等6个先进制造业集群入选"国家队",培育出众多像徐工集团这样的专精特新"小巨人"企业和单项冠军企业。江苏将深入推进产业基础高级化和产业链现代化,努力把江苏建成具有国际竞争力和影响力的先进制造业基地。

坚持农业农村优先发展、城乡融合发展。江苏出台了高水平建设农业强省行动方案，全面实施乡村振兴战略，加快推进农业农村现代化。素有"鱼米之乡"美誉的江苏，以占全国3.2%的耕地生产了全国5.5%的粮食。江苏在推进农业现代化过程中涌现出越来越多动人的乡村故事。

坚持把推进共建"一带一路"与深入实施长江经济带发展、长三角一体化发展战略紧密结合。多年来江苏持续放大向东开放优势，做好向西开放文章，推动陆海内外联动、东西双向互济，更好服务全国构建新发展格局。未来江苏将更大力度推进开放强省建设，努力把江苏打造成具有世界聚合力的双向开放枢纽，成为国内大循环和国内国际双循环的战略枢纽。

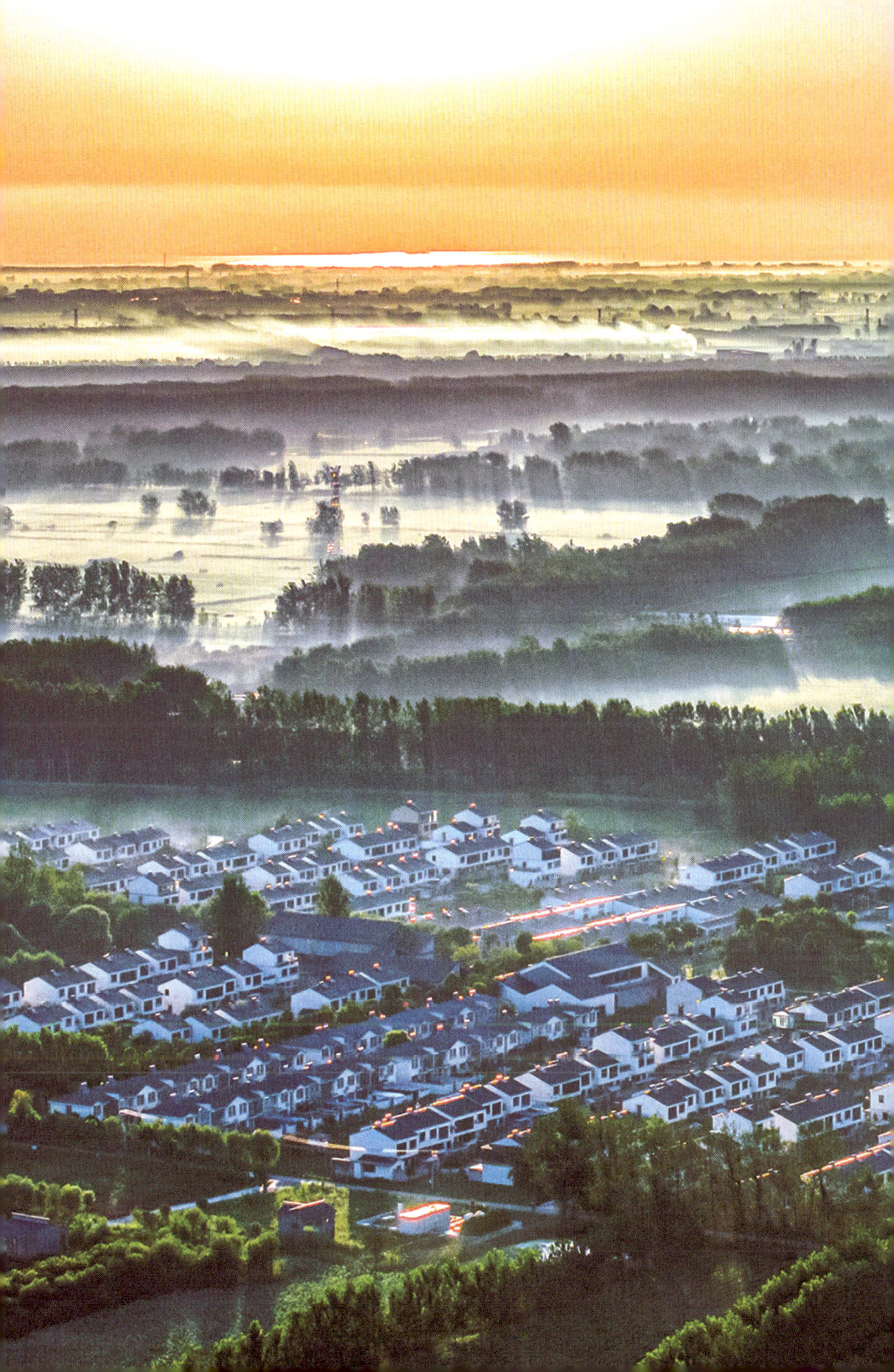

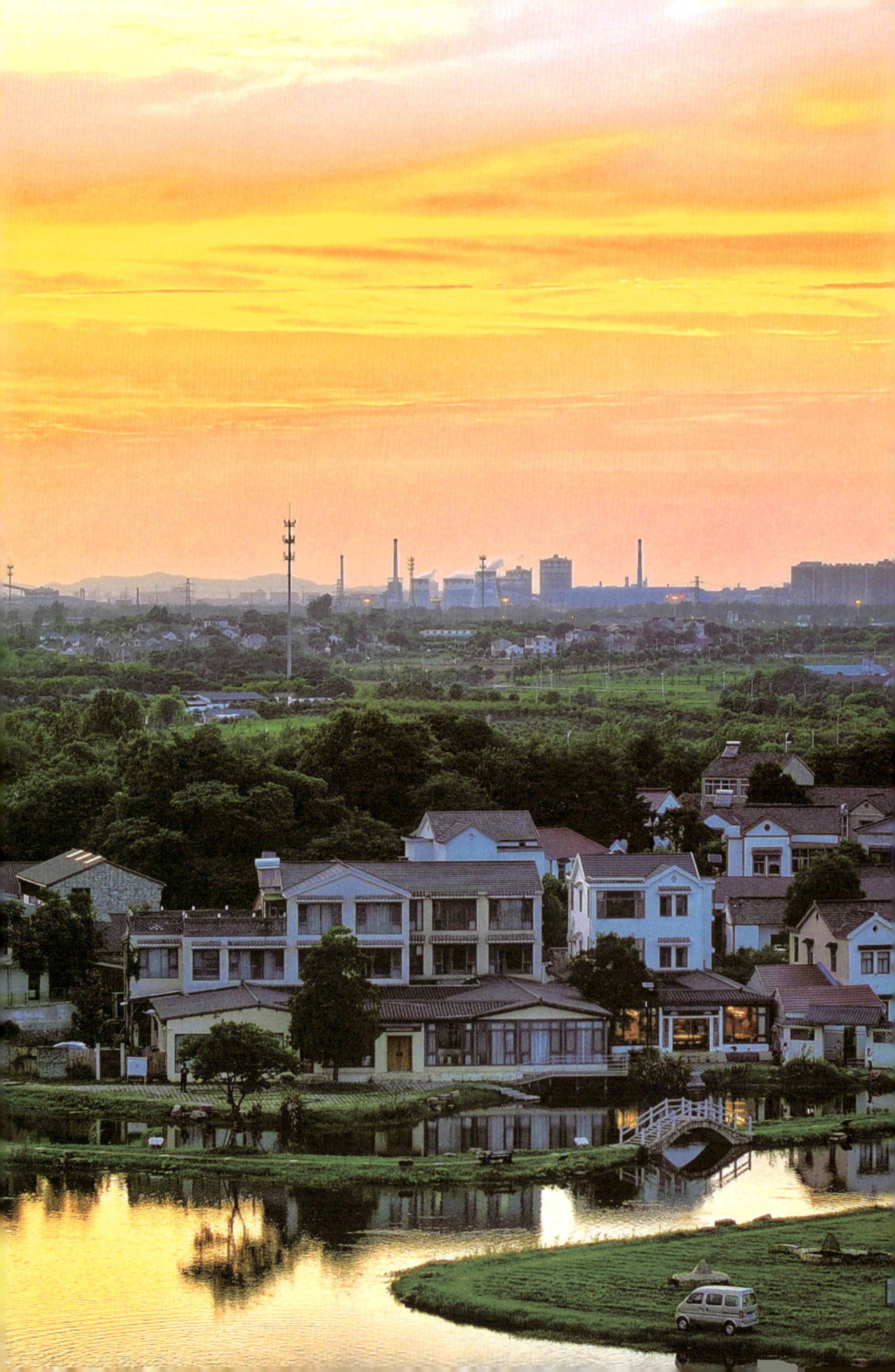

第三章

百姓富　做好民生福祉"头等事"

金生丽水，水泽东南。

水韵江苏，得水之仁。利泽民生，沁润万家。

江苏气候宜人，地势平坦，水网密布，湖泊众多，自古就是我国的富庶之地。无论是"十万夫家供课税"的苏州，还是"十里长街市井连"的扬州，或是"红灯十里帆樯满"的淮安，诗人笔下的江苏总是富裕安康的代名词。

多年来，江苏始终坚持以人民为中心的发展思想，坚持把为民造福作为最大政绩，今天，按照联合国标准，江苏居民生活总体上进入殷实富足阶段。江苏的"百姓富"，体现在物质生活富足、精神生活富有、全体人民共同富裕上。江苏扎实推进基本公共服务实现均等化，努力壮大中等收入群体，加快形成区域互补、跨江融合、南北联动的省域发展格局。如今的江苏农业强、农村美、农民富的新时代鱼米之乡全面建成，地区差距、城乡差距、收入差距显著缩小，群众普遍过上现代化高品质生活。在奔向共同富裕的道路上，江苏踔厉奋发、敢为善为，让城乡百姓的幸福生活更有质感，让"生活更加殷实"的民生画卷更加美丽。

一、无锡桃源：小桃子唱出的致富经

桃源村位于"中国水蜜桃之乡"——无锡市惠山区阳山镇的核心地带。近年来，桃源村以"种世上最美味的桃子、建中国最美丽的乡镇、品人间最美好的生活"为目标，探索出了一条"党建强、产业优、乡风好、百姓富"乡村发展新路径。2023年桃源村集体固定收入达596万元，人均收入超过7.5万元，实现了从"经济薄弱村"到"幸福桃花源"的华丽转身。

（一）布局：绘就乡村发展"总蓝图"

桃源村地处无锡城西南15千米的阳山脚下，南临美丽的太湖，北枕京杭大运河，新长铁路、锡宜高速公路穿境而过。境内山明水秀，地貌多异，土壤肥沃，人文荟萃，所产水蜜桃自古有"江南一绝"的美称。

但是从现代化建设角度看，桃源村却面临着诸多"先天不足"，如因地处太湖一级保护区内而导致的工业用地严重不足、主次干道不贯通、村级道路不互联、农场分布零散且质量参差不齐等。为了建设有中国特色、无锡地方特色的现代化新农村，打破"无工不富"的村集体经济发展局面，实现高质量发展，桃源村先规划后建设，从上海聘请知名规划设计团队，统筹考虑村庄功能、基础设施、公共服务、产业类别因素，于2018年编制形成未来十年发展规划，为全村发展明确了正确方向，描摹了"效果图"。

立意：优化区域布局

根据各自然村的实际情况和特色亮点，将9个自然村分为特色村（山南头、前寺舍）、重点村（中寺舍、后寺舍）、规划村（沟南、上沿、下沿、后贝）、搬迁村（走马岗），因地制宜、分步推进改造工作，确保实现"一村一品牌、一村一特色"，为全域美丽乡村建设打下基础。

构图：谋划设施布局

构建"四横四纵两环"路网格局，完善供水、供电、通信、燃气等体系规划，根据《无锡市村庄公共服务设施配套标准》相关要求，按照行政村级、规划发展村级两级进行配套，新增养老设施、文体广场、村务文化宣传栏、公厕等村庄基本公共服务设施，努力缩小城乡基础设施和公共服务差距，扎实提升村民幸福感和满意度。

着色：确定产业布局

形成以"一核一轴四板块多节点"为主要空间结构的农旅特色规划，即以"党群同行·幸福桃源"党建品牌为核心，打造贯穿村庄主干道的观光旅游主轴，建设形成"农享—高端度假板块""农创—乡创民宿板块""农聚—特色农庄板块""农养—慢养乡居板块"四大农旅融合板块，联结前寺舍、山南头等观光体验节点，以点带面、多点发力，着力打造全域休闲农旅经济示范村。

（二）定位：发展高质高效"桃经济"

阳山水蜜桃是中国四大名桃之一，有"水做的骨肉"美誉。桃源村作为

山南头艺术文化村（图片来源：桃源村村委会）

阳山水蜜桃核心种植区之一，有近百年的种植史。近年来，桃源村坚持创新发展理念，以精品化、组织化、融合化为方向，立足特色优势，注重功能拓展，推动水蜜桃产业不断做大做强、做优做新，构建形成高质高效的水蜜桃全产业链体系。

提高科技"含金量"

紧紧抓住惠山国家现代农业产业园、"无锡院士小镇"落户阳山的契机，产研结合，在阳山水蜜桃产业研究所、教授工作站的帮助指导下，通过种植技术水平的提高带动产业效益的大幅提升。全村现有标准化示范桃园 2800 亩，物联网、自动喷灌等现代农业科技广泛应用至桃园管理，积极参与阳山水蜜桃"双品牌"计划，推广绿色种植技术，完善销售追溯体系，提升水蜜桃品牌质量。近年来，桃源村水蜜桃种植亩均产值比阳山镇亩均产值高出约10%。

培育经营"主力军"

针对农业土地抛荒严重、土地零散分布、农民老龄化等问题，积极整合资源，开展土地规模流转，以上沿村民小组为试点，探索"承包地团聚"（解决承包地细碎化）改革模式，整治、整合、打包多户村民土地，再集中流转给返乡大学生、青年农民、退役军人等"新农人"，成立农民合作社、家庭农场等新型农业经营主体，为农村土地流转和适度规模经营加油提速。目前，全村已成立农民合作社53家、家庭农场9家。

打造产业"全链条"

借省级旅游度假区建设的东风，积极发展休闲观光农业，变单纯的"卖桃赚钱"为综合的"以桃兴业"，让"一季桃"带动"四季忙"。对前寺舍、大路头等具有历史底蕴的古村落进行美化建设，挖掘村内桃文化、姓氏文化等，引入外界资本打造既见桑梓、爱莲堂、王福元艺术馆、"桃王"工作室等，形成乡土特色旅游景点。举办"寻找阳山的年味"活动，融入传统手艺、特色美食、非遗民俗，带动了桃酒、糕团、麦饼等农副产品的销售，通过业态融合提升主导桃产品的销售，吸引更多游客来到桃源村共享"甜蜜事业"。活动后，到村内购桃客户比往年增加约三成。

（三）愿景：打造幸福美好"桃花源"

桃源村以"提升村民生活幸福指数"为宗旨，以"改善人居环境颜值气质"

水韵江苏

为愿景，以"一核一轴四区多节点"规划为统领，项目化、目标化、节点化、责任化推进高品质"美丽农居"示范村建设。

建设美丽农居

按照《山南头文化艺术村"美丽农居"创建方案》要求，制定美丽农居建

前寺舍村容村貌（图片来源：桃源村村委会）

第三章 百姓富 做好民生福祉"头等事"

设和农房翻建实施细则，推动成立建设领导小组，定期研究、专班推进建设过程中的难点堵点问题。树立"群众需要、群众满意"导向，通过问卷调查、入户走访、代表座谈等多种方式征求山南头村民意见，"一户一策"逐个攻坚，最终明确按照"三原翻建＋集中移建＋抗震加固"三种建造模式并存的方式推进农房翻建，构建园—区—村共建的发展格局。

整治人居环境

桃源村在人居环境整治方面，决策多问计于民、问需于民、问效于民。健全村庄河道、绿化美化、环境保洁、公共设施综合长效管护机制，推动各村环境增"颜值"、提"气质"、升"品质"，提升农村群众的幸福感和获得感。同时引导群众参与环境整治决策、施工、评价全过程，群众更新观念、凝聚共识，营造人人参与、家家清洁的浓厚氛围，提高人居环境整治和管理水平，擦亮乡村振兴最美底色。在村民的共同努力下，前寺舍自然村入选江苏省首批特色田园乡村试点并成功通过验收。

健全公共服务

聚焦村庄水环境、绿化、道路、公厕等管护细节，完成雨污水、强弱电管道入地工作，全村家庭通电率、通气率、通信网络信号覆盖率、宽带网络使用率、有线电视使用率均达到100%，农耕文化展示厅、河道驳岸、健康步道等河道配套建设基本完成。不断健全完善物流配送点、金融终端设施、农田灌溉水利设施等生活生产基础设施，拥有公共图书室一间，内有藏书4300余册。

（四）追求：奏响和谐有序"桃乐章"

桃源村坚持用心、用情推进基层治理现代化建设工作，努力激活乡村治理"末梢神经"，探索形成党建引领、自治德治法治融合、智治加持的"桃源治理经"。2019年桃源村获评首批全国乡村治理示范村。

自治树新风

将乡村治理单元细化到自然村，创新组建"一组两队"，即党小组、"老娘舅"队伍和"微自治"队伍,充分发挥人熟、地熟、情况熟的优势,充分调动村民"自己的事自己办"的自觉性和积极性,专治村民反映的家事、难事、烦心事,助力矛盾调节、和睦邻里关系。自 2017 年成立至今,两支队伍已协助村集体顺利拆除 60 余处"老违建",完成 3 户宅基地的有偿退出,促成了农房翻建自发自愿、自拆自建的典范,也在省级特色田园乡村创建、村庄人居环境整治、产业发展方案制定等工作中发挥了重要作用。

德治促和谐

前寺舍虽然家家户户都姓周,但多年来面临着"同姓不同心"的窘境,甚至分离出了泾渭分明的南北寺舍。桃源村党组织瞄准莲文化、姓氏文化,从周氏自律廉洁家风入手,将百条家训变成绘声绘色的墙绘,展现在村落显眼处,

前寺舍百姓大舞台(图片来源:桃源村村委会)

扎实推动淳朴民风、社风形成。积极举办"道德讲堂""我们的节日""文明村风加分制"等活动，打造新时代文明实践街区，不断增强村民间的沟通交流，让文明新风如春雨般无声地走进百姓心里，前寺舍也慢慢拧成一股绳、汇聚成一股力量。

法治润民心

相比"家门一关、邻里不识"的住宅小区，农村的邻里人际关系更为紧密，因新农村建设等工作产生的矛盾也更多、更琐碎。桃源村设立"援法议事"工作室，成立由乡贤、党员组成的"援法议事"服务队，并邀请村"两委"班子成员、驻村法律顾问、"法律明白人"、"综治网格员"等多主体共同参与其中，

恒北村全景（摄影：席宏江）

第三章　百姓富　做好民生福祉"头等事"

映像恒北展示馆（摄影：葛菲）

讲道理、止纷争，有效筑起了和谐稳定的"第一道防线"，真正做到了"小事不出村、大事不出镇、矛盾不上交"。

　　种世上最美味的桃子、建中国最美丽的乡镇、品人间最美好的生活。未来，桃源村将继续锚定这一目标，充分发挥自然生态、人文景观、特色产品的综合优势，打造集农创文创、会议培训、吃住体验于一体的全域休闲农旅乡村，让村庄宜居宜业、让村民安居乐业，书写"桃甜、景美、乐生活"的乡村振兴甜蜜故事。

（孟祥丰　中共无锡市委党校）

（吴小庆、朱埭　无锡市农业农村局）

（张谷　无锡市阳山镇桃源村）

119

二、盐城恒北：
创造更加幸福的乡村生活

江苏盐城大丰恒北村，以其独特的田园风光和丰硕的产业而蜚声远近。走进恒北村，7000余亩果园环绕村庄，青砖黛瓦的农家别墅群次第排开，梨园风光主题公园清雅秀丽，明清风格的仿古牌坊庄严华美……美丽的恒北村，不是江南胜似江南。

近年来，恒北村围绕"梨园风光、生态宜居、乡村旅游"主题，发展独具特色的以早酥梨品牌为主要产业支撑的现代休闲观光农业。一个产业兴旺、生态宜居、乡风文明、治理有效、生活富裕的现代化农村画卷徐徐展开。

（一）三花齐烂漫

恒北村文化底蕴深厚，有盐花浸润出的"本场人"文化，有棉花中绽放的张謇"废灶兴垦"的救国精神，更有梨花怒放所诉说的现代产业故事。

本场人是恒北村的人口标识和文化符号。本场人指历史上两淮盐业场从事盐业经济的人口群落，为中国古代经济作出了卓越贡献。大丰位于黄海之滨，是天然海盐生产基地。北宋时大丰及其邻近地区已经出现了紫庄、南八游、丁溪、竹溪等盐场；到了元代，沿黄海一带曾出现有29个盐场，其中在今日大丰境内的就有何垛场（北部）、丁溪场、小海场、草堰场、白驹场、伍佑场（东南部）等。其后，纵然行政区划不断调整，但在盐场从事盐业生产的人们生生不息，世代相传，赓续有序，不仅使盐业得以继续发展，而且让"本场人"的文化基因越来越强大，薪火越传越旺。100多年前，张謇发起"废灶兴垦"沿海开发，将部分本场人安置在如今的恒北片区，恒北也因此成了本场人最后的落脚地之一。

在这里，晶莹的盐花曾是村民们勤劳双手的见证者，也是他们艰难岁月的伙伴。回首往事，盐花已成为恒北村历史的一部分，记录着农耕的艰辛，是村庄变迁的静默见证，成为村庄乡愁的剪影。

而在这片土地上，棉花的故事也在悄然上演。清末实业家张謇来到大丰"废灶兴垦"，倡导利用良田种植棉花。村民们在丰收的季节采摘的丰硕棉花，成了村庄发展的新引擎。这是一场从盐花到棉花的变革，更是恒北人用勤劳和智慧创造的美好。当时，包括恒北在内的大丰成了沿海重点产棉区之一，逐步形成了棉籽加工、炼油、纺织产业。大丰年产皮棉"百万担"，成为人均上交皮棉全国第一大县。棉花产业的繁荣不仅为村庄带来了经济效益，更让这片土地焕发出新的生机。

时间悠悠流淌，到了20世纪60年代，棉产业逐渐式微，难以破解经济实现跨越式增长，恒北村老百姓收入、生活水平亟待提升。

1968年，一位朴实的中年人搭乘北上的火车来到辽宁兴城中国农业科学院果树研究所，学习早酥梨种植技术，他就是原大道公社高级农艺师杨进保。怀揣着为乡亲们谋幸福的滚烫渴望，杨进保从辽宁带回一根早酥梨枝条，经过两年多精心培育和细心管理，结合恒北气候、环境特点实验出新一代早酥梨。通过党员带头，示范带动，早酥梨种植面积由原来的几亩到几十亩，并成立了早酥梨专业合作社，通过合作社辐射带动周边地区种植面积达到上万亩。

当年，恒北人率先跳出传统经济的窠臼，将一根从遥远东北大地带来的早

水韵江苏

酥梨枝条插进了肥沃的恒北棉田。今天，恒北村实现了从棉产业向梨产业的凤凰涅槃，遍地盛开的梨花成了恒北的幸福之花。由单个的梨果到梨产业，再到梨园风光、乡村旅游，一条条产业带让恒北人对美好生活的向往变成了现实。

盐花、棉花、梨花这三朵洁白的花，也成了恒北村书写中国式现代化故事的标志性印记。

（二）一花一世界

梨园里，恒北村党委书记李晓霞一边跟村民曹满进聊着梨果长势、梨园管理，一边动作娴熟地帮他疏果。"梨子结得不错，看来今年又是个丰收年！"一

2023 恒北村第十届"真的梨不开你"梨花文化节启幕（摄影：周古凯）

阵阵欢笑，从梨园深处飞出。

2012年，李晓霞接过"接力棒"，成为恒北村新一任村党委书记。到梨园查看梨果、安排外地团队培训交流、加快推进长者饭堂建设……李晓霞的工作笔记上，每天的行程都排得满满当当。

在恒北村10多年来，李晓霞和小小的梨子"杠"上了，每天睁眼闭眼都是7000多亩果园，脑子里时时刻刻想的都是如何做好"梨"文章、带领大家走稳致富路。村里只有单一的果树种植产业，基础设施差、公共服务配套不完善，道路、水系、桥梁等有待加强……这些都是需要破解的难题。"恒北虽然错过工业兴村的机会，但也正因如此，生态环境得到保护。"李晓霞回忆，经过调研和一次次商讨后，大伙儿铁下心来决定：吃生态饭，做纯农业。

在发展过程中，恒北村积极引进"外脑智库"，举办专家讲坛，组织村委会成员及村民代表去外地学习考察，推动科研创新与基地实践相结合。恒北村专门聘请上海规划设计部门，设计"一心（恒北新村）""两轴（恒北大道、中心河村庄点）""三片区（生态旅游区、康居生活区、果园产业区）"的总体空间布局，对整个村子进行村庄环境规划、产业规划和旅游规划设计。在顶层设计指导下，恒北村既有原味又有新味，惊艳变身"高颜值"。李晓霞说："我们创新产业规划设计，打造合理的乡村空间格局、产业结构、生产方式和生活方式，促进乡村人与自然和谐共生，让更多人爱上乡村。"

沿着这一理念，恒北村按照原有的村庄脉络进行梳理，将规划与运营有机结合，让美丽乡村产生美丽经济。春天的恒北村，有着"千树万树梨花开"的美丽景象，李晓霞萌生了开办"梨花节"的想法。2013年4月，梨园花开如雪的季节里恒北村首届梨园风光乡村旅游节拉开了大幕。此后，梨花节逐年升级完善，摄影、戏曲、书画、诗词……各种文化元素融入，让游客的体验更加丰富多彩。从那以后基本每年的4月初恒北村都会举办梨花文化节，2023年2月16日，江苏省委领导来到恒北村察看村容村貌，了解早酥梨、温泉等特色产业及乡村旅游发展情况，为第十届梨花节提出了"真的梨不开你"的主题口号。恒北村根据这一主题，开发了一系列相关的文创产品，深受游客的欢迎和好评。

"乡村发展不能一蹴而就，要有'十年磨一剑'的定力，打牢基础、做优规划、集好资源，才能一步一个脚印带着大伙儿过上好日子。"李晓霞坚信，以"梨园风光、生态宜居、乡村旅游"理念，着力富农、兴农、强农、赋农，恒北必将大有作为。

（三）百花共芳菲

每年的春暖花开时节，恒北村的游客络绎不绝，独特的田园风光让人慕名而往、兴尽而归。

游客在体验国家非遗——大丰瓷刻（摄影：葛菲）

走进恒北非遗文创街和原乡星星乐园,各式各样的景观吸引游客驻足观看。文创街里,瓷刻展示、麦秆画制作、摄影书画展览等文创产品丰富多彩;乐园里,独木桥、网红秋千、亲子碰碰车等娱乐项目应有尽有。

从梨果到深加工产品、从梨园风光到旅游产业、从梨缘到梨文化,一条条因梨而延伸的产业带,绘出恒北村在乡村振兴道路上的幸福画卷。

2017年,李晓霞作为基层党员代表当选党的十九大代表。正是在党的十九大报告中,乡村振兴战略被首次提出。"'产业兴旺、生态宜居、乡风文明、治理有效、生活富裕',乡村振兴这二十字总要求,敲响在我们基层党员代表的心中,让我久久不能平静。"谈及作为党代表参加党的十九大的感受,李晓霞感到光荣自豪,更深感重任在肩,"无论是向党汇报,还是和村民们交代,自己都要拿出更好的成绩。"

"借助'梨'的特色,通过'梨'品牌的不断影响,这几年我们坚持一二三产业融合发展,走出一条生态富农、以农富农的道路。"李晓霞说。除了梨果种植,10年来村里注册45个"恒北"系列、175个品牌商标,通过贴牌生产、异地加工等模式开发、延伸梨子的梯级产品,如梨种苗、酵素、米酒、饮料等,纵深发展果品产业化,不断延长产业链,增加果农收入。以万亩梨园为基地,做大做强早酥梨特色产业,通过打造"恒北"品牌,放大"恒北"效应,恒北优质梨、秋梨膏、酥梨酒、梨木梳、梨花灯等恒北系列梨文创产品应运而生。

"结合麦秆画、大丰瓷刻等国家级非物质文化遗产,以梨文化为核心立足点,我们的梨文创集开发设计、定制生产、营销零售于一体,深入挖掘我们恒北村乡村特色文化符号,打造出独特的梨文化产业,挖掘梨文化印记。"村里大力发展生态旅游,建有温泉度假、农耕体验、休闲观光、果品展示科普加工、农家乐、民宿、恒北文创街、非遗文化园等旅游配套项目。2016年通过市场化、社会化、特色化招商引资,建设恒北原乡温泉旅游度假村项目,总投资10.5亿元。该项目集温泉度假酒店、温泉民宿、星星乐园、原乡研学旅行基地、蓝城春风原乡温泉生活小镇五大板块，努力打造"春赏花、夏沐绿、秋摘果、冬泡泉"的乡村旅游特色，如今已被很多游客称为天然氧吧、康养宝地。

近年来，恒北村先后获得国家级生态村、全国文明村、全国一村一品示范村、全国十佳小康村、全国乡村旅游重点村、江苏省新农村建设先进村、江苏省最美乡村、江苏省五星级乡村旅游区、江苏省乡村振兴旅游富民先进村、盐城市十大最美乡村等荣誉称号，成功入选《2024世界旅游联盟——旅游助力乡村振兴案例》。

对未来，李晓霞信心满满，"我们将继续围绕乡村振兴、绿色发展，坚持把'产学研销'的路子走下去，带领村民发展梨系列延伸产业，带领大家鼓起口袋，打造更为宜居宜业的乡村环境，创造更加幸福的乡村生活！"

（郑鸿康　中共盐城市大丰区委党校）

三、徐州沙集：从"垃圾镇"到"淘宝第一镇"

徐州睢宁县沙集镇，一个曾经以收废旧塑料闻名的"垃圾镇"。而今，当地农民拿起鼠标，坐在电脑前做起了电商。全镇仅用 10 多年，就拥有网店 1.3 万个，电商家具企业近 900 家，实现年销售额达 100 多亿元的奇迹，成了闻名全国的"淘宝第一镇"。

（一）困境：垃圾成了产业

10 多年前，沙集人以回收废旧塑料为生。村民们从四面八方收集废旧塑料，再分类、破碎、加工，最后销售到全国各地。那时的沙集，可以说是"垃圾遍地，烟尘漫天"。

沙集电商的起源地是沙集镇东风村。"路北漏粉丝，路南磨粉面，沿河烧砖瓦，全村收破烂"，是 10 多年前东风村的真实写照。当时沙集的工业基础十分薄弱，与其他乡镇比没有资源优势、缺乏特色产业。改革开放之初东风村村民收入来源主要依靠种植粮食和养殖生猪。受 1998 年亚州金融危机的影响，养猪的利润空间变得越来越小甚至赔钱，于是村民们逐步转行，部分村民开始从事废旧塑料回收加工行业。他们全国各地奔波，特别是到南方比较发达的地区回收废旧塑料。到 2000 年中期，全村塑料回收达到最高峰，年产值达到 5000 万元。

东风村引领着沙集镇的"垃圾产业"迅速崛起，成了当地的支柱产业之一。高峰时，全镇塑料再生相关企业有 1200 多家，近 2 万人从事废旧塑料加工。当时，每天有大量塑料垃圾进入村内，经过村民们的挑选、清洗、破碎、加热熔化等工序，变成了一粒粒可再次使用的塑料原料。沙集镇几乎家家冒黑烟，处处是垃圾。塑料垃圾加工过程中产生大量的废气、废水和固体废弃物，空气和地下水受到严重污染。固体废弃物则被随意堆放，严重破坏了当地的生态环境。"燃烧废塑料的味道呛人，河中都是丢弃的垃圾，污水随意乱排。我们只知道这些垃圾可以赚钱，却不知道它们对我们的环境造成了多大的危害。"一位当地村民回忆说。

随着环保政策趋紧，沙集镇的垃圾产业面临着前所未有的困境。2012 年初，当地政府决定带领群众另谋出路。"取缔这个产业，等于断了上万人的财路，一些村民不干，闹得很厉害。"一位镇领导说。没有调查就没有发言权，镇领导带着镇村干部挨家挨户统计，发现不少村民因为干这一行得了癌症和血液病。这些事例和数据让镇村干部上门做工作时增加了说服力。"当头棒喝"带来了"猛击一掌的警醒"，村民们逐步认识到，继续从事这种落后的生产模式，不仅对自身健康造成严重危害，更会对生存环境产生负面影响，累及子孙后代。

（二）转机：从垃圾老板变身电商

随着互联网的普及和电子商务的兴起，很多沙集人敏锐地觉察到了这一时代的机遇。他们开始尝试通过淘宝平台销售家具产品，由此开启了电商之路。

提到沙集镇的电商，就不得不提到本地最早从事电商的"三剑客"之一的孙寒，他是那个曾经引领了沙集镇"垃圾产业"的东风村第一个开网店的人。

回忆起创业初期的情景，孙寒感慨万分，"当时我们也没想到，网店能发展到今天这个规模。" 2006 年孙寒在淘宝网注册了一家网店，最初销售手机充值卡、电子产品等，生意不温不火。2007 年孙寒偶然在上海逛街的时候看到了某家居用品店，顿时被店里的各式家居产品所吸引。回来后他就萌生了在网上销售家具的想法。于是，他四处找木匠，制作了非常简易的书架、小柜子，然后拍照放到淘宝网上出售，没想到迅速火了起来。孙寒在网络上销售的第一件产品就是置物架。靠着这件置物架，一年时间里就赚了 80 余万元。孙寒依靠网络短时间致富的消息，迅速在村里、镇上传开，越来越多的人开始效仿。握惯了农具的农民纷纷拿起了鼠标，串流的垃圾运输车变成了串联千家万户的网线，垃圾处理老板变身为电商，东风村正式拉开了网络创业的序幕，开启了最初"农户 + 网络 + 公司"的"沙集模式"。

开始时虽然不少村民在网上卖家具挣了钱，但很多其他村民不懂这一行，不敢轻易效仿。针对这种情况，政府免费开班培训，派人上门指导，还提供了一系列金融扶持政策。政府积极引导，"大户"主动示范，更多村民对转行做家具电商渐渐有了信心。

现在，沙集镇上做家具的电商几乎是以前收集加工废旧塑料的原班人马。"我们家一直是干废旧塑料的，营业额最高时每年超 400 万元。"村民孙赛说，自己是"90 后"，虽然自家是靠回收废旧塑料致富的，但他内心并不认同。"太脏了，环境污染得太厉害。"看到家具电商的兴旺，孙赛毅然投身其中。起初得不到父母支持的他贷款 20 余万元，专门在网上销售实木床。孙赛说，"现在我一年营业额近 600 万元，利润也远远超过了废旧塑料。你看，我现在这个家具厂，以前就是加工废旧塑料的工厂。"看到电商的前景后，孙赛的父母也改变了旧观念，全力投入电商中。

到 2014 年底，沙集镇彻底清理了废旧塑料产业，800 多家企业转型为家具电商。农民们纷纷上起了电脑培训班，当起了网店掌柜，网店在沙集镇遍地开

沙集镇东风村（摄影：魏来）

花。沙集镇电子商务协会会长刘兴利说，"沙集镇电商发展飞速，有着天时地利人和的因素。再加上党委、政府在技术、资金上大力支持，想不发展都难。"该镇用于废旧塑料加工的厂房，经简单修整后就"变身"成为家具加工厂，塑料加工厂工人经培训后"变身"为时尚的电商员工。

网线联通了外面的世界，也拓展了村民的境界。村民们不断探索和创新，他们通过引入新技术、新模式，不断提升产品的品质和服务水平。同时，他们还积极拓展海外市场，将沙集的产品推向全球。这种敢于尝试和探索的精神，为沙集电商的发展注入了强大的动力。一位电商创业者说，"我们刚开始做网店的时候，什么都不懂，只能摸着石头过河，但是我们有一股不服输的劲，不断学习、不断尝试，终于做出了成绩。"

沙集镇电商发展也面临着一些挑战。比如，随着市场竞争的加剧，如何保持产品的竞争力和创新能力成了一个重要问题。"目前还是以'前店后厂'的小

第三章　百姓富　做好民生福祉"头等事"

沙集智慧电商产业园（摄影：魏来）

作坊为主，只要哪一家出现'爆款'，不到一个星期，网上铺天盖地都是同款。同质化竞争、价格战严重。"刘兴利说。由于从业者大多是农民，文化程度低，研发设计能力不足，沙集镇的家具电商急需向品牌化、规模化转型。为破解这一难题，镇主要领导带领镇政府和企业主动对接高校，于2018年成立了沙集镇家具设计研发院，至今已设计了30多款产品，并申请了12件"沙集家具"集体商标。"借助高校智力资源开展各类产品设计，极大提高了沙集家具的设计水平。"镇领导说。

"在沙集电商发展过程中，政府的支持和引导起到了关键作用。"一位村民说。当地政府为村民提供了各种政策和资金支持，帮助他们解决电商发展中遇到的问题。同时，政府还积极推广电商知识和技能培训，帮助村民提高电商运营能力。沙集镇先后投入超10亿元，完善镇村道路、网络、管网等基础设施，打通制约农村电商"走出去"与"引进来"的"最后一公里"。兴建了沙集智慧

水韵江苏

沙集镇电商创业园内，物流车正在装载产品（摄影：魏来）

电商产业园、绿色智造园、一懿家居定制产业园、沙集电商物流园等高标准厂房、物流仓储用房，为电商集聚发展提供硬件条件。还设立了1000万元专项发展资金，推出"网商贷"等融资产品，每年提供贷款超6亿元，为电商发展提供资金保障。同时，依托"才聚睢宁"活动，先后与淘宝大学、天猫商家运营中心、京东商家运营中心、拼多多家具产业带联合开展培育电商产业急需的设计、营销、管理、物流等领域人才。

为推动电商质量逐步提档升级，沙集镇高标准建成国家木制家具及人造板质量监督检验中心沙集实验室，累计帮助超100家企业通过ISO9001国际质量管理体系认证。创成推广电商家具公共品牌"沙集镇"，优选优质企业，努力培育个体品牌，通过集群品牌与个体品牌双轮驱动，打响"沙集模式"品牌。沙集电商专利授权数累计达 2600 余件，注册商标达 6500 余个。率先成立全省首家基层电商监管分局，服务引导监督电商企业规范生产，建立大气污染防治和电商产业转型升级绿色通道，通过引导帮扶企业整改，推动家具产业绿色发展。

（三）蜕变：从"垃圾镇"到"淘宝第一镇"

短短几年间，沙集的电商产业迅速发展壮大。村民们纷纷投入电商行业，开办了自己的工厂和设计室，形成了"设计—生产—销售"一条完整的产业链。昔日的"垃圾镇"如今变成了名副其实的"淘宝镇"。如今，沙集镇已经成为全国知名的电商示范基地，吸引了无数人前来参观学习。

2010 年中国社科院信息化研究中心和阿里巴巴研究院联合调查组在发布的研究报告中正式提出了农村电商发展的"沙集模式"。历经 10 余年发展，"沙集模式"实现从"盆景"到"花园"的裂变式增长，受到了各级领导、专家学者、新闻媒体等的高度认可和广泛赞誉。沙集镇荣获第七届全球网商大会"最佳网商沃土奖"、中国家具电商产销第一镇、全国综合实力千强镇、江苏省现代服务业集聚区、江苏首批特色小镇（沙集电商小镇）、江苏省改革开放 40 周年先进集体、江苏省农村电子商务十强镇、江苏省县域电商产业集聚区、江苏省物流示范园区、江苏省电子商务示范镇、江苏省电商示范基地等 40 余项殊荣。沙集镇于 2016 年成为全国第一个"所有村都是淘宝村"的乡镇，东风村为江苏省农村电商十强村之首，被誉为"互联网上的小岗村"。

目前，沙集镇共有近千家电商家具企业，相关从业人员约 3 万人。电商配套企业 200 家，包括会计服务公司、摄影公司、电商服务机构、油漆销售、板材原材料销售、实木原材料销售、五金配件、床垫加工厂等，基本形成了完整的电商家具产业链。2022 年电商家居产业销售额超百亿元，仅"双十一"活动期间销售额就近 10 亿元。全镇还聚集了大批电商物流企业，物流全年发货量超

140 万吨，营业额近 16 亿元。

"沙集模式"对产业带动、经济发展、乡村振兴都产生极大的推动作用。2023 年，沙集镇完成一般公共预算收入 1.23 亿元，地区生产总值 35.7 亿元。农村电子商务的蓬勃发展拓展了农产品销售的新渠道，带动原材料销售、加工制造、五金配件等关联产业快速发展，推动商贸、物流、餐饮等农村服务业不断壮大，加快了农村经济结构的转型升级。2023 年，沙集镇已聚集了会计服务、电商摄影、油漆销售、板材原材料销售等各类配套企业 200 余家，形成完整的电商家居产业链条。睢宁沙集电商发展带动农村青年、返乡大学生、留守妇女及老人等各类群体超 5.7 万人参与创业就业，农村居民人均收入比全县高出近 7000 元。"以前我们村里的年轻人大多外出打工，村里很冷清。现在大家都回来开网店做电商，村里变得热闹起来了，街道上车辆行人川流不息，呈现出欣欣向荣的热闹景象。"一位电商从业者说，"电商行业发展给了我们更多的就业机会，我们的生活水平提高了，生活质量也得到了很大的改善。""沙集模式"发源地东风村，全村 70% 以上的人从事电商或相关产业，实体企业近 500 家，平均每家企业就业人数在 20 人左右，户均年收入 30 万元以上。

农民通过电商产业就业创业，基本实现了"人人有事干、户户有事业"，外出打工者纷纷回乡创业致富，困扰农村的"留守儿童""留守老人"等问题得到有效化解。一位年轻村民说，"我在外面打工多年，一直觉得没有归属感。现在回到家乡创业，不仅有了自己的事业，还能照顾家人，感觉非常幸福。"一位村干部说，"现在邻里关系更加和睦，以往因鸡毛蒜皮、蝇头小利而导致的纷争明显减少。村里真正可喜的变化不仅仅是经济的增长，还有人们精神面貌的改变。这也激励我们继续提升沙集电商的知名度和美誉度，相信我们的未来会更加美好。"

（魏来　中共徐州市睢宁县委党校）

四、镇江扬中：
打造区域共同富裕先行区

悠悠江水环绕盈盈绿洲，"鱼米之乡，江中明珠"是镇江扬中的美誉。新中国成立以来，扬中从一个水患频仍、民生凋敝的扬子江中的穷苦沙洲，发展成为一座经济发达、文化昌盛、社会和谐、生态文明、民生幸福的江中岛城。绿色生态岛、工程电气岛、中国河豚文化之乡、国家生态市、国家卫生城市、国家园林城市等一系列国字招牌、城市品牌充分彰显了扬中宜居、宜业、宜游的现代岛城的最美形象和独特魅力。扬中结合自身实际，遵循新发展理念，坚持在高质量发展中促进共同富裕，既做大"蛋糕"，又分好"蛋糕"，积极打造镇江区域共同富裕先行区，生动展示了中国式现代化"全体人民共同富裕的现代化"的鲜明特色。

（一）加速富：夯实共同富裕的物质基础

近年来，扬中市坚持推进产业结构的调整优化，实体经济"基本盘"不断稳固，为扬中实现共同富裕奠定坚实的物质基础。

2012 年，光伏产业受市场行情影响较大，扬中部分企业进入低谷期。凭借着一股不服输的"闯"劲，环太集团喊出"只要有光伏产业，就有环太"的口号，在全厂掀起一场"开源节流、降本增效"的热潮。2016年环太多晶硅片光电转化效率跃升至19.6%，排名全国同行业第一，产能规模稳居国内行业前三名。

如今，传承于环太集团的美科新能源乘风破浪，展现出在新能源产业领域不可撼动的真实力，在节能降耗上苦练内功，成功入选"省级绿色工厂"，并在2021年以65亿元的估值登上胡润研究院发布的《2021全球独角兽榜》，位列第779位，成为镇江地区唯一上榜企业。

这样的转型升级不是个案。中电电气从传统箱式变电站转型预制仓式智能变电站，太阳集团从光伏焊带起步到拥有50多项国家发明和实用新型专利，绿能电力紧跟市场需求不断更新智能设备，希尔达等光伏配套企业上新自动线生产设备……坚守主业、坚持创新，一场以企业为主体的发展竞技赛正在扬中精彩上演。无论是"老树发新芽"，还是"新芽成大树"，都是扬中企业主体在创新驱动和转型呼唤中闯出的新路径，都是创业者们以"千山万水+千方百计"的精神开辟出的"新蓝海"。

今天，扬中的产业升级步伐不断加快，"4+X"的产业体系基本形成，四大主导产业占规模工业比重达3/4以上。创新要素加速集聚，先后引进西安交大、华东理工等5家国家技术转移中心，全市高新技术企业总数达271家，建成省级以上企业研发机构138家。目前扬中高新技术产业产值占规模以上工业产值比重达72%以上，全社会研发投入占GDP比重达2.86%，万人发明专利拥有量70.2件。实体经济不断壮大，美科太阳能入选中国独角兽企业，亿能、威腾等6家企业被认定为国家级专精特新"小巨人"企业，大全长江、默勒电器获省智能制造示范工厂认定，获评全省制造业智改数转成效明显地区……科技创新这个"关键变量"正成为赋能扬中高质量发展的"最大增量"，成为夯实扬中共同富裕物质基础的"最大能量"。

（二）持续富：打造共同富裕的持久内力

在扬中经开区的森羽农场里，一串串圆润饱满的阳光玫瑰葡萄缀满枝头，而360余亩的大棚内却不见一人。农场所有大棚均配备了农业物联网智能控制和水肥一体化技术等高科技装备，灌溉、施肥等田间管理通过手机App操作都能轻松完成。自2019年使用以来，农场每年节省人力成本数万元，葡萄等水果经过更精细化管理则增产20%以上。

森羽农场的数字化场景应用仅仅是扬中300余家家庭农场的一抹缩影。如今全市家庭农场内的智能化水平连年攀升。打开手机，在家就可以轻松掌握设施大棚里的温度、湿度；利用24小时"电子眼"，让农业生产全过程尽收眼底……智能化正在绽放出农业生产的新活力。科技赋能，让扬中现代农业更智慧、更高效，也带动了产业进阶、农民增收。2023年扬中农村居民人均可支配收入超4万元，较上年同比增长7.4%，位列镇江第一。

扬中在产业发展上"求特"、在乡村环境上"求精"、在公共服务上"求优"，跑出了城乡融合发展"加速度"，绘就了农业高质量发展"加靓妆"，创出了乡村振兴综合示范"加强版"。

2023年，全市农业农村9个重大项目开工建设，加快推进省级现代农业产业示范园建设，全面完成池塘生态化改造、鱼文化博物馆、智慧渔业等项目建设。成功举办社区（农民）文化艺术节、农民丰收节、首届江岛音乐节等，"农文旅"业态不断丰富。大批懂技术、善经营的"新农人"，纷纷利用生态优势、人文优势等，打造出炙手可热的乡村旅游景点，串联成一条条"赏美景、品美食、体农耕"的乡村旅游路线，农村人气逐渐旺盛，村民日子越发红火。同时，农业龙头企业以多种形式与种养大户、家庭农场、农民合作社等建立紧密利益联结，订单农业的发展稳定了粮食生产和农民的种粮效益……繁华的城市与繁荣的农村交相辉映的新面貌正款款而至。

如今，在江洲大地上，一项项富民产业，构建了特色农业的四梁八柱；一个个地域特色品牌，开辟了农特产品通往市场的绿色通道；一家家辐射力强的龙头企业，带动农民走上了持久富裕路。

（三）绿色富：擦亮共同富裕的生态底色

走进油坊镇会龙村，一排排蓝色的光伏板整齐架设在屋顶上，光伏板源源不断地把太阳能转化为电能，成了村民家里的"阳光银行"。村民们算了一笔"光伏账"。"算上补贴，光伏收益一年有四五千元。最明显的是，夏天用空调原来一个月电费要一千多元，装上光伏之后，一个月只要几百元。"村民张恒裕对比了装上分布式光伏后家中的变化。2022年，张恒裕家的"金屋顶"一共发电6800多度，自用640度，剩下的卖给电网，加上补贴4900元，一共获得了7000多元收入。

"绿水青山"与"金山银山"双受益，因此"小楼＋光伏"几乎是会龙村会龙小区的"标配"，居民安装光伏板的覆盖率超过90%。经测算，整个会龙村一年可减少二氧化碳排放近600吨。目前油坊镇有20兆瓦地面电站、30兆瓦屋顶电站，全镇1900户居民安装"屋顶光伏"。

2015年，扬中市政府推出"绿色能源岛（太阳岛）发展规划"，扬中成为全国最早对新能源产业开展规划的县级市之一。近年来，扬中市以绿色生态岛为基础，统筹推进传统能源、可再生能源综合利用，以分布式光伏建设为重点，在工业厂房、公共机构、居民住宅三大领域实施"金屋顶"计划，拓展"绿色附加值"。2022年扬中光伏发电量约3亿千瓦时，占全社会用电量比重达15.6%。扬中市用仅占镇江全市5%的能耗总量创造了12%的生产总值。放眼全岛，滨江"零碳公园"、光伏桥、光伏路、光伏伞、风光互补路灯等光伏应

第三章 百姓富 做好民生福祉"头等事"

用项目,实现了光伏与自然景观的完美融合,塑造了扬中绿色低碳的鲜明城市标识。

普惠于民是打造绿色能源岛的题中应有之义。2018年起"光伏扶贫"项目在全市推开。2020年开始国家取消安装补贴,但扬中市依然每年给30户符合条件的贫困家庭免费安装太阳能发电设备,共享绿色能源变革红利。近年来累计为近400户贫困家庭免费安装光伏发电设备,每年为贫困家庭增加3000元左右的稳定性收入,老百姓的幸福感和满意度持续增强。

如今,走在扬中的大街小巷,光伏屋顶成了一道独特的风景线。多年来,

扬中市"金屋顶"(图片来源:今日镇江)

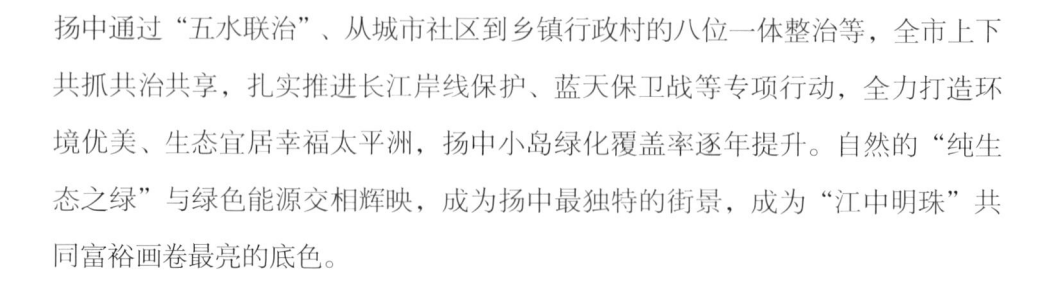

扬中通过"五水联治"、从城市社区到乡镇行政村的八位一体整治等，全市上下共抓共治共享，扎实推进长江岸线保护、蓝天保卫战等专项行动，全力打造环境优美、生态宜居幸福太平洲，扬中小岛绿化覆盖率逐年提升。自然的"纯生态之绿"与绿色能源交相辉映，成为扬中最独特的街景，成为"江中明珠"共同富裕画卷最亮的底色。

（四）精神富：构建共同富裕的文化根基

走进市文化馆，演员杨世星正在和搭档们排演锡剧《太平洲上》。这是扬中原创的一部关于脱贫攻坚题材的锡剧，自首演以来已在全省各地演出 70 余次，获得了广大观众和戏剧专家的欢迎和好评。该剧先后获得 2021 年度省艺术基金、紫金文化艺术剧目奖等多项荣誉。2023 年 6 月该剧还登上了央视《九州大戏台》栏目，7 月又在江苏大剧院进行了演出。"一台原创大戏，进省城，上央视，这在扬中文化史上既无先例，更是奇迹。"市文化馆副馆长、锡剧团团长姚江洪说道。

近年来，扬中市高度重视文化建设，大力支持戏剧精品剧目创作，在成功打造《太平洲上》后，又接连创作出原创锡剧《郭克生》，也深受百姓喜爱。在坚持文艺精品战略的同时，持续推动文艺惠民，整合城乡各类阵地资源，全域打造 15 分钟便民文化服务圈，积极推动书香细胞建设，让群众触手可及优质文化资源。连续举办 19 届河豚文化节、17 届社区（农民）文化艺术节、10 届"江洲读书节"，"一镇一品"打造群众性文化活动品牌，文化惠民硕果盈枝，人民群众的文化获得感、幸福感明显提升。

为了进一步满足基层群众的文化需求，扬中市文体广电和旅游局结合"送文艺下乡""文艺播种计划""一镇一特"等形式，开展丰富多彩的文艺活动。同时，发挥音舞家协会、旗袍协会、广场舞协会等团体文艺组织的作用，并建立文艺志愿者平台，凝聚各类文艺爱好者，融合大众文艺力量开展各类文艺活动，推动本地文化的高质量发展。

"文博热"火爆、"文创风"劲吹、文旅融合焕发活力、文化产业稳步发展。如今，扬中市正用一批批乡镇文化综合体的建设，一间间充满文化气息的农家书屋，一座座富有当地文化底蕴的村史馆，一场场接地气的文艺会演，以"文化之笔"奋力绘就着共同富裕的最美底色，诠释着共同富裕最深沉的内在动力。

（戴惠、孙文平　中共镇江市委党校）

五、苏宿园区：探索携手共富的区域协调发展新路

人气满满的邻里中心、小桥流水的苏州公园、粉墙黛瓦的苏州街……注意了，你并非置身苏州！眼前这座从田野里拔节而起的充满蓬勃活力的现代新城，是江苏两座跨越千里的城市——苏州和宿迁"牵手"23年、共同呵护成长起来的苏宿工业园区。

江苏"南中北"三大区域发展差距较大，是长期制约江苏经济平衡发展、协调发展的一个突出问题。区域协调发展是推动高质量发展的关键支撑，也是推进中国式现代化的重要内容。进入新世纪尤其是党的十八大以来，江苏紧紧围绕习近平总书记提出的"要做好区域互补、跨江融合、南北联动大文章"[1]重要指示，实施南北共建、推动跨区域合作，45个新型共建园区在广袤的苏中、苏北大地全面开花。

苏宿工业园区是江苏加快推进苏北振兴、坚持统筹实施区域协调发展战略的一个缩影。苏州宿迁牵手23年来，两地GDP差距从7.9亿元缩小到5.8亿元，让宿迁这座全省最年轻的设区市驶上了发展"快车道"。

---

[1] 中共江苏省常州市委改革办：《做好新时代的"三合一"答卷》，《中国改革报》2018年8月2日。

第三章 百姓富 做好民生福祉"头等事"

（一）产城融合，现代新城宜居宜业

"苏宿工业园成立之前，我一直在苏南打工。9年前得知长电科技在宿迁建厂了，我毫不犹豫回了家乡。这里工作环境好，工资也不低，又能照顾到家里老小。"站在恒温恒湿车间里，长电科技（宿迁）有限公司品质检验值班长小袁说，她过上了早已向往的在家门口工作的生活。

"现在我们所看到的连片式现代化工厂，在2006年之前还是蝉鸣蛙叫的农田。"苏宿工业园区管委会副主任介绍说。

苏宿工业园区光伏发电（摄影：陈红）

水韵江苏

在宿迁建市 27 年的行进坐标中，有 23 年是与苏州并肩奋进、携手成长的。2001 年 4 月江苏省委、省政府作出"南北结对挂钩帮扶"战略决策，苏州宿迁正式挂钩结对。2006 年"南北挂钩"转入以共建园区为主要抓手的新阶段，苏州宿迁在全省率先建立了 6 个共建园区，现已形成以苏宿工业园区为主体、其他 5 个共建园区为支撑的"1+5"联动发展格局。

一花独放不是春，百花齐放春满园。"6 个共建园区，重点围绕机电装备、电子信息、高端纺织、高端食品等产业链，打造高新技术企业、外资台资企业两大方阵，与苏州产业外溢形成吻合之势。"苏宿工业园区招商与经济发展局企业服务处领导说，精密机械产业是苏宿工业园区打造的首个百亿元级产业，"目前，全区精密机械产业年产值超 150 亿元，年税收贡献近 20 亿元，创造了 3 万多个就业岗位。"

截至目前，6 个共建园区共引进工业项目 460 个，总投资 2103 亿元，其中来自苏州的项目 224 个，总投资 1511 亿元，亩均投资强度超过 450 万元。2024 年以来，累计招引项目 72 个，总投资 476 亿元，保持着"五天落地一个项目"的蓬勃发展速度。6 个共建园区连续 6 年全部进入全省考核前十名，其中苏宿工业园区实现"十三连冠"。

苏宿工业园区不仅致力于打造活力涌现的创新创业之城，更用心建设宜居幸福的生活之城。"我们的公共配套项目正在抓紧规划建设，将为园区约 3 万名产业工人提供'一站式'居住保障和生活服务。"苏宿工业园区规划建设局规划管理处领导说。园区结合产业定位，通过采取实施住房保障补贴、技能专职培训、帮扶子女上学等暖心举措，让员工更好地融入宿迁城市生活。

沿着苏宿工业园区商住区的环形步道遛弯，拐角处的"明日邻里中心"引人注目。在邻里中心，超市、菜场、卫生站、图书馆、多功能活动厅等设施一应俱全。"园区借鉴了新加坡新型社区服务的先进经验，建设了邻里中心。3.8 平方千米的商住区已成为宿迁人向往的高品质生活区。"管理处领导介绍说。

第三章 百姓富 做好民生福祉"头等事"

苏宿工业园区苏州公园（摄影：张杰）

10多年间，原本的阡陌乡野变成了基础设施和公共配套服务完善的现代新城。公办的宿迁市苏州外国语实验学校正式投入使用，持续引领中心城区义务教育优质均衡发展；园区首个社区卫生服务中心建成投用，正是苏州支持宿迁公共服务补短板的重要成果。一座"产、城、人"有机融合和配套完善的现代新城已展露美好模样。

（二）双向奔赴，合作共建迈向深入

苏宿工业园区是苏州工业园区开发建设以来的首次"软件"整体"打包"对外输出。23年来苏州宿迁合作紧抓共建园区、产业项目、合作机制等关键要素，推动合作共建迈向全面、深入。

水韵江苏

从"输血帮扶"到"造血共赢"

"苏州宿迁合作开始于苏州实施以产业、财政、科技、人才'四项转移'为内容的单向帮扶。"苏宿工业园区领导说:加快苏北振兴,仅靠单向"输血"远远不够,产业协作才能真正提供"造血"支撑,增强自我发展能力。

苏宿工业园区制定了产业转移"路线图",推动产业链上下游企业或横向相关企业抱团迁入宿迁,促进产业协同发展。可成科技、长电科技、苏州电瓷厂等一大批优质企业先后转移落户园区。其中,专注于半导体封测的国家级高新技术企业长电科技,10年间投资总额从15亿元追加到100亿元,是苏北亩均投资强度最高的IT类项目。

为打造"项目研发在苏州、成果转化在宿迁"的良好创新生态,2022年9月,苏宿工业园区联合苏州工业园区在全省率先探索科创飞地。2023年初,吴

苏州电瓷厂(宿迁)有限公司(摄影:陈少帅)

江＋泗阳、常熟＋泗洪、张家港＋宿豫共建的科创飞地也被列入建设试点。常熟泗洪科创飞地落户于高新区同济科技广场。"科创飞地围绕泗洪的产业方向进行项目培育孵化，启动以来已引进自动化、精密装备、膜产业相关企业10余家。"科创飞地运营负责人介绍说。

从"产业先行"到"产城相融"

"园区的定位不是工业区，而是一座城。"苏宿工业园区领导说。

苏宿工业园区总规划面积13.6平方千米，确定了以通湖大道东侧3.8平方千米为商住区、西侧9.8平方千米为工业区的城市格局，并编制完成雨水、污水、电力等18项专项规划，为园区产业基地升级、现代新城崛起奠定了基础。

经过18年的开发建设，一纸规划中的苏宿工业园区变成灿烂的现实。宿迁市苏州外国语学校、阳澄邻里中心、苏州公园、苏州街等一批共建民生项目，处处散发着"苏式味道""园林气息"，身在苏北却恍如在苏南，吸引了很多在外求学、打拼的年轻人返乡就业创业。

从"园区为主"到"全域共建"

"伴随着苏州宿迁两地从产业合作到全域拓展，区域协调发展从市县逐渐向两市多部门延伸。"宿迁市发展改革委领导说。比如，两地人社部门联动发布人才招聘信息1.63万条；苏州在宿迁开办的金融分支机构已达10家，占本地金融机构总数1/3以上，贷款余额超260亿元。

围绕科技、人力资源、教育、医卫、文旅、康养六大领域，苏州宿迁两地提出"五年项目清单"（2021—2025），目前已编排实施113个公共服务补短板项目。其中，2022年4月投入使用的苏宿工业园区社区卫生服务中心，让5万余居民在家门口即可享受优质、高效的医疗服务。园区正引领苏、宿两地不断推进更深层次合作、更大领域共富共赢。

（三）携手共富，为区域协调发展探路

如今，江苏是全国区域差距最小的省份之一，全省 13 个设区市全部跻身全国百强市，生动诠释了实现全体人民共同富裕是中国式现代化的本质要求，彰显了社会主义的强大生机活力。

从无"模式"可参照到成"样板"可借鉴，苏州宿迁两地矢志探索，蹚出一条区域协调发展、携手共富的全新道路。

"三为主"对应"三到位"

"18 年园区共建之路，苏州方面不折不扣做到人员、资金、项目'三为主'；宿迁方面严格落实协议精神，切实做到规划建设、社会管理、政府服务'三到位'。"苏宿工业园区领导说，苏州和宿迁在共建园区推出充分授权机制，凡是在苏州可以做到的，原则上都可以在共建园区参照执行。

苏州宿迁合作共建之路也是两地人才互融之路。那边厢，苏州采用每三年一轮的定期选派和柔性交流相结合的方式，选派 400 余名党政干部和专业技术人才到宿迁挂职交流；这一头，宿迁重点选派产业、招商、科技、教育、医疗等领域人员，分批赴苏州挂职锻炼"取经"。

2023 年 6 月前往吴江区工信局挂职的一位泗阳干部说："近年来，受土地等资源要素制约，吴江提出以亩均论英雄，向空间要增量。由此我感到，现在吴江面临的问题可能也是若干年后泗阳面临的问题。当前资源的'天花板'倒逼着我们转型升级，而工业上楼、设备上楼、机器换人等正是破解要素受限、劳动力困局的新路径。"挂职锻炼后宿迁干部的视野更开阔了。

苏州拥有实力强大的"百强县"和"百强镇"。在市县两级深入对接合作的基础上，下一步苏州宿迁将发力推动两地乡镇在产业发展等方面开展挂钩共建，

第三章 百姓富 做好民生福祉"头等事"

通过在各县（区）重点培育1—2个试点，打造"一竿子插到底"的市、县、乡三级立体化挂钩的共建新模式。

"一张蓝图绘到底"

"入驻前两年，苏宿工业园区首轮开发团队把规划建设摆在极为突出的位置。经历近9个月的规划编制，才着手进行基础设施建设，确保了开发建设的合理性和科学性。"苏宿工业园区规划局领导说。

苏宿工业园区聘请国际顶尖规划设计团队，启动园区总体规划、控制性详细规划及污水、供电、防洪排涝等专业规划编制。从2007年8月挖下第一锹土开始，园区供地、用地全部按照规划执行。18年来，园区内整体面貌与总规蓝图保持一致。

苏宿工业园区苏州公园（摄影：王浩）

"无事不扰，有求必应"

苏州的"三大法宝"之一——苏州工业园区的"园区经验"，如今正在宿迁大地落地生根。

苏州电瓷厂（宿迁）有限公司总经理鲁慧民说："得益于园区良好的投资环境，公司发展很快，决定启动三期项目建设。园区企业服务部门得到消息后，第二天就带领规划、建设等部门上门服务，现场会办，问题得到提前解决。"这样的"亲商服务"让鲁慧民更加坚定信心扎根宿迁，把宿迁打造成为全国知名的绝缘子生产基地。

如今，"人人都是招商员，个个都是店小二"的亲商服务理念在宿迁深入人心。开通服务帮办"直通车"，率先在全省探索"拿地发四证、交地即开工""交房即发证"等经验做法，"宿迁速办""苏宿办·速舒办"成为宿迁营商环境的金字招牌。

久久为功，方得始终。18年来，苏宿工业园区获评全国脱贫攻坚先进集体等6个国字号荣誉和40多个省字号荣誉，形成了60多项创新创优成果。值得期待的是，根据江苏省委、省政府部署，苏宿工业园区新增15平方千米规划面积，将用7—10年的时间，再建一个苏北"好江南"。

2023年11月9日，由苏宿工业园区牵头起草的全国首个共建园区建设领域地方标准——江苏省《共建园区建设指南》正式实施。苏宿工业园为推动全省乃至全国跨区域共建工业园区及区域协调发展提供了可借鉴经验。

（苏雁　光明日报社江苏记者站）

六、泰州祁巷：从物质到精神的双重富裕追求

泰兴市黄桥镇的祁巷村，道路宽阔，绿树成荫，环境整洁，农舍如画，三产兴旺，花果飘香。村集体每年有500多万元的盈余，村民人均年收入3.8万元，实现了"生态优、村庄美、产业特、农民强、集体强、乡风好"的美好理想。但谁能想象，30多年前，祁巷竟是一个负债300多万元、矛盾纠纷多、人居环境差、远近闻名的穷村。到底是什么让祁巷发生了如此天翻地覆的变化？

（一）乡风之变：崇贤尚能引乡贤

祁巷的历史富含浓郁的文化气息。中国地质事业奠基人丁文江、中国现代剧作大师丁西林等就从这里走出，为国家建设和发展建立了卓越功勋。大师们成长深受历史文化的哺育，这个历史文化的突出基因就是崇贤尚能。

祁巷在选举带头人这件事上，沿袭了崇贤尚能的文化基因。

2001年，丁雪其已是当地有名的"猪鬃大王"，个人企业年产值达6000万元。同年8月全村3600多名选民中有96%的人将还在外地做生意的丁雪其推选为村委会主任。丁雪其宁可自己少赚钱，也不愿辜负乡亲们的期望，毫不犹豫走马上任。

丁雪其上任后发现村里家族之间、邻里之间矛盾不断，村里经常听到吵架声。他带领村"两委"班子和党员群众从激活"乡贤文化"入手：大力开展颂"先贤"、引"今贤"、育"新贤"等工作，催生"飞出去"的乡贤"雁归来"，引导返乡能人参与祁巷乡风文明治理。

2018年，祁巷村成立了乡贤理事会，从市国税局退休的一位老同志担任首届会长。这位老同志多方联络，把在泰兴、泰州、南京、北京、上海等地退休或工作的老乡特聘为村级顾问。这些乡贤责任心强，作风踏实，经验丰富，专业过硬，成了祁巷村振兴的重要的力量支撑。他们分布在祁巷村所有产业链条的关键岗位上，涵盖教育、安全、宣传、文化、旅游、卫生、医疗、环保、传媒、安监、质量、财务、治安、劳动等诸多部门、学校和企事业单位。乡贤的加入使乡村振兴有了坚强的人才支撑，弥补了村级人才的严重不足。有的乡贤食宿在祁巷，有的家在县城和乡镇但只要村里有事，随喊随到，而且不要分文报酬。他们把在祁巷的顾问性质的服务作为晚年人生辉煌出彩的重要节点。祁巷村大病救助基金就是由乡贤们捐资成立的，为解决村民因病返贫构筑了一道温暖的堤坝。

如今祁巷人"吹胡子瞪眼睛"的现象消失了，"见面扭头走"的问题解决了，家族之间互相攻击的事情没有了，邻里之间吵架的情况也几乎销声匿迹了。吾心安处是吾乡，崇贤尚能文化让祁巷焕发出淳朴美丽的民风新气象，成为乡风文明建设的重要整合力和驱动力。

（二）生态之变：务本实干担重任

明永乐二年，扬州盐商丁试宝携弟来到祁巷落户，一边拓荒种地，一边经营生意。明清两朝，丁氏后裔出了4名秀才、21名监生、12名武举人……丁氏家族这种务本实干的家风也成为这座千年古村的文化血脉主流。

第三章 百姓富 做好民生福祉"头等事"

祁巷村位于黄桥镇东南，村域面积4.8平方千米，总人口5516人。祁巷村地理位置偏僻，村道狭窄，"雨天一身泥、晴天一身土"是祁巷人走路的真实写照。此外，走进村庄映入眼帘的是随便乱堆的垃圾、臭气熏天的老式旱厕，还有遍地的污水……

习近平总书记强调"空谈误国，实干兴邦"[①]，丁雪其意识到必须发扬祁巷务本实干精神，切实改变村里生态环境现状！他以身作则抓班子带队伍，成立党员志愿服务队，带领群众一起清理"五堆"、治理"三乱"，引导村民自觉参与环境整治。祁巷村先后对13处河塘进行了亮底清淤，河道疏浚土方16万立方米并顺势打造出生态护坡，实现了全村所有河道贯通并导入长江活水。村里投入3000多万元新建垃圾房、垃圾中转站、污水处理厂，铺设污水管网，所有农户的生活污水全面接入管网，村庄污水集中处理达98%。完成了全村建设较早道路的提档升级，初步实现道路保洁机械化。村里利用闲置农房发展民宿、农家乐等产业，所有设施外貌保持了原样、原风貌，努力保护乡村原生态。全村新建桥梁16座，铺设黑色路面30多千米，安装路灯498座，绿化覆盖率达48%。

20年来祁巷村发生了由内而外的链式裂变，变出了基本消灭了污染源的原生态乡村，跑出了令人刮目相看的"祁巷速度"。如今的祁巷一条条沥青路、水泥路勾连着幢幢农家小楼，河水清澈，果木叠翠。便民服务、医疗卫生、污水处理、垃圾清运等设施完备，祁巷人过上了城里人的生活。

务本实干的精神成了生态文明建设的关键助推力和凝聚力，近十多年来，祁巷村先后荣获全国文明村、中国美丽休闲乡村、全国生态文化村等多项国家级荣誉称号。

---

① 《全面推进乡村振兴 为实现农业农村现代化而不懈奋斗》，《人民日报》2022年10月29日。

水韵江苏

祁巷航拍图（图片来源：祁巷村委会）

（三）产业之变：敢闯求变谋新路

祁巷曾是黄桥革命老区有名的贫困村、重点扶持的"后进村"，大多数村民住着"雨天进雨，冬天进风"的房子，较多贫困户只能靠种点地和政府的补贴勉强维持生活。

为彻底摘掉祁巷村的"穷帽子"，丁雪其敢闯求变谋划乡村产业，带领村民一起走上共同富裕的道路。他推行"公司+农户"模式，通过鼓励全村村民加入猪鬃加工产业，提升村民额外收入。很快，祁巷村每户村民收入就达到5万元以上，祁巷村成为远近闻名的"猪鬃加工专业村"，"公司+农户"的富民产业模式也助力祁巷村成功获得全国一村一品示范村的国家级荣誉。

由于猪鬃产业的转型升级，以及生猪养殖产业会给村庄环境造成一定污染，祁巷村迫切需要探索出一条更优质的发展路径。在和村"两委"班子经过调研学习后，丁雪其将目光投向了"高效农业"。他带头投资、先后投入200万元种植葡萄，并要求村干部必须从事一项特色种植，以此带动全村村民仿效。这份决心与果敢作为激起了村民的响应潮，他们纷纷投身种植葡萄、洋葱、菠菜、甜豌豆等。

随着高效农业的快速发展，祁巷村焕发出崭新的生命力，展现出稻谷金黄、蔬菜翠绿、水果香甜的美丽景象，吸引了越来越多的人来村参观。丁雪其捕捉到了发展乡村旅游的机遇，他邀请曾经的生意伙伴合伙创办了江苏金辰农业科技投资有限公司，开发运营祁巷的乡村旅游。祁巷村无山无水，不具备发展旅游的先天优势，但凭着"没有什么我们就创造什么"的精神，党员干部群众挖地成湖、堆土成山，用10年左右的时间逐步完善基础设施、健全配套功能、狠抓环境治理，"硬生生"地创造了一个风景怡人的小南湖风景区。依托小南湖，祁巷村相继引进跑马场、碰碰车、卡丁车、皮划艇、龙舟等游乐设施，高标准打造泰州市第一家青少年实践基地，吸引了全国各地的游客和学子前来采风游乐、拓展研学。今天祁巷村已经成为全国中小学生研学教育示范基地。

"研学培训产业"就此应运而生。为进一步拓展研学内容，祁巷接续创建了祁巷乡村振兴学堂和祁巷雁阵干部学院，打造"汇聚乡村振兴智慧的高地、放大乡村振兴效应的课堂、凝聚乡村振兴力量的阵地、培养乡村振兴人才的摇篮"，年接待培训师生12.8万人次、培训党员干部1.6万人次，研学培训成了村里的新兴支柱产业。

研学基地、党建培训、团建拓展、垂钓比赛、水果采摘……旅游资源匮乏

水韵江苏

祁巷乡村振兴学堂（图片来源：祁巷村委会）

的祁巷村硬是"无中生有"，打造了一系列既有乡土气息又有文化品位的体验活动，让乡村游四季全时、淡季不淡，全年游客超 30 万人次。

祁巷村凭借敢闯敢拼的韧劲，深挖资源禀赋，奏响特色产业、高效农业、乡村旅游和教育培训"四部曲"，实现一个"老区贫困村"向"先进富裕村"的完美蝶变。

崇贤尚能的文化底蕴、务本实干的精神力量和敢闯求变的行动哲学催生了祁巷化蛹成蝶，引领着村民走出了一条物质文明和精神文明相协调的中国式现代化的幸福道路。在以习近平同志为核心的党中央领导下，祁巷人一定会在新时代全面推进乡村振兴的道路上善作善成，一往无前，将祁巷建设得更加美好。

（王婷　中共泰州市委党校）

第三章　百姓富　做好民生福祉"头等事"

结语

《千字文》中的"金生丽水"把水和财富连在了一起。古代哲人对水赋予了极为丰富的哲学内涵，普通民众对水寄予了最直白的文化理解：水能生财。这种认知是对水生万物、滋养生命的朴素理解，是对美好生活的真情流露。

习近平总书记曾饱含深情地和江苏老百姓拉家常："希望大家日子都过得殷实。"[①] 最朴实的家常话语，饱含的是最真挚的为民情怀。让人民群众过上美好生活，始终是总书记心之所系、情之所牵，也始终是江苏经济社会发展的头等大事。

让百姓钱包更鼓。多年来江苏坚持把为民造福作为最大政绩，经济运行稳中求进，民生福祉持续改善，居民收入稳步增长。江苏大地上，像盐城的恒北村从盐花满地的穷村演变成今天梨花盛开的富裕村，徐州沙集镇从"垃圾镇"变成全国"淘宝第一镇"这样的故事层出不穷，发展的"蛋糕"越来越大，"蛋糕"的分配也更加公平合理，鼓起来的不仅是百姓的钱包，还有人民对中国式现代化建设的信心！

让城乡差距更小。江苏不断深化城乡统筹，扎实推进城乡一体化发展，努力追求城乡共富。实现共同富裕，短板弱项在农业农村。江苏坚持新发展理念，

[①] 《习近平在江苏调研 掀村民锅盖赞饭菜香》，人民网，2014 年 12 月 15 日。

通过大力实施乡村振兴战略，推进更高水平城乡融合，江苏农民收入稳步提高。自 2010 年江苏农民收入增幅首次高出城镇居民 2.3 个百分点以来，江苏连续多年农民收入增长"跑赢"城镇居民。类似镇江扬中在高质量发展中促进共同富裕、苏宿园区以先富带动后富的事例在江苏并非个案，从城乡融合到区域协调发展，江苏人民分享到了实实在在的发展红利。

让精神更加富有。江苏始终坚持把实现人民对美好生活的向往作为现代化建设的出发点和落脚点，在追求"富口袋"的同时更注重"富脑袋"，努力彰显共享发展的人文底蕴。江苏上下坚持一件接着一件干、一年接着一年干，努力实现更高水平的幼有所育、学有所教、劳有所得、病有所医、老有所养、住有所居、弱有所扶这民生"七有"，在推动高质量发展中创造高品质生活。

党的十八大以来，江苏居民人均可支配收入翻了一番，城镇居民、农村居民收入均居全国前列，是全国城乡收入差距最小的省份之一。今天的江苏，"农村人"不再羡慕"城里人"，越来越多的城市居民向往农村生活。江苏以最生动的故事诠释着"是全体人民共同富裕的现代化"这一中国式现代化的重要特征。

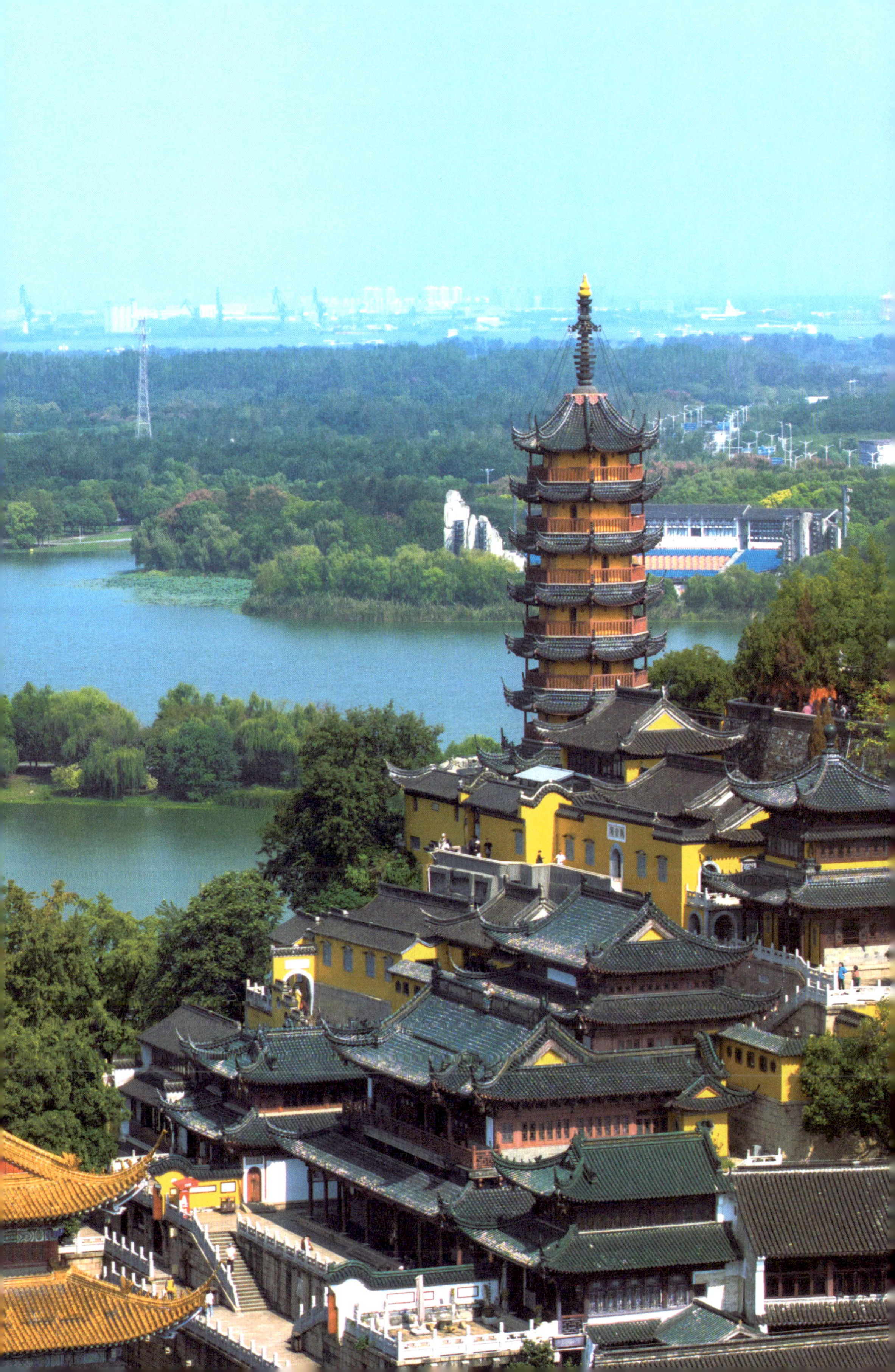

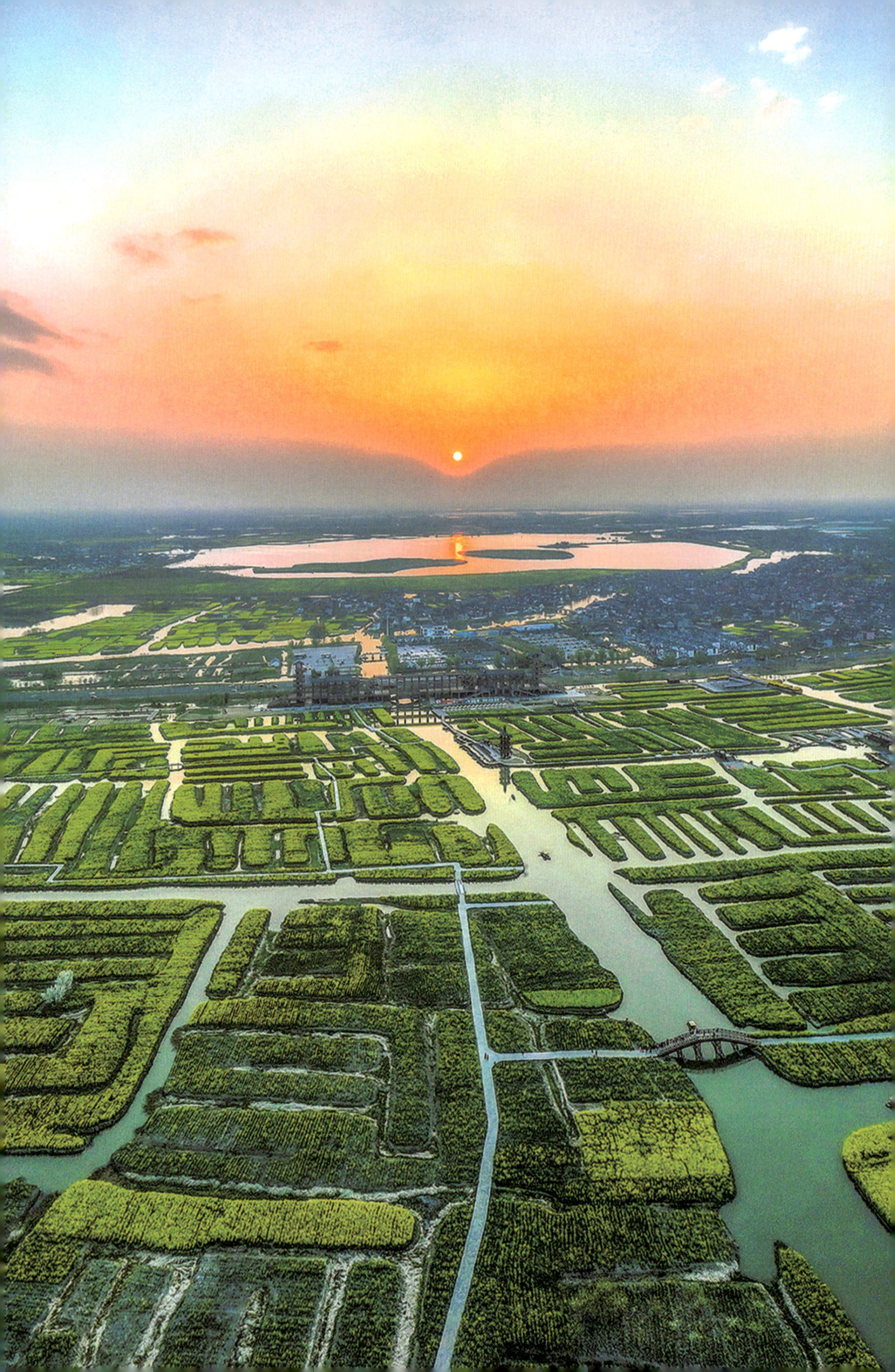

第四章

环境美　绘就人与自然和谐新画卷

天一生水，水木清华。

水韵江苏，得水之灵。善利万物，和谐共生。

江苏依水而生，也因水而兴、因水而美，水是江苏的灵魂。自古以来江苏人最善于依水建城、临水建园，最乐于引水造景、借水寓情，"小桥流水人家"是江苏追求人与自然和谐共生的最美写照。

作为全国唯一同时拥有大江大河大湖大海的省份，江苏充分发挥"水韵"特色和优势，绘就了一幅幅江海交汇、河湖相依、绿环水绕的美丽新画卷。

多年来，江苏全面贯彻落实习近平生态文明思想，始终坚持绿色发展的价值取向，推进美丽江苏建设，促进人与自然和谐共生。今天的江苏生态环境质量创新世纪以来最好水平。江苏的环境美，体现在绿色发展之美、自然生态之美、城乡宜居之美、水韵人文之美和区域善治之美的交相辉映上。新时代以来，美丽江苏建设取得重大进展，生态环境质量实现根本性转变，可持续绿色低碳发展体系加快形成，生态环境治理现代化体制机制全面构建，美丽江苏图景充分展现，高质量发展的生态底色更加鲜明。

水韵江苏

一、盐城麋鹿园：
　　讲述自然与生命的传奇

"一片蓝蓝的天，一方郁郁的林，浩浩荡荡，大自然慷慨赠予的圣洁而美丽倾心的南黄海湿地……"这是省盐城作家韦江荷为家乡湿地申遗写下的诗句。

中华麋鹿园，宛如一颗璀璨的绿宝石镶嵌在美丽的黄海之滨，讲述着自然

麋鹿的林间漫步（摄影：周晨曦）

与生命的故事。它位于江苏大丰麋鹿国家级自然保护区内,这里是世界面积最大的麋鹿保护区,拥有世界最大的麋鹿野生种群和世界最大的麋鹿基因库。

这里,丰富的野生动植物资源与宁静优美的自然环境交织成一曲大自然的颂歌:麋鹿在草原上自由驰骋,珍稀动物在林间嬉戏,各种植物在阳光下茁壮成长。走进盐城大丰中华麋鹿园,就仿佛进入了一个充满生机的绿色世界。

这里不仅是麋鹿等珍稀野生动物的家园,更是人与自然和谐共生的美好见证。呦呦鹿鸣声让我们远离尘嚣,尽享大自然的馈赠……

(一)沧海桑田:荒芜滩涂的生态嬗变

麋鹿是中国特有物种,因其角像鹿、面像马、尾像驴、蹄像牛,又被称为"四不像"。历史上麋鹿主要生活在中国黄河、长江中下游地区,两三千年前最为昌盛,数量达到上亿头,而当时地球的人类总数不过 1.5 亿。但汉朝以后,野生麋鹿数量日趋减少,到了清朝初年,中国仅剩下三四百头的麋鹿,它们全部被放养在北京南海子皇家猎苑。然而,1900 年秋,八国联军攻入北京,南海子皇家猎苑中的麋鹿被西方列强劫杀一空。从此,麋鹿在中国本土绝迹。

30 多年前,中华麋鹿园所在的位置还只是一片荒芜的黄海滩涂,风声雨声似乎都在诉说着这片土地的寂寥与苍凉……当地政府和保护区的先驱者们却在这片看起来无比贫瘠的土地上,发现了潜藏的生态价值。他们深知,这片土地有着与生俱来的独特湿地生态系统,是许多珍稀物种的庇护所,更是连接海洋、陆地和天空的重要生态廊道。

于是,1986 年,经周密筹备,39 头麋鹿从遥远的英国漂洋过海,被引种至这片滩涂。然而,麋鹿离开这里太久了,能否适应新的环境,仍是一个很大的问题。在随后的岁月里,保护区的工作人员与麋鹿朝夕相伴,精心呵护,观察麋鹿的生活习性，记录每一次繁殖，努力为麋鹿创造一个最接近自然的生存环境。

时光荏苒，30 余载光阴如白驹过隙。如今，这片滩涂已经发生了翻天覆地的变化。"今年的麋鹿数量发展到 7840 头，其中野外麋鹿数量达到 3356 头。"江苏大丰麋鹿国家级自然保护区管理处办公室主任介绍说："1986 年建保护区，进行引种扩群（种群复壮）、行为再塑（迁地建群）、野化放归的'三步走'，让麋鹿数量完成从无到有、从少到多的转变。"这里不仅成了全球最大的麋鹿种群基地，也成了黄海之滨的动物乐园、江苏沿海发展的绿色生态屏障。

为更好地呵护麋鹿种群，保护区实施了网格化管理，运用先进仪器设备与实地调查相结合的方式，深入了解这些珍稀动物的习性与生存状况。保护区还设立了科研监测中心大楼，涵盖麋鹿保护管理研究中心、耐盐植物研究中心、湿地研究中心及麋鹿科普中心等。保护区水文、土壤、气象等 30 多项指标在 24 小时监测中，每隔 15 分钟更新一次上传至大数据平台，供科研人员研究使用，提升了保护区监测、研究和管理的针对性。

今天的中华麋鹿园是一幅浓墨重彩的生态画卷，一处自然的诗意栖息地。保护区内自然资源和生物多样性十分丰富，这里有兽类 27 种、两栖爬行类动物 21 种、鱼类 156 种、鸟类 204 种、昆虫 599 种、植物 499 种。除麋鹿外，被列入国家一、二级保护动物的有 41 种。新栽种的乔灌木和数百万株植物，如同翡翠般点缀其间，把整个保护区装点得如诗如画。

（二）无畏风雨，麋鹿卫士的绝美之约

大丰麋鹿国家级自然保护区的成功发展离不开每一位默默无闻、甘于奉献的工作人员。季荣，大丰黄海湿地的守护者之一。他 51 岁的年纪却有着 25 年的麋鹿保护历程。他曾是饲养员，每日与鹿为伍，精心照料；他也是巡护员，

第四章　环境美　绘就人与自然和谐新画卷

黄海湿地的鹿群（摄影：周晨曦）

守护着麋鹿的安全，与它们共同度过了无数个日夜。

在那个没有路的年代，季荣挑着箩筐，踏着草地在湿地间穿行。寒冷的冬夜，他守在鹿群旁，只为确保它们得到充分的照料。

有一次，一头公鹿被尼龙网的丝缠住。季荣手持长柄勾刀准备施救。然而，公鹿极为敏感，有人接近时激烈的防御性挣扎会造成自身伤害。季荣只能借着草丛的掩护从背后悄悄接近，用极慢的动作细心地为它去除缠绕的尼龙丝。就在他成功解救了麋鹿后，不料却引来了草丛中马蜂的攻击。但这一切都无法动摇他对麋鹿的执着与热爱。

165

岁月如歌，季荣的足迹遍布黄海湿地。他救护的近百头麋鹿，见证了他对这片土地的深情厚意。在这片广袤的黄海湿地上，季荣不断奔赴与麋鹿的绝美之约，他与湿地精灵们一同编织着生命的赞歌，诠释着人与自然和谐共生的美好愿景。

（三）如诗如歌，重绘湿地的文化画卷

为更好打造"湿地生态、麋鹿文化"品牌，保护区不断完善景区软、硬件设施，加大资金投入，在坚持不懈的保护与发展中，中华麋鹿园在文旅融合上不断提升。今天的中华麋鹿园，不仅是一个观赏动物、感受自然的胜地，更是一个集生态、科研、文化、旅游于一体的综合性园区。

这里，让你沉浸式体验自然——

在中华麋鹿园的麋鹿观赏园、湿地生态园和麋鹿文化园三大园区，专业的观光车穿梭其中，带领游客驶过长满狼尾草的滩涂湿地，欣赏原生态的自然面貌。步行区域为游客提供了与麋鹿亲密接触的机会，游客可以给麋鹿投喂胡萝卜，幸运的话还可以看到麋鹿抢食的精彩画面。零距离亲近自然，让你感受人与自然和谐共生的美好，为每一位到访者带来一次心灵的生态洗礼。

这里，是生动的自然课堂——

保护区的盐城黄海湿地世界自然遗产展示中心等设施，为游客提供了深入了解麋鹿与湿地生态的平台。导游详尽的解说服务，让游客在休闲旅游的同时，科普了动植物知识，无形中也深入感受到大自然的神奇魅力，领悟了野生动植物保护的意义。

保护区独具特色的旅游项目与日俱增。游客可以在观光塔登高远眺麋鹿奔腾、白鹤翱翔，也可以在鹿岛俯身观鱼、欣赏碧波荡漾。

当疲惫的脚步需要片刻歇息时，特色的服务区便成了宁静温暖的港湾。在

第四章 环境美 绘就人与自然和谐新画卷

这里，游客可以通过智能设备，快捷查找动植物信息，轻松了解景区的服务内容，感受科技与旅游的完美融合。还可以品尝地道的盐城美食，用舌尖品味这片土地所散发出的独特魅力。

这里，有独特的文化符号——

麋鹿元素浸润在中华麋鹿园的每一个角落，成为这里最独特的文化符号。保护区开发的 60 多种富含麋鹿文化底蕴和独特欣赏价值的旅游纪念品，不仅为游客提供了更丰富的选择，更为地域旅游商品市场注入了活力。这些纪念品，如同一个个故事的载体，诉说着关于麋鹿的传奇。保护区相继编制了《中国麋鹿》大型摄影集、《中国麋鹿》杂志等麋鹿文化丛书 32 辑，为人们打开了一个

麋鹿的水中大战（摄影：周晨曦）

水韵江苏

了解麋鹿、认识自然的窗口。其中《神鹿回归》荣获梁希科普奖,《走进南黄海湿地》入选全省青少年百种优秀苏版出版物。《236号孤独者的故事》荣获第23届全国电视专题片金鹰一等奖,见证了中华麋鹿园在文化传播领域的执着追求。

为了更好地与大众互动,中华麋鹿园还自办了中华麋鹿园网站、微信公众号等平台,并连续多年举办相关特色赛事,让更多人能够关注、了解这片神奇的土地,在拓展完善休闲产业链、助推当地经济发展的同时,也激发了社会大众关注、保护湿地及野生濒危动物的热情。

迄今,中华麋鹿园不仅从一片荒芜的不毛之地成功蜕变为生态优美、设施

鹿鸟和谐共生(摄影:周晨曦)

完备、服务一流的国家 AAAAA 级旅游景区。大丰麋鹿保护区已被列入国际重要湿地名录、东亚—澳大利西亚鸻鹬鸟类迁徙网络和人与生物圈保护区网络，获得全球环境基金（GEF）中国项目示范区、中国生物多样性保护示范基地、全国示范自然保护区、全国科普教育基地、全国未成年人生态道德教育先进集体等光荣称号。

中华麋鹿园将继续致力于保护和传承麋鹿文化，弘扬湿地生态价值，用实际行动继续书写江苏现代化建设故事的生态彩页。

（姚佳露　中共盐城市大丰区委党校）

水韵江苏

二、镇江世业镇：
"比画还漂亮"的美丽家园

从润扬长江大桥引桥盘旋而下，就来到了这座江心小岛上，小岛宛如一颗镶嵌在长江中的明珠，空气清新、树木成荫、粉墙黛瓦、村舍俨然。习近平总书记称赞这里生活环境比画还漂亮，它就是镇江市丹徒区世业镇。

世业镇位于镇江西部，为长江中第四大岛，总面积53平方千米，下辖5个行政村，总人口约1.5万人。岛上有120公顷的自然式开放公园和湿地景观，这里远离城市的喧嚣、天朗气清、环江亲水、生态宜人，是一座美丽的江中绿岛。2014年12月13日，习近平总书记来到镇江世业镇考察。总书记走进世业镇卫生院、四季春农业园、永茂圩自然村和惠龙易通国际物流公司，就当地经济社会发展、民生改善和社会保障考察调研，同当地干部群众进行深入交流。总书记在永茂圩自然村洪家勇家中座谈，他看着客厅里挂的一幅山水画说，"这幅画漂亮，现在你们的生活环境比这画还漂亮"[①]。自从习近平总书记考察世业镇以来，世业镇经济社会快速发展，生态环境越来越美，人民群众的获得感、幸福感、安全感不断提升。世业镇先后获得全国环境优美镇、全国文明镇、江苏省

---

① 孙巡等：《比画还要漂亮，这个江中小岛咋就这么美》，《新华日报》2019年9月23日。

第四章　环境美　绘就人与自然和谐新画卷

润扬大桥看世业镇（图片来源：中共世业镇委宣传部）

旅游行业文明单位、亚洲金旅最具地方特色文化奖、江苏省自驾游基地等数十项殊荣，2012 年成功跨入"江苏省省级旅游度假区"行列。如今的世业镇呈现一幅"望得见山、看得见水、记得住乡愁"的美丽画卷。

（一）"美起来"：绿水青山就是金山银山

9 年来，世业镇牢固树立"绿水青山就是金山银山"理念，采取多项措施大力开展环境综合整治，完善基础设施建设，保护田园生活传统村落，打造生态宜居和美家园。

世业镇四面环江，拥有长江岸线 27.5 千米。曾经有一段时间，江滩被开发建码头、开船厂，污水直排入江，影响了长江水质和村民居住环境。近年来，

171

水韵江苏

世业镇按照长江大保护要求，坚决打击非法采沙，实施畜禽养殖污染、"散乱污"企业专项整治等行动，先后关闭砂石码头3个、船舶修造企业4家，将船厂旧址分别建成船舶文化公园和体育健康公园，使江滩面貌焕然一新。习近平总书记考察世业镇时曾强调"小厕所、大民生"，肯定了这里的农村改厕。截至2022年9月，世业镇4000多户改厕全部完成。污水管网、一体化泵站、污水处理厂扩容改造工程实施到位，生活污水处理实现了整岛全覆盖。世业镇以"改

"特色田园乡村"世业镇（图片来源：中共世业镇委宣传部）

善农村人居环境，建设美丽宜居乡村"为抓手，打出了以垃圾治理、污水处理、厕所革命、村容村貌提升等为重点的环境整治"组合拳"，让美丽乡村的画卷徐徐展开。

世业镇围绕"洲岛生态、圩区风貌、多彩田园、富强世业、健康乐园"的建设目标，累计投入 7600 余万元，建成永茂圩、还青洲、先锋村一组三个省级"特色田园乡村"。

水韵江苏

如今，习近平总书记点赞这里比画还漂亮的老党员洪家勇家，成为许多游客必去的打卡地。夏天院内花红菜绿、麦田金黄，冬日院内萝卜蒜苗长势喜人。小院外是一条清清的小河，河水潺潺、清澈见底，再远处是连绵田野、隐隐青山。洪家勇总是对客人说："咱们这里正在变成一个世代乐居的美丽家园。"人不负青山，青山定不负人。世业镇这座富有浓郁江南特色的江中绿岛吸引越来越多的人前来参观，全岛每年平均接待游客达 100 万人次。世业镇守住了绿水青山，带来了金山银山，实现了经济社会和生态保护的协调发展。

洪家小院（图片来源：中共世业镇委宣传部）

（二）"富起来"：推进现代高效农业发展

2014年12月13日，习近平总书记在世业镇先锋村四季春农业园调查时强调："现代高效农业是农民致富的好路子。要沿着这个路子走下去，让农业经营有效益，让农业成为有奔头的产业。要更加重视促进农民增收，让广大农民都过上幸福美满的日子，一个都不能少，一户都不能落。"[①]10年来世业镇牢记总书记嘱托，将发展现代高效农业作为促进农民增收、推动乡村振兴的实践路径。四季春农业园是世业镇最早的现代农业项目之一。该园从一颗小草莓到一片大果园，再到生态农业、高效农业，农业现代化的路子越走越宽广。经营者叶明兰欣喜地说："60亩葡萄园扩大到100亩，园里有水肥一体化设备，电脑点几下就能自动施肥浇水，草莓棚里安装了热泵取暖设施，冬天也不怕寒潮。"现在农业园的发展势头越来越好、规模越来越大，在推动当地农民共同富裕方面发挥了巨大作用，成为发展现代高效农业带农民致富的典型代表。

生活环境"比画更漂亮"的洪家勇家好事连连，收入节节攀升。洪家勇在77岁时加入中国共产党，他的退休金从2014年的

洪家勇家："幸福之家"（图片来源：中共世业镇委宣传部）

[①] 顾雷鸣等：《习近平江苏考察纪实：努力肩负为全国发展探路使命》，《新华日报》2014年12月16日。

每月4000元增加到近6000元；老伴的老年补助从每月80元提高到了190元。子女返乡就业、孙女毕业入职、老两口还经常出外旅游，日子越过越红火。洪家被评为"幸福之家"。洪家的幸福生活正是世业镇人民幸福生活的一个缩影和真实写照。

近几年世业镇加快农村公路建设，并与建设美丽乡村、推进乡村振兴相结合，畅通了内外连接通道，物流产业链向外连通镇江、扬州乃至全省、全国，向内直通村口和农户"家门口"。当地农产品销路大开，应季果蔬、鲜食玉米、有机稻米等特色优质农产品，源源不断输送到全国各地。经过几年的发展，世业镇实现了村集体经济增收和农民收入增长"双赢"的好局面。2023年全镇5个村的集体经济收入比2014年平均增长了100多万元，农民人均收入增长了7000余元。全镇现代高效农业种植面积6000多亩，亩均收益10000元以上，农村居民可支配收入由2015年的17000多元增长至2023年的30000多元。

世业镇全面贯彻落实习近平总书记关于现代高效农业是农民致富的好路子的重要要求，积极探索现代高效农业助推农民致富的机制和路径，世业镇人民群众的生活富起来了，老百姓的日子越来越好。

（三）"旺起来"：打造"红色教育＋乡村旅游"

近几年世业镇打造了"重走习近平总书记视察镇江路"红色教育教学线路，把世业镇卫生院、四季春农业园、永茂圩自然村及洪家小院4个点串联起来，在中共镇江市委党校的精心设计和参与下，采用"参观＋讲解＋点评"的现场教学方式，让党员干部通过"看、听、思"感悟习近平新时代中国特色社会主义思想理论和实践的伟力，成为深受欢迎的党性教育和红色教育好课。截至2024年8月，这条精品教学线路已接待全国各地参观学习达23万人次。

第四章　环境美　绘就人与自然和谐新画卷

"重走习近平总书记视察镇江路"现场教学：洪家勇家（图片来源：中共镇江市委党校）

世业镇确定了"以旅兴业"的发展路径。在精心打造红色教育教学路线的同时，积极打造特色旅游产业，推动红色教育与乡村旅游融合发展，让文旅产业旺起来。通过发展"农路+旅游"模式，将沿线的开心休博园、欣叶蝴蝶兰、四季春农业园、李尚樱桃高效农业园等旅游景点像珍珠项链一样穿起来，让游客感受江中小岛美丽乡村田园风光。世业镇还不断拓展平台、创新模式，积极承办如长江国际音乐节、半程马拉松、乡村旅游节嘉年华、长江（世业洲）户外休闲徒步大会、健康江苏健步走等一系列大型节庆赛事，使世业镇的吸引力、影响力、美誉度不断提升。"居者乐业，游者向往"，世业镇的文旅产业越来越兴旺，全岛每年平均接待游客突破100万人次。世业镇长远规划未来发展，致力于"弘扬红色文化，荡开绿色涟漪，打造一个集高品质农业生产、乡村休闲旅游、康养度假、红色教育基地于一体的江岛特色田园乡村"。[1]

---

[1] 《弘扬红色文化，荡开绿色涟漪——世业村：绘就"比画还美"的幸福生活》，《文旅中国》2022年12月10日。

水韵江苏

世业镇金色旅游季节（图片来源：中共世业镇委宣传部）

第四章 环境美 绘就人与自然和谐新画卷

水韵江苏

世业镇环岛（图片来源：中共世业镇委宣传部）

奋斗新时代，奋进新征程，世业镇将牢记习近平总书记嘱托，感恩奋进，倾心打造"生态田园村、欢乐音乐岛、休闲养生地、低碳示范区"，积极推动生态文明建设创新发展实践基地建设，力争在推进中国式现代化建设中走在前、

第四章　环境美　绘就人与自然和谐新画卷

做示范，为强国建设、民族复兴贡献力量。

（孙忠英　中共镇江市委党校）

水韵江苏

三、扬州三湾："好地方"的生动写照

2020年11月13日，习近平总书记来到扬州三湾考察调研，他沿着运河三湾段岸边亲水步道，一路察看。运河两岸，绿意盎然，飞鸟翔集，亭台错落，移步换景。"当年这里有一家规模较大的化工厂，对周边环境污染很大，很远都

运河三湾生态文化公园（摄影：鞠恬）

能闻到气味,虽然企业每年能够交税2亿多元,但是我们还是下决心关掉了。"扬州市负责同志汇报说。从杂草丛生、厂房林立、环境杂乱的工业园区到水清岸绿、鸟语花香、景色怡人的生态公园,三湾用了十年光阴。三湾从"化工区"到"生态公园"的华丽转变,靠的是"绿水青山就是金山银山"的理念和"心为民所想、事为民所办"的坚定信念。

扬州坚定不移地践行习近平总书记视察江苏、扬州重要讲话指示精神,有序推进三湾建设,把当年展示的效果图变成了更美的实景图。这片曾经聚集着80多家污染企业的南部工业园区,已经成了扬州生态样板、运河文旅标识和高新技术企业聚集区。

三湾是如何一步步破茧成蝶,成为"好地方"扬州的标识之一?一切故事的源头都要从运河说起。

(一)人文挖掘,让运河之水焕发新生

习近平总书记视察扬州,评价扬州是个"依水而建、缘水而兴"的城市,这里的"水"指的就是大运河。

扬州是世界文化遗产中国大运河的原点城市。早在公元前486年,吴王夫差筑邗城、开邗沟,沟通江淮,邗沟成为中国最早有确切年代记载的人工运河,成为京杭大运河的缘起。隋炀帝杨广在邗沟的基础上开挖南北大运河,扬州这座古城便随着邗沟、顺着运河"依水而建",2500多年以来,扬州与运河始终同生共长、相生相依。扬州"缘水而兴",经历了兴盛于汉、繁盛于唐、鼎盛于清的三度辉煌。人类社会每一次跃进本质上都是文化的历史性进步,灿若星河的大运河文化凝练出了扬州独特的人文基因。

运河三湾的由来,要追溯至明代万历二十五年(1597年)。扬州城自古北高南低,上游的淮河水泱泱而来,途经扬州城南二里河一带,迅疾而汹涌,来

水韵江苏

剪影桥（摄影：鞠恬）

往船只常常不是阻滞就是搁浅。明朝扬州知府郭光复为解决漕运交通搁浅问题，一反前人通过裁弯取直来降低河水流速的惯常做法，而是把原有的100多米顺直河道，舍直取弯后改成了1.7千米的河湾，增加了河道长度和曲折度，抬高了水位、减缓了水流速度，有效解决了这个难题，形成了古运河的三湾段，给后世留下"三湾抵一坝"的佳话。①

曲水流觞，文人墨客在三湾留下了诸多脍炙人口的千古诗篇。"二十四桥明月夜，玉人何处教吹箫"，历史里的桥是古人咏叹的对象，当今的桥已成为三湾的醒目标识。北端的剪影桥建成于2017年，全长168米，桥身通体采用耀眼

---

① 作为大运河水工文化的历史遗存，运河三湾指的是整个三湾片区的宝塔湾、新河湾、三湾子。就现在运河三湾生态文化公园来讲，则指三湾子里的"小三湾"，即环绕园区内的靴子状核心湿地形成的三道小湾。

第四章　环境美　绘就人与自然和谐新画卷

凌波桥（摄影：鞠恬）

的中国红。设计灵感汲取了世界级非物质文化遗产——自唐代就开始盛行的扬州剪纸艺术，桥梁设计创新性地采用风格化的现代材质和工艺，将剪纸艺术中的拉花以透空的感觉表达出来，将古代文化和现代文明交相辉映于古运河之上。南部的凌波桥的取名灵感源于《洛神赋》中名句"凌波微步，罗袜生尘"。桥采用下沉系杆拱，全长 223 米，设计灵感来自扬州的水，桥体雪白，弧线优美，犹如长虹卧波，契合扬州"水域共生"的独特文化底蕴。

作为大运河国家文化公园核心展示园，三湾既是水工智慧的产物，也是人文底蕴的承载，更是传承大运河文化、凝聚民族精神的物质空间，习近平总书记在三湾生态文化公园调研时指出"让古运河重生"，扬州沿着总书记的指引方向，坚决扛起"让古运河重生"的使命担当，聚焦文化旅游名城建设，争做大运河文化带建设的示范，让"好地方"好上加好、越来越好。

（二）生态护航，让运河文脉赓续绵延

习近平总书记称赞扬州"因水而美"，讲的是扬州因大运河而美，大运河是扬州最重要的自然景观。总书记在三湾指出，千百年来，运河滋养两岸城市和人民，是运河两岸人民的致富河、幸福河，希望大家共同保护好大运河，使运河永远造福人民。

弘扬大运河文化，首要任务就是保护大运河生态。"三湾的生态环境是承载大运河文化有形的物质空间，生态修复是续写大运河文化的底层逻辑。"扬州三湾投资发展有限公司的董事长深有感触。住在大运河沿岸的扬州市民徐女士回忆，20世纪六七十年代，三湾片区聚集了农药、皮革、建材等几十家工业企业，"对运河水体造成严重损害，运河里的水简直不能看不能闻"。从2015年开始，运河三湾景区被列入扬州市委、市政府主导的30项重大城建项目。同年6月三湾生态修复工程启动，规划形成总占地面积3800亩、核心区面积1520亩的大型生态人文景区。

2016年，中央生态环境保护督察组指出的京杭大运河沿线环境问题中，就包括扬州三湾。扬州以这次督察整改为契机，快刀斩乱麻，从搬迁企业、拆除码头、清理违建着手，推进三湾周边的农药厂、制药厂、食品厂等工业企业逐一搬迁，退让出来的土地有序开展污染治理，同步实施水系疏浚、驳岸改造、湿地生态修复。三湾片区在督察整改和生态修复期间，累计关停搬迁工业企业89家，退耕及修复湿地680亩。市民老徐工作过的化工厂也在2020年完成搬迁。"现在自己家门口就是一大片风景区，水碧气净，白鹭飞翔，让人心旷神怡。"如今住在杉湾花园小区的老徐每天清晨第一件事情就是打开窗户俯瞰整个三湾景区。

2017年9月三湾景区正式对外开放，很快便被评为国家AAAA级旅游景区，

并相继获得国家水利风景区、江苏省最美运河地标、江苏省最美生态修复案例等多项殊荣。扬州市生态环境局领导表示：三湾片区内绿地面积已至60公顷，绿化覆盖率高达83%，水质常年保持Ⅲ类以上，拥有500多种水生植物，仅核心区域就栖息着40多种鸟类，再现了古运河水清岸绿、鱼翔浅底、鸟语花香的美好生态环境。

以运河三湾建设为"点"，周边环境整治为"线"，东南片区改造成"面"，扬州还同步配建了七里河公园等一批生态休闲公园。昔日脏乱差臭的"龙须沟"成了市民交口称赞的"幸福河"，如今漫步古运河畔，成片的树林、绿色的廊道、灵动的河水映入眼帘，河面碧波荡漾，两岸垂柳依依，一草一木、一步一景中透出宁静怡然。

（三）文旅发力，让运河文化历久弥新

习近平总书记漫步三湾亲水栈道，看到市民群众幸福之意溢于言表，提出嘱托，要把大运河文化遗产保护同生态环境保护提升、沿线名城名镇保护修复、文化旅游融合发展、运河航运转型提升统一起来，为大运河沿线区域经济社会发展、人民生活改善创造有利条件。

扬州是中国古运河原点城市，也是大运河沿线35座城市中唯一与大运河同生共长的城市。2500多年来，碧波荡漾的运河水连绵不绝，孕育了丰富多彩的城市文化，涵养了开放包容的城市精神，铸造了永不停歇的城市追求。近年来，扬州围绕"文脉和精神血脉延续"关键，紧扣"活态"主线，一系列动作和成果彰显了扛起"让古运河重生"的使命担当，展现了大力发展文旅、促进经济高质量发展的实践探索。

运河三湾生态文化公园内，大运河文化带建设的标志性工程——扬州中国大运河博物馆于2021年6月16日建成开放。这座国内首个全流域、全时段、

水韵江苏

全方位展现中国大运河历史、文化、生态及科技面貌的"百科全书"式建筑在三湾一亮相,就吸睛无数。其馆藏自春秋至当代反映运河主题的古籍文献、书画、碑刻、陶瓷器、金属器等各类文物展品1万多件(套),丰富的文物结合"5G+VR"技术,沉浸式的互动体验,大运河博物馆以迥异于传统博物馆的陈列、参观方式,将大运河最为显著的"活态"特质展现得淋漓尽致。2023年全年接待观众420万人次,其强大的客流吸引力为扬州文旅发展、大运河文化带建设提供了新鲜载体和更多发展可能性,成为助力扬州城市知名度和影响力持续提升的文化IP。

作为扬州中国大运河博物馆的配套工程,占地2万平方米的大运河非遗文化园于2021年同步开放,集"非遗、艺术、剧院、影视、休闲体验"等功能于

扬州中国大运河博物馆(摄影:鞠恬)

一体。"留出30%的文化空间,引入'80后''90后'的非遗传承人打造非遗体验馆,我们的游客里有七成是年轻人。"扬州三湾投资发展有限公司董事长表示。

如今的三湾河道,已不再具有实际的交通运输功能,而是作为景观河道、旅游航道,成为社会人文与自然生态环境的活态的集体实践区。随着扬州城市的扩容,过去城南的"三湾"成为今天扬州城市南部的重要发展区域,近年来相继建成了扬州三湾公园、三湾体育公园、扬州中国大运河博物馆等,成为扬州城内重要的文化旅游景区和市民休闲场所。

承千年运河文脉,三湾故事历久弥新、生生不息,扬州这座依水而建、缘水而兴、因水而美的运河城市,正在续写着新时代的运河故事、运河精神,成为水韵江苏新画卷中的隽永篇章。

(鞠恬　中共扬州市委党校)

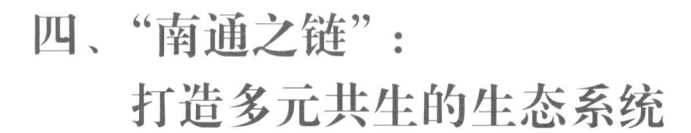

四、"南通之链"：
打造多元共生的生态系统

大江奔涌，大河奔流。追江赶海的南通，既有发展上的高质量，更有生态上的高颜值。今天的南通正在全面展现自然生态之美、绿色发展之美、城乡宜居之美、江海人文之美、区域善治之美，以更高质量的生态环境支撑经济高质量发展、创造人民高品质生活，美丽南通正一步步由美好愿望转化为现实图景。

（一）亲水：重塑长江生态修复格局

在南通的狼山脚下、五山地区，曾几何时"滨江不见江，近水不亲水"，港口码头、工厂企业和破旧小区犬牙交错，各类建筑杂乱无章，生态环境脏乱差。当时，这里有南通最大的硫黄码头，硫黄散装暴露在地上，遇到刮风天气，周边老百姓必须紧紧关闭门窗，被硫黄污染的雨水更是直接排入了长江，还有码头内部下水管道的污水经过简单沉淀后排入长江。这里地处饮用水水源二级保护区范围内，距离狼山水源地取水口仅有1.8千米。按照相关规定，饮用水水源二级保护区范围内，不允许设置任何排污口。

2016年，中央生态环境保护督察组来到南通暗访，一针见血地指出了市港

第四章 环境美 绘就人与自然和谐新画卷

口码头污染问题。接到督察组调查结果后，市委领导在市里召开的紧急会议上指出：不能雷声大雨点小，不能再以GDP来充当不作为、慢作为、懒作为的"挡箭牌""遮羞布"。一声令下，势在必行。但是修复工程怎么干、干出怎样的成效，是摆在南通市委、市政府面前的一道必答题。

南通立足全局，谋定而动，着眼从根本上破解市区沿江段几十年工业集聚带来的生产、生活、生态空间无序之困，按照"点""线""面"的思路优化总体设计，建立推进机制。

"点"上，区域内共关停并转"散乱污"企业203家，清理"小杂船"162条（户），拆除河道周边各类违建6.5万平方米，截堵污水直排口5处，退出沿线港口货运功能、腾出并修复岸线12千米。之后，完善各项基础设施，推进覆绿工程，整个区域的森林覆盖率达到80%。"线"上，南通在全省率先编制了沿

五山滨江段生态修复前（图片来源：中共南通市委宣传部）

水韵江苏

五山滨江段生态修复后（图片来源：中共南通市委宣传部）

江修复的规划，在全市沿江设立了405个"三线一单"的生态管控区，从规划的高度来确定生产、生活、生态空间的格局及生态岸线的比例。"面"上，从沿江、沿海到整个市域范围联动，探索形成区域协同、共治共享的生态环境治理体系，推动全面生态修复和整治工作。

2018年，五山及沿江地区生态修复取得阶段性的重大成果，狼山国家森林公园成为当时江苏唯一获批、南通首个国家级森林公园，实现了"山畔嬉江水、江上揽五山"的生态修复效果。

2020年11月，习近平总书记到这里视察，不胜感慨："过去脏乱差的地方已经变成现在公园的绿化带，确实是沧桑巨变啊！"[1] 总书记在对五山地区生态

---

[1] 邹伟等：《习近平的长江情怀》，《瞭望》2023年10月22日。

修复成果充分肯定的同时，也给南通生态文明建设指明了前进方向、增添了澎湃动力。

（二）护绿：打造"南通之链"生态高地

在长江通州段，有这样一座岛，被誉为长江下游万顷碧波中的"绿色明珠"——开沙岛。该岛自然风光秀丽，水生植物和滩涂资源丰富，如何守护好这份得天独厚的生态资源？"留白"——即有意留下相应的空白，让人产生联想的空间，是美学的至高境界。将这一极具中国美学特征的留白手法应用到生态环境保护中，从空间上讲是为人类开发活动设定前进尺度，从时间上看是为子孙后代永续发展设定未来向度。目前，开沙岛正在编制省级生态岛建设方案，用以退为进的生态自觉塑造地区生态竞争力。生态留白，一方面要掌握好留白的分寸，即把握好经济发展与生态保护之间的辩证关系。留白太多，势必导致经济发展的不充分，陷入"捧着金饭碗讨饭吃"的尴尬境地。位于开沙岛上的江苏恒科新材料有限公司不断寻求工艺革新，于 2020 年获批国家级"绿色工厂"，就是不断坚持创新驱动、绿色发展理念的生动诠释。另一方面，"留"不是停留的"留"，而是预留之"留"，绝非不要发展，而是坚持有所为有所不为，是另一种形式的发展，另一种意义的作为。开沙岛提出以生态涵养为目标，以长江风情为特色，构筑和谐的生态底色，持续做好生态修复、环境保护、绿色发展三篇文章，逐步形成了"生态江岛，运动休闲"的公众认知，全岛社会、经济、生态实现共同发展。

生态修复非一日之功，也非一劳永逸之事。2020 年 12 月《中华人民共和国长江保护法》颁布，标志着长江保护工作进入了新阶段。在长江大保护背景下对于生态保护修复工作的开展提出了更高的要求。以五山及沿江生态修复为起点，南通市委、市政府以壮士断腕的勇气，勇争一流的决心，深入学习贯彻习近平生态文明思想,按照习近平总书记"生态治理必须遵循规律,科学规划,因地制宜,统筹兼顾,打造多元共生的生态系统"的重要指示[①],以生态修复为新的起点,切实增强沿江经济带生态优先、绿色发展的思想自觉和行动自觉,扛起生态文明建设和生态环境保护的政治责任,推动南通沿江经济带实现高质量发展。

(三)转型:推动产业结构优化升级

习近平总书记说过,生态是我们的宝藏,是资源,也是财富。他指出,要大力节约集约利用资源,推动资源利用方式根本转变。海门临江镇,地处长江岸边,资源优势明显,毗邻崇明岛,崇启大桥通车后,区位优势更是显著提升。鉴于资源禀赋和区位优势,2008年,临江镇与原有的灵甸工业集中区合并为临江新区,定位为精细化工园区。这种传统工业园区模式带来的经济效应是十分明显的,但新区领导班子也意识到传统化工产业同样带来安全隐患、同质化竞争,尤其是对长江生态环境的破坏等诸多问题。临江新区算了"三本账",即经济账、政治账和民生账,认为在临江开办化工园区都是一笔亏本账,应该算总账、大账、长远账。自2010年起,新区摒弃了传统的工业园区发展模式,暂停了对化工企业的招引,弱化了工业园区的项目招商,转而在长江边10平方千米滩涂上另起炉灶,打造临江的创新发展先行区——海门科技园,对标上海张江、苏州纳米园,以生物医药为主导产业,开启了产业涅槃之路。同时,新区坚定绿色低碳发展理念,在激烈的竞争中,园区始终坚持创新引领,不断突破自我,通过创新发展模式,创新人才引进等,提升了生物医药产业竞争力和话语权。

---

① 《习近平在2019年中国北京世界园艺博览会开幕式上的讲话》,新华社,2019年4月28日。

第四章　环境美　绘就人与自然和谐新画卷

海门区临江新区（图片来源：海门区临江新区）

如今，园区更是集中优势资源，探索文化产业发展之路，"塑魂提质"，在诸多园区中脱颖而出，提升居民生活品质，真正实现产城融合。

习近平总书记强调，生态环境保护和经济发展不是矛盾对立的关系，而是辩证统一的关系。只有把绿色发展的底色铺好，才会有今后发展的高歌猛进。化工产业是国家的基础和支柱产业，对地方经济发展、就业拉动、税收扩大等有着重要作用。但是化工生产过程中产生的废气、污染物等大多是有害的，进入环境就会造成污染。由于产业的特点，化工产能基本集聚在沿江地区。修复长江生态环境的重中之重就是化工产业的转型升级。

在沿江化工企业专项整治中，如皋是整个江苏省关停化工企业数最多的地区之一，对当地经济而言无异于"伤筋动骨"。2020年11月，如皋在高起点、高标准建设高品质化工产业园时，突出强调：既要坚守"国标"底线，也要力达"民标"满意线。所谓"国标"是由法律法规规定的国家标准，这是不可逾越的红线；而"民标"则是老百姓对美好环境的期待，这是园区建设自立的"标准"。园区在坚守最严格"国标"的同时，通过创建无异味园区，定期接受居民的"考核"，满足老百姓对生活质量的更高要求。为此，园区建设中借鉴国际先进园区的建设经验，推进循环化、一体化改造，补齐产业链，创建"无废物"园区。同时，提升排污标准，科学建设生态缓冲带，污水在排入长江之前先通过中心河缓冲带，进一步监测和净化污水，确保"近零排放"。蝶变而后新生，在多措并举推动化工产业"绿色转型"的过程中，2023年5月园区成功升级为江苏省第一批化工园区，从而实现沿江生态环境保护与化工产业能级发展的双提升。

自习近平总书记到南通考察以来，坚持"生态优先"，既做经济发展的"优等生"，更要做生态保护的"尖子生"，已经成为南通的共识。南通沿江沿海400多千米的生态景观廊道有序推进，长江国家文化公园南通段规划即将落地，串珠成链，点石成金，沿江沿海高水平生态保护已成为南通高质量发展鲜明绿色底色。南通有信心充分用好并放大生态资源禀赋，因地制宜、因时制宜发展绿色生产力，更好释放生态红利，探索形成区域协同、共治共享的生态环境治理体系，唱响新时代的长江生态之歌。

（倪羌莉　中共南通市委党校）

第四章　环境美　绘就人与自然和谐新画卷

五、贾汪真旺：
百年煤城的绿色"转型样本"

近年来，徐州这座昔日著名的老工业城市，大改往日灰头土脸形象，向着生态良好、绿色发展的方向迅速转变。贾汪区更是把伤疤累累的采煤塌陷区，"变"成了国家生态旅游示范区。2017年12月12日，习近平总书记到徐州调研，夸赞贾汪转型实践做得好，现在是"真旺"了。贾汪用实际行动践行了"只有恢复绿水青山，才能使绿水青山变成金山银山"的理念，向全世界展示了资源枯竭城市转型发展的一个"中国模式"，提供了一个"中国方案"。

（一）变迁："因煤而城，因煤而兴，因煤而困"

徐州是中国重要的煤炭产地，开采历史悠久。时任徐州知州的苏轼在《石炭》诗小序中记载，北宋元丰元年（1079年）十二月在徐州西南白土镇（现萧县白土镇）之北发现并开始利用煤炭资源。近代以来，贾汪区是中国较早采用现代工业技术和组织形式进行大规模煤炭资源开发的地区，是徐州煤炭生产基地的重要组成部分，素有"百年煤城"的称号。

光绪六年（1880年），一场洪水的冲刷，贾汪一带显现了较大规模的露天煤线。光绪八年（1882年）洋务派左宗棠上奏光绪皇帝"请开江苏利国煤矿",随即南京候补知府胡恩燮来徐州筹办矿务。1884年第一座煤炭矿井在贾汪成功开采,这也成为贾汪这座"百年煤城"的重要起点。胡恩燮采取了股份公司的办矿思路,企业资金全部以股份形式筹集,利润基本以股份多少分配,工人全部采取雇佣工资,产品全部投放市场,企业市场导向的特征非常明显。在技术层面,尽管依然是土法、人工采煤,但是部分关键生产环节已经开始使用蒸汽动力等西方技术设备,有效地扩大了开采的范围,增加了煤炭的产量。

历经晚清末年的混乱时局,1912年袁世凯的族弟接办徐州煤矿,建立了徐州贾汪煤矿有限公司,制定了新的发展规划,铺设了贾汪至柳泉的轻便铁道,将矿山与新通车的津浦铁路连接,煤炭产量从1916年的3万吨提升到1923年的18万吨。1931年2月7日刘鸿生接手煤矿后,成立了华东煤矿股份公司,引进了更为先进的技术设备,开始使用电力设备开展生产,开凿了深达300米以上的竖井,1936年煤炭产量接近35万吨。

新中国成立后,国家进一步加大了煤矿建设力度。从1953年至1958年大规模建设新矿井,1958年原煤产量跃升到345万吨。20世纪六七十年代又相继建成10处矿井。1977年原煤产量突破1000万吨,煤炭产业成为贾汪的重要支柱产业。贾汪最鼎盛时共有近300对大小煤矿,累计出产原煤3.6亿吨,成为徐州地区最重要的煤炭产地,为江苏省乃至全国经济社会发展作出了突出贡献。贾汪"百年煤城"的美誉声名远播。

但是,长期的煤炭开采也导致了区域生态环境的恶化。有人戏称贾汪"炭黑水黑人亦黑,乌鸦落在黑炭堆,孝子赶着绵羊过,走出贾汪也变色"。持续的开采带来了道路坑洼断裂、村庄沉降破败、农田荒芜淹没等问题。全区土地塌陷面积高达13.23万亩,占全市塌陷地面积的1/3以上。过度依赖煤炭开采也导致产业结构单一,严重影响了当地的生产和生活。

2001年7月22日,贾汪区岗子村煤矿(五副井)发生特大瓦斯煤尘爆炸事故，造成 92 人死亡，直接经济损失 538.22 万元[①]。随后徐州市对全市所有小煤矿实行停产整顿，陆续关停了 226 对矿井。2016 年 10 月，贾汪境内最后一座煤矿（旗山煤矿）关闭，彻底结束了贾汪煤炭开采的历史[②]。

长期以来，煤炭产业一直是贾汪区经济的重要支柱、财政的重要来源、就业的重要渠道，关闭小煤矿不仅导致经济总量的萎缩、财政收入的锐减，也明显影响到交通运输、港口码头等相关行业的发展。从某种意义上讲，煤矿的关闭意味着贾汪发展进程中一个阶段的结束，标志着"百年煤城"贾汪进入了"无煤"时代。

（二）变局："把矿井关了，咱换个活法"

因矿设区、因煤而兴的贾汪，生产生活早已与煤矿息息相关、密不可分。权台煤矿是国有特大型企业——徐州矿务集团有限公司的所属主力矿井。家住煤矿东北部的西段庄社区的孔令民，回忆起煤炭开采的日子，他说："我们那时从来不敢穿白衣服，到处都是黑灰，一天下来，领口、袖口全部黢黑一片，晒个衣服、被褥啥的，很快就脏了。"不过，孔令民也说："我们这个村，就处在矿脉最深处，也就是锅底的最底部，最深的煤层就在我们村下面。1956 年权台矿建矿，煤矿红火的时候，我们村民的日子也红火。依托煤矿，我们村受益最多，受害也最多，如今没有一寸耕地。"

煤矿关了，村民们一下子没有了生活来源，挖鱼塘、搞养殖虽然解决了一部分劳动力，但 70% 左右的青壮劳动力只好选择外出打工。年轻的到黑龙江、山西、广州、深圳去，年龄大的就在附近干建筑、倒蔬菜，挣点儿零花钱。一

---

① 《失职渎职藏祸根 非法开采酿惨剧：2001 年江苏徐州市"7·22"瓦斯煤尘爆炸事故》，《安全生产与监督》2016 年第 5 期。
② 蒋波：《江苏徐州：从"一城煤灰"到青山绿水》，《经济日报》2020 年 1 月 10 日。

座因煤而兴的小城，在关闭全部矿井之后，能换一种什么活法？

面对百年采煤史留下的系列问题，贾汪区委、区政府痛定思痛，果断舍弃简单依靠能源开采发展的传统路径，下决心走生态优先、绿色发展的路子。2010年3月，贾汪区正式对潘安湖采煤塌陷区实施改造。

改造不仅要有决心，更要有智慧。贾汪区利用采煤塌陷形成的地形地貌，通过以"挖深填浅、分层剥离、交错回填"为核心的土壤重构技术，开始了恢复土地生态调节功能的艰辛历程。

2011年贾汪区被列为全省唯一的国家资源枯竭城市，省、市也相继出台《关于支持徐州市贾汪区资源枯竭城市转型发展的意见》等配套文件，政策的有效叠加为贾汪区的华丽转身奠定了重要的宏观基础。

潘安湖街道管委会领导介绍："潘安湖采煤塌陷区改造是新中国成立以来江苏省单体投资最大的一宗土地整理项目，塌陷区域占地17400亩，是'基本农田整理、采煤塌陷地复垦、生态环境修复、湿地景观开发'四位一体的综合项目。"改造工程在原来一片废墟的塌陷地上，建成了总面积10平方千米（其中水面7000亩、湿地景观2000亩）的国家级水利风景区，成为全国采煤塌陷治理、资源枯竭型城市生态环境修复再造的样板。

孔令民说，贾汪区当年开始开发修复潘安湖景区的时候，村民们很不理解。虽然人均只有"分把地"（大约0.1亩），有人还是认为继续种地好。也有人留恋矿区的补贴，即使给予一次性补偿，也不愿配合整治搬迁。随着土地治理、景区建设、民居拆迁，西段庄发生了翻天覆地的变化，从落后村居变成了现代化社区，老百姓得到了实惠，观念也自然发生了变化。

潘安湖改造工程投入了20多亿元。当时花这么多钱进行生态修复还是有很大争议的，很多人担心投入的钱能否拿回来、什么时候才能够回来。贾汪区坚持"一张蓝图绘到底"，一任接着一任干，将原来的塌陷地整治为建设用地，不断完善公共服务设施，通过发展产业、土地出让等措施，当初投入的

第四章　环境美　绘就人与自然和谐新画卷

大洞山荒山绿化成果斐然（摄影：汪磊）

资金已基本收回。同时，生态修复再现绿水青山、塌陷地变为生态大花园，良好的生态环境已经成为区域的新名片，生态优势也再造了新的发展优势和富民优势。

在做好潘安湖项目的同时，贾汪区还对城区周边的其他采煤塌陷地展开环境修复治理，地表严重损毁、道路破损等状况得到了大规模的根治，"一地盆景"化为"全域风景"。该区已经实施验收合格的采煤塌陷地复垦项目82个，治理总面积6.92万亩，实际新增耕地4.11万亩，累计投入复垦资金5亿元，实施国家重点项目2个、国家农业综合开发塌陷地复垦项目5个、省耕地占补平衡项目58个[1]。

2017年12月12日下午，习近平总书记来到潘安湖神农码头，深入了解塌

---

[1] 姚雪青、孙井贤：《江苏徐州贾汪区潘安湖 采煤塌陷区 变身大花园》，《人民日报》2017年12月15日。

陷区治理情况，夸赞贾汪转型实践做得好，现在是"真旺"了。他强调，塌陷区要坚持走符合国情的转型发展之路，只有恢复绿水青山才能使绿水青山变成金山银山。

（三）变量："有什么样的生态就有什么样的业态"

贾汪历届区委、区政府牢牢把握中央和省、市的政策叠加机遇，在转型发展的道路上艰苦探索、保持定力、久久为功，全力做好接续替代产业培育、生态修复再造、棚户区改造等系列工程，推动贾汪发展进入了快车道，走出了一条具有贾汪特色的转型道路。

"总书记视察贾汪后，我们更加坚定了走生态良好的发展之路，不断为湿地生态环境建设添砖加瓦。"贾汪区水务局领导说。多年来，潘安湖周边的排水河道存在淤积问题，不仅影响水生态环境，还导致河道功能无法正常发挥。潘安

贾汪泉城新区俯瞰（摄影：汪磊）

湖片区水系连通工程目前施工进度达90%，9条主要河道的清淤疏浚已完成。在此基础上，围绕城区周边塌陷地修复，修建了以煤矿为主题的公园——五号井矿工公园，建设了凤凰泉湿地公园，对人民公园进行修复改造并更名为东方鲁尔广场，成了居民们休闲娱乐的新去处。

生态修复与治理改造，是一个持续性的过程，需要壮士断腕的勇气和久久为功的恒心。为了保护好这方山水，贾汪全面淘汰"五小"落后产能，49条中小型水泥生产线全部拆除，84家小炼焦、小钢铁等企业依法关闭或取缔。同时，通过荒山造林，实行蓝天工程、碧水工程等措施，下活了一盘"生态棋"，换来了一城绿水青山。

"有什么样的生态就有什么样的业态。"过去，生态环境较差的时候，贾汪区曾经上马了一些高污染高耗能的项目。而今，生态环境好了，支柱产业也发生了显著的变化。眼下，在潘安湖边上，不仅吸引了牟特科技（北京）有限公司电机电控项目、江苏康迅数控装备项目等一大批科技含量高、资源消耗低的

水韵江苏

新兴产业落地生根。附近还规划建设了20平方千米的徐州市潘安湖科教创新区，致力于打造高端人才、高端产业的集聚地。良好的生态环境已经成为贾汪区发展的新变量、新名片和新优势，产业结构逐步实现绿色转型发展。算算生态账，再算算经济账，毫无疑问绿水青山正在为贾汪区带来源源不断的真金白银。

（四）变化："是潘安湖的生态修复，让我换了个活法！"

村民徐刚瞅准了机遇，联合上百名村民共同创业，打造的潘安湖婚礼小镇，是全国首个婚礼特色小镇、全省十佳婚庆品牌。这种把旅游休闲导入婚宴的模式，迎合了年轻人的浪漫情怀，不但新人能有一个轻松完美的回忆，也让亲朋好友们更能体会到喜宴的乐趣。马庄村80岁的王奶奶高兴地说道："是潘安湖的生态修复，让我换了个活法！"20世纪七八十年代，马庄村自建了4对小煤窑，王奶奶家中先后两代人在煤矿上打工，她的生活机械单调。如今身边的潘安湖

潘安湖全景俯瞰（摄影：汪磊）

湿地公园，湖阔景美、飞鸟蹁跹、游人如织。依托潘安湖湿地公园的旅游热潮，王奶奶的针棒香包等手工艺品生意很好，她高兴地说："潘安湖就像是个绿色银行，带动我们周边村民致富啦。"潘安湖的生态修复让王奶奶过上了她以前"想都不敢想"的生活。

好生态也能当饭吃。潘安湖湿地公园每年吸引国内外游客600万人次，巨大的客流资源推动了众多的相关产业发展，许多原来失业的矿工和外出打工的百姓纷纷回乡。有的直接在潘安湖景区里打工，有的从事休闲农业和乡村旅游，自己开农家乐、办民宿，还有的开发了新的乡村民俗产业，收入相对于打工有了明显的提高。"矿二代"孟松转行学起了厨师，在村西头开办了农家乐餐饮，客人络绎不绝，到了旺季生意尤其火爆。马庄村老书记孟庆喜建立的苏北第一支农民铜管乐团，编排小品、快板、歌舞等一系列正能量节目，用群众喜闻乐见的形式，把党的"好声音"送到乡村社区、田间地头。乐团不仅极大丰富了村民的文化生活，也成了马庄村的文化符号，促进了全村党建、经济、文化、生态文明等多方面工作，乐团在国内外演出已超过8000多场次。习近平总书记视察马庄时，夸赞乐团"编得好，演得好！"他建议乐团加大创新，做出更多服务百姓的好作品，更好地服务于农村精神文明建设。

产业的兴旺增加了生态的亮色。贾汪区在改变生态的实践中也打响了生态牌，先后建成了卧龙泉生态博物园、墨上集民俗文化园、茱萸养生谷、龙山温泉旅游度假区等一批生态休闲观光项目，具有浓郁的地方特色的唐耕山庄、织星庄园等农家乐项目，大洞山风景区、紫海蓝山文化创意园已成为周边百姓休闲度假的好去处。2010年前，贾汪还没有一家旅行社，也留不住游客。眼下已有国家AAAA级旅游景区4家、AAA级旅游景区1家，四星级乡村旅游示范点11家。2023年，贾汪的旅游人数达到1110万人次，旅游综合收入35.9亿元。潘安湖湿地成功创建成国家AAAA级旅游景区、国家湿地公园、国家级水利风景区、国家生态旅游示范基地、国家湿地旅游示范基地，成为淮海经济区一颗璀璨的生态明珠。

近年来，贾汪区持续加大农村住房条件改善和棚户区改造力度。贾汪区征收办主任说："2018年，我们展开了规模空前的棚户区改造，共实施改造项目18个，征收面积201.19万平方米，涉及居民8065户。"[1]

"村里的老姊妹现在成了楼上楼下的邻居，还能和以前一样串门拉呱，这日子可比从前好到了天上！"在贾汪新城的泉城花都小区入住的宗庄村民陈玉莲兴奋地说："小区环境好，楼房带电梯，正适合养老。"她家在棚改中分到3套房，原本在外打工的儿子返乡干起了旅游，如今一家五口共享天伦之乐。宗庄村委会也搬进了"新家"。一楼设置了综合服务中心，可供居民在家门口办理各项生活相关业务；二楼设置了儿童乐园、图书室、调解室等活动场所，全天对小区居民开放。

"我们村还制定了一张新时代文明实践项目清单，包含思想宣传、农技培训、文化演出等内容，动员更多志愿者参与进来。"宗庄村支部书记说，服务送到百姓的家门口，乡亲们感到很满意。

贾汪聚力推进生态、产业、城市、社会"四个转型"，实现了由"陈旧矿区"到"现代城区"、由"灰色印象"到"绿色主题"的历史性巨变。秉承"生态立区、产业强区、旅游旺区、文明兴区"发展理念，"美"的底色更加鲜明，"强"的实力更加厚实，"富"的成果更加充实，"高"的标识更加彰显——贾汪现在是"真旺"了！

（李宗尧　中共江苏省委党校）

---

[1] 刘宏奇、王岩、岳旭：《百年煤城转型，打造全国典范：新风景、新经济、新家园，看贾汪巨变》，《新华日报》2019年9月26日。

结语

水养育着世间万物，滋润着每一寸土地。江河湖海交汇的大地上，江苏人民敬畏水是生命之源、文明之源，更深得水之灵气，开创了人与自然协调发展的新境界。

江苏全面贯彻落实习近平生态文明思想，始终坚持绿色发展的价值取向，10年间，在经济总量翻了一番的同时，单位GDP能耗、碳排放强度大幅下降，生态环境质量指标均创新世纪以来最好水平。

江苏作为全国拥有长江岸线最长的省份，坚持共抓大保护、不搞大开发，全力守护好一江碧水，无论是长江中心的镇江世业镇，还是入海口的南通，沿江八市都以强烈的政治责任和使命意识，争当大保护排头兵、先行军，交出了一份长江大保护的美丽答卷。

大运河江苏段是全线通航里程最长、文化遗存最丰富的区段。2014年大运河申遗成功，江苏积极扛起"原点"担当，共同守护绵延的文化根脉，畅通鲜活的生态绿脉，壮大涌动的经济动脉，努力把大运河江苏段建成城河共生、人河相亲的美丽家园和江苏的"美丽中轴"。

江苏坚持绿水青山就是金山银山理念，全面推动经济社会绿色低碳转型，在绿色发展中既做加法又做减法。目前，江苏共建成国家森林城市8个、国家生态园林城市9个，获联合国人居奖城市5个，建成省级特色田园乡村446个。

徐州从"一城煤灰半城土"变为"一城青山半城湖",正是江苏不断优化生态环境、拓展"两山"转化路径的生动缩影。

天气好的时候,人们从南通可以看见浦东的环球金融中心,从滁州可以看见南京的紫峰大厦。长江上江豚嬉戏,黄海边鹿奔鹤翔,太湖里桃花水母再现身影,运河中桨声灯影交融。一幅人与自然和谐共生的美丽图景正徐徐展开。

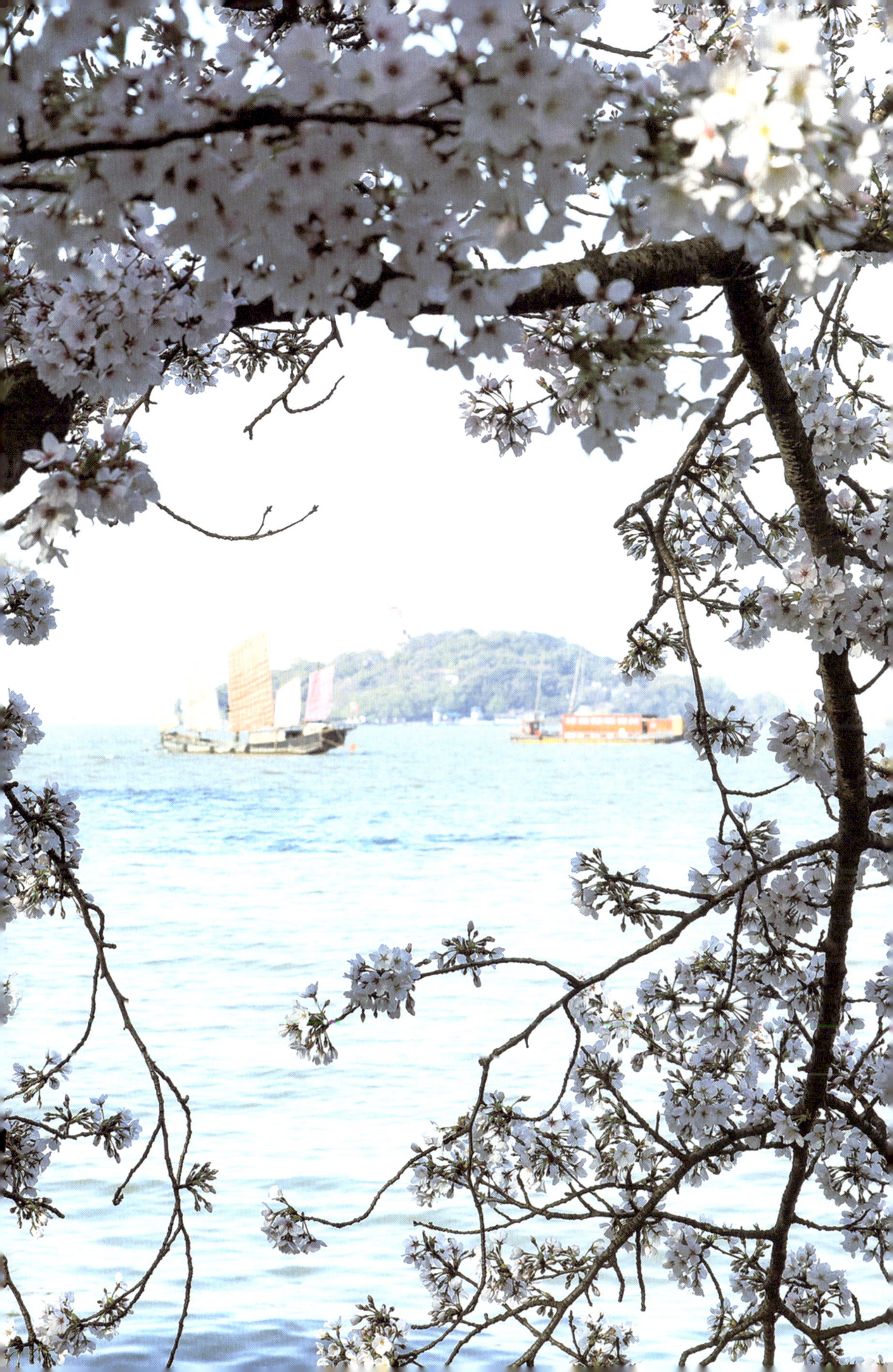

中国大运河博物馆

第五章

社会文明程度高
建设"可感可知"美丽家园

智者乐水，水随势流。

水韵江苏，得水之性。随物赋形，润物无声。

江苏辖江临海、扼淮控湖，"水"是江苏最鲜明的自然人文符号。千百年来江苏人民不仅用水、治水、管水，更善于护水、观水、咏水，在亲水互动中形成了丰富的文化成果，有效地推进了江苏社会文明程度的提高。

今天，江苏认真贯彻习近平文化思想，着力构筑思想文化引领高地、道德风尚建设高地、文艺精品创作高地，加快推进文化强省建设走在前列。通过引导公众形成积极健康的生活方式和向善向上的社会风尚，激发人们的创造力和社会责任感，社会文明程度大幅提高。江苏的社会文明程度高，体现在中华民族现代文明建设高水平、社会治理高效能上。今天江苏的精彩画卷上，文化事业蓬勃发展，文化惠民工程扎实推进，公共文化设施实现城乡全覆盖，群众性精神文明创建活动广泛开展，公民文化素养、文化自信达到新的高度，文化强省建设跃上新台阶，"社会文明程度高"的标识更加鲜明。

水韵江苏

一、一个伟大理论　一次成功实践

1995年10月18日《人民日报》评论员文章（图片来源：《人民日报》）

1995年10月18日《人民日报》发表名为《伟大理论的成功实践——学习张家港市坚持两手抓的经验》评论员文章，"张家港"这个全国很多人不大熟悉的名字从此名扬天下，"张家港精神"被推到了时代舞台的中央。

"团结拼搏、负重奋进、自加压力、敢于争先"的张家港精神是在中国特色社会主义的伟大实践中形成的宝贵财富，是名动江苏、享誉全国的苏州"三大法宝"之一。回顾过去，张家港"把物质文明

第五章 社会文明程度高 建设"可感可知"美丽家园

建设和精神文明建设统一于建设有中国特色社会主义的伟大实践中"[1],实现了"从苏南边角料到明星城市的飞跃"。张家港以生动的实践证明了中国式现代化建设故事,总是包含着敢闯敢试、敢为人先的基本情节。新时代新征程上,张家港坚持以习近平新时代中国特色社会主义思想为指导,加快推进"强富美高"新江苏现代化建设张家港实践,全力打造"物质文明与精神文明相协调"的中国式现代化县域先行区,让张家港故事绽放更生动的时代华彩。

(一)"小鸡吃米,粒粒下肚"

张家港历史上曾经分治于江阴、常熟,1962 年从两县各划出一部分合并成立沙洲县,1986 年撤县建市。虽然张家港精神在 1992 年才正式提出,但自建县以来,张家港在治穷致富中干出了敢拼敢闯的志气、奋勇向前的激情,为张家港精神的孕育奠定了基础。

顾名思义,沙洲县就是因土地是长江中的沙洲积涨成陆而得名。所谓"穷奔沙滩富奔城",这里自古就是"穷沙洲"。建县之初,沙洲县地区生产总值仅 3.24 亿元,在当时苏州地区 8 个县中倒数第一,被称为"苏南的苏北"。面对现状,沙洲人民"人穷志不穷",在党的十一届三中全会召开后,凭着"敢为天下先"的干劲闯劲,创造性推进以"五小"(小农机、小纺织、小轻工、小建材、小水泥)为主的社队工业发展,打破了传统农业经济的束缚,为乡镇工业发展奠定了基础。此举作为"苏南模式"的一大创举,《人民日报》称赞为"小鸡吃米、粒粒下肚"[2]。当时张家港城关镇杨舍镇房屋破旧、环境脏乱、交通闭塞,镇

---

[1] 人民日报评论员:《伟大理论的成功实践——学习张家港市坚持两手抓的经验》,《人民日报》1995 年 10 月 18 日。
[2] 萧俊、龚乃光、孟焕民:《沙洲县生产队办起了小加工业》,《人民日报》1982 年 1 月 19 日。

水韵江苏

1982年1月19日《人民日报》肯定了正在崛起的沙洲县小加工业（图片来源：《人民日报》）

办企业很少。1978年秦振华出任杨舍镇党委书记，响亮提出"一年新气象、两年大变样、三年像个样"。经过顽强拼搏、艰苦创业，这个原来在苏州所有县城城关镇中倒数第一的小镇，1985年成为江苏第一个工农业产值突破1亿元的城关镇，1991年在全国乡镇百颗星中跃居第7位。在创业过程中，杨舍镇形成了

第五章　社会文明程度高　建设"可感可知"美丽家园

"为官一任、造福一方，顾全大局、乐于奉献，扶正祛邪、敢于碰硬，雷厉风行、脚踏实地，严于律己、以身作则，自加压力、永不满足"的杨舍精神，成为张家港精神的雏形。

（二）"在苏州放了一把火"

1992年1月，在14年中把一个落后的（杨舍）镇拼搏成了苏州市乡镇第一的秦振华被苏州市委破格任命为张家港市委书记。邓小平南方谈话后，张家港受到极大鼓舞，深刻认识到"经济要腾飞、思想必须先行"，只有塑造和弘扬一种反映时代特点、体现地域特色、富有激励作用的城市精神，才能凝聚人心、鼓舞斗志。因此，张家港在总结以往发展经验的基础上，把杨舍精神升华为"团结拼搏、负重奋进、自加压力、敢于争先"的张家港精神，并亮出了"工业超常熟、外贸超吴江、城建超昆山，各项工作争第一"的"三超一争"目标。沙洲因江岸沙滩成陆、开垦历史短、自古外来移民多，这种不甘人后、激进争先的劲头对于张家港而言，是悠久人文精神的时代呐喊，却似乎不符合自古富裕繁华、谦逊内敛的苏州当地人的风格，因而《人民日报》称这是"在苏州放了一把火"[①]。

张家港精神催生了令人惊叹的张家港速度，创造了一个个张家港奇迹。这段时间，张家港一门心思艰苦创业，提出了"没有经济就没有地位，没有外向度就没有知名度""大发展小困难，小发展大困难，不发展难上难"等思路，抢抓发展机遇，打造了全国第一个内河港型保税区，建设了全国县级市第一条高等级公路张扬公路，培育了沙钢、永钢等一批本土规模企业。到1994年底，张

[①] 转引自中宣部宣教局：《"改革先锋进校园"宣讲稿选编》，人民出版社2019年版，第282页。

215

水韵江苏

张家港精神（摄影：付辉辉）

家港在全国取得了28个第一，圆满实现了"三超一争"的奋斗目标。1995年10月，中宣部和国务院办公厅在张家港召开全国精神文明建设经验交流会，"张家港精神"这一改革开放以来唯一以城市命名的精神开始走向全国，并产生了广泛影响。

（三）"沉甸甸的金字招牌"

张家港精神是高度适应新时代中国特色社会主义建设要求的城市精神。面对中国加入WTO的崭新机遇，在张家港精神的激励下，张家港跳出局部、放眼全局，坚持加压奋进，争先率先发展。

张家港主动承接国际产业资本转移，吸引了美国陶氏、韩国浦项等世界500强企业投资落户。设立了全国县市第一家国家级境外经贸合作区——埃塞俄比亚东方工业园，形成了规模经济、民营经济和外向型经济"三足鼎立"的格局，可持续发展能力不断增强。坚持统筹推进城乡融合发展，推动"工业向园区集中、农民向城镇集中、农民向市民转变、村庄向社区转变"，城镇化率持续提高，城乡居民收入差距持续缩减，形成了以"华夏第一钢村"永联村、"长江之花"长江村等为代表的强村集体。固守"绿水青山"，谋求永续发展，10余年间先后否决各类污染项目600多个，关停低端低效企业500多家。同时，将"抓经济提速"与"育文明新人"有机结合，坚持"两手抓、两手硬"，在加快物质

2005年10月，张家港获全国文明城市称号（摄影：孙逸凡）

文明建设中富民强市，在深化精神文明建设中提升人的素质，获得了首批全国文明城市这一张家港人特别看重的"沉甸甸的金字招牌"——因为这是当年全国唯一获此殊荣的县（市）。

（四）"把鲜明特色变成独特优势"

在习近平新时代中国特色社会主义思想的指引下，在中央、江苏省委和苏州市委的坚强领导下，张家港扛起"争当表率、争做示范、走在前列"的光荣使命，牢牢把握高质量发展这个首要任务，持续推进"强富美高"新江苏现代化建设张家港实践，在砥砺奋进中持续弘扬张家港精神，丰富张家港精神的内涵。"张家港精神的塑造者"秦振华被党中央、国务院授予改革先锋称号，张家港被中宣部甄选为"庆祝改革开放40周年'百城百县百企'"之一向全社会推荐。

水韵江苏

新时代张家港推进"强富美高"新江苏现代化建设张家港实践取得了丰硕成果。

"经济强"的基础更加坚实。2023年完成地区生产总值3365亿元,规上工业总产值5638亿元,连续30年位列全国百强县(市)前三名。获评全国首批创新型县(市)、全国城市营商环境创新县(市)。

"百姓富"的成果更加丰硕。城乡融合发展取得积极成效,城乡居民人均可支配收入分别达到8.05万元、4.42万元,比例为1.82∶1,是全国城乡收入差距最小的地区之一。村均经营性收入达1687万元,形成了江苏省县域最大的强村群体。获评中国率先全面建成小康社会范例城市、中国最具幸福感城市。

"环境美"的底色更加亮丽。张家港13个国省考断面、19条通江支流水质优Ⅲ比例均达100%,入选首批国家典型地区再生水利用配置试点城市。"张家港湾"生态修复实践入选联合国可持续发展优秀实践案例。东沙化工园区成为江苏省首个整建制关停化工区,在"中国这十年·江苏"主题新闻发布会上被列为江苏省"一城一镇一园区"生态嬗变的典型案例。土地节约集约利用做法获国务院通报表扬,获评首批全国自然资源节约集约示范县(市)、国家水土保持示范县。全市建制镇均建成国家级生态乡镇,张家港先后荣获首届中国生态文明奖、国家生态园林城市等荣誉称号。

"社会文明程度高"的标识更加彰显。坚持"一把手抓两手、两手抓两手硬",深入开展文明培育、文明创建、文明实践系列活动,让张家港精神体现在社会文明程度和市民文明素养不断提升上,成为至今唯一蝉联全国文明城市"六连冠"的县级市。新时代文明实践网络实现市、镇、村(社区)全覆盖,被列为全国首批新时代文明实践中心建设试点城市。张家港市文明办获评全国"人民满意的公务员集体"。到2024年连续21年举办长江文化节,"长江文化品牌建设和长江文化节"入选首批全国"一县一品"特色文化艺术典型案例,被誉为"县级市扛起了弘扬长江文化的大旗"。获评中国曲艺名

第五章 社会文明程度高 建设"可感可知"美丽家园

城、全国书香城市。群众安全感保持在99%以上，获评全国平安建设先进县（市、区）。

同时，张家港全面落实新时代党的建设总要求，持续推动全面从严治党向纵深发展，常态化制度化开展"两学一做"学习教育，扎实开展"不忘初心、牢记使命"主题教育和党史学习教育，深入开展习近平新时代中国特色社会主义思想主题教育，学习贯彻党的二十届三中全会精神，把党中央关于进一步全面深化改革的战略部署，转化为推进中国式现代化张家港新实践的强大力量。

习近平总书记强调："中国式现代化是强国建设、民族复兴的康庄大道"，指出："康庄大道并不等于一马平川。要把中国式现代化5个方面的中国特色变为成功实践，把鲜明特色变成独特优势，需要付出艰巨努力。"[1] 作为全国文明城市的策源地，张家港将持续擦亮"文明张家港"金字招牌，牢牢把握高质量发展首要任务，与时俱进大力弘扬张家港精神，打造"物质文明和精神文明相协调"的中国式现代化县域先行区，让张家港精神焕发"文明引领做标杆"的时代华彩，为建设中华民族现代文明、推进中国式现代化持续贡献张家港力量。

（付辉辉、吴静弦　中共张家港市委党校）

---

[1]　习近平：《中国式现代化是强国建设、民族复兴的康庄大道》，《求是》2023年第16期。

水韵江苏

二、一个人感动一座城 一群人温暖一片天

一个名字在江海大地唱响了 30 年，经久不衰。他就是让南通人念念不忘、让南通城声声回响的"莫文隋"。

故事从那个温暖的旭日阳春说起。

（一）寻找神秘的"莫文隋"

1995 年 3 月，就读于原南通工学院（后并入新组建的南通大学）的石洪英因寡母去世，失去了唯一的生活依靠。时隔不久，她收到了一张附言为"生活补助费"的 100 元汇款单，地址为南通市"工农路 555 号"，署名"莫文隋"。此后这个神秘的"莫文隋"每月都要给石洪英寄去 100 元钱。

"莫文隋"是谁？石洪英毫无头绪。她几次寻访工农路，发现并不存在"555"号，当然也无法见到"莫文隋"其人。这时她陡然明白："555"号应该就是"无无无"号，"莫文隋"则是"莫问谁"的谐音。她通过学校广播站寻访这位给她带来希望的好心人，并试图从邮局觅得线索，但都一无所获。

这件事情也引起了媒体的关注。南通市随后发起了"寻找莫文隋"活动，城市中处处张贴着"莫文隋，你在哪里？"的大幅海报。而另一边为了避免暴露自

己的真实身份,"莫文隋"再次化名"叶中恭"(一中共)给石洪英写了最后一封信。信中写道:"石洪英同学,资助你的方式必须改变,不然我会暴露。今筹集800元存入市建行文峰储蓄所。你每月自行提取100元作为生活补助费,直至你毕业,希望你努力学习,成为一个对国家有用之人,今后我不再和你联系。"

"躲猫猫"背后彰显了人心的真善美。寻找"莫文隋"是为了宣传无名英雄和凡人善举,引导社会价值取向,而"莫文隋"心里想的应该是,做好事从来不用留名,更不图什么回报。我能够做,你愿意受,各自心安,足矣。

(二)原来他就是"莫文隋"

"寻找莫文隋"的活动依旧如火如荼。南通人民广播电台记者经过在邮政储蓄网点29天的不懈蹲守,终于发现了疑似"莫文隋"的踪迹。通过笔迹辨认和比对,初步确认"莫文隋"就是原南通工学院副院长汤淳渊。记者找到汤老要

"莫文隋"原型汤淳渊(图片来源:中共南通市委宣传部)

求采访，在确凿的"证据"面前，他和记者"把丑话说在前头"："我要给你定一个规矩，你要以新闻记者的职业道德向我保证，你不透露我的姓名，我就同意我是莫文隋，如果你透露我姓名，任何人找过来，我都不会承认。"

"莫文隋"找到了。经媒体报道，他的事迹在社会上引起强烈反响。记者也遵守了他的承诺，没有披露他的姓名和真实身份，以至于当时的市委宣传部副部长一直被蒙在鼓里。据副部长回忆，也许是他精诚所至才求来的机会，那天他在一位熟人导引下在原南通工学院一间不大的会议室里等待与"莫文隋"见面，没想到这位熟人平静地说："不要等了，你要找的人远在天边近在眼前。"尽管副部长做好了各种见面的心理准备，但这样的开场白还是大大出乎他的意料。原来"莫文隋"就是这个生活在身边的熟人。

接下来的谈话既平和又温馨。汤淳渊提起，当初取"莫文隋"这个名字，正是出于不想让人知道的初衷。包括不想让被捐助的学生产生不必要的心理压力和负担。"莫文隋"就是不要问我是谁，也无须问我是谁。这类事情平平常常，过去有、现在有，中国有、外国也有。"我只是做了力所能及的事情，仅此而已。"汤老微笑着说。

20多年过去了，在南通的各类表彰会上，"莫文隋"多次被评为道德典型，但领奖人永远缺席。汤淳渊坚持不以"莫文隋"的身份在媒体面前露面，即使偶尔出现在电视画面中，出镜的也是其朴素的背影。

（三）不止一个"莫文隋"

2019年7月12日晚，可亲可敬的汤淳渊老人因病去世，享年83岁。去世之前，他患上重度肌无力症，在重症监护病房住了一年多，但依然每个月从工资卡上划转400元捐给莫文隋基金。汤老一生低调勤俭，连身后事都作了非常简单的安排，唯恐惊扰大家。他在交给组织的遗嘱中写道："不购骨灰盒，不保留骨灰，当日或第二日即行火化，将骨灰撒入狼山外口长江中；操办人员，除亲属外，友人包括南通大学离退处人员，应在十人以内；请按上述意见办理，亲属不得提出异议。"

汤淳渊老人走了，但"莫文隋"却留下了。当下南通，文明之风盛起，人们身边又何止一个"莫文隋"？它已经不再是一个人、一个名字，而幻化成了一种符号、一种精神。其实早在开展"寻找莫文隋"活动的时候，记者就发现了好的端倪。在邮局蹲守期间，周边群众向他透露，"我们也找了好多人，在找的过程中，莫文隋还没找到，就先找到了一批好人，都是这种悄悄地做好事。"1997年1月5日和4月21日的《人民日报》曾分别以《南通：群起效仿"莫文隋"》《南通："莫文隋"有新篇》为题，报道了"好人文化"在南通引发"滚雪球"效应。

一个人点亮一座城，南通接连涌现出"魏群"（为群）、"吴铭"（无名）、"任友琴"（人有情）等一大批"莫文隋"式的好人。据南通市慈善会、社会福利院和希望工程办公室不完全统计，从1995年寻找"莫文隋"开始，在不到3年的时间里，就收到各界群众捐款近100万元，其中不留名的就有100多笔。如今，"莫文隋"现象已成为南通一张亮丽的城市名片，由"莫文隋"引发的江海志愿者已由最初的34人发展到256万人，平均每3个南通人里就有一个志愿者。全市登记在册的志愿服务组织5000多个，志愿项目超10万个。南通的暖意、善心、大爱已经遍及大街小巷，如影随形。南通人无疑是幸福的，南通城也无愧于"文明城市"的称号。

（四）从"莫文隋"到"莫问谁"

2023年伊始，南通"凡人善举"再现新的序曲：一辆白色SUV失控坠入河中！危急关头，路过的施炳生和王兵，一人划船、一人游泳，合力救出司机后便悄然离开。面对社会赞誉，一个说"救人是本分，真的没什么值得多说的"，另一个说"关键时刻伸手救人一命，换成别人也会这样做"。2月6日，《人民日报》官微等为两人喝彩：真英雄，好样的！

在价值多元的时代，"高大全"式的英雄形象往往不被人接受，相反那些来自社会底层的草根人物、平民英雄，尽管他们有这样或那样的不足，但总有一些不经意的善举令人感动，让人从中感知人性的"真善美"。翻开南通各类文明典型、道德模范、最美人物榜单，都来自群众身边。他们是家人、是邻里、是同事、是朋友，用点滴小事、执着坚守，谱写了一曲曲社会主义核心价值观的生动之歌。

"莫文隋"之所以有经久不衰的魅力，在于其两个鲜明的特点：助人为乐一定是"不为出名"的，凡人善举未必一定是"惊天动地"的。献爱心，做慈善大可不必"招摇过市""赴汤蹈火"，淡泊名利、隐姓埋名，或许更让人钦佩，更能打动人；做能力范围内的事，才能让更多人效仿、跟随。

话剧《寻找莫文隋》里有这样一句台词："我用我劳动收益里的一小部分去帮助一个渴望读书的孩子能够继续上学，这件事情太容易太普通了，没想到你们看得那么重，而且通过你们的奔波、寻找惊动了整个城市，我实在有些诚惶诚恐。"在"莫文隋"们的眼里，自己只不过是出自善心，做了一点"凡举"，不值一提。也许有一天，当媒体不再关注这些"微不足道"的善举，大家喜闻乐见的"善人善举"变成俯拾皆是的"凡人凡举"，"莫文隋"真正回归它的本义"莫问谁"，那时现代化的文明之花将更加绚烂夺目。

"莫问我是谁，风雨中我是一把伞，干渴时我是一杯水……"当年寻找"莫文隋"活动中创作的歌曲《莫问我是谁》，至今仍在南通的大街小巷传唱。因为你我都相信，"莫文隋"还在，"莫问谁"常在。

（马亮　中共南通市委党校）

第五章　社会文明程度高　建设"可感可知"美丽家园

三、一座历史古城　一个文化样板

一座姑苏城，半部江南诗。

2023年7月6日，习近平总书记来到苏州市姑苏区平江历史文化街区考察，详细听取苏州古城保护及平江历史文化街区保护、修缮、利用情况汇报，步行察看古街风貌，特别指出老百姓"生活在这里很有福气"。饱含深情的话语，温暖着苏州干部群众的心，也平添了苏州人的自豪。精心守护好姑苏古城，为这座城里的人创造更多幸福、增添更多福气，成为大家的共同愿望。

古城有姑苏，姑苏看平江，2500多年城址未变的姑苏古城始终是江南文化发展、传播、延续的重要载体，平江历史文化街区则如一座没有围墙的"江南文化博物馆"，将千余年的姑苏故事娓娓道来；而姑苏区推动古城保护和发展的创新思路和路径，给世界贡献了一份古城保护的"苏州方案"，为扎根传统文化续写现代文明故事提供了鲜活样本。

（一）珍爱历史古城，使用就是保护

位于苏州古城东北隅的平江历史文化街区，距今已有2500多年历史，至今仍保持着宋代"水陆并行、河街相邻"的双棋盘格局，保留着"小桥流水、粉墙黛瓦"的独特风貌，是苏州古城保存最完整的一个区域，堪称古城缩影。

水韵江苏

在一片粉墙黛瓦之间，潘宅的大门低调内敛，只有镌刻于门楣之上的"探花府"三个字，隐隐透出昔日名门望族的富贵与风采。2023年12月23日，联合国教科文组织传来好消息，苏州潘祖荫故居获评2023年亚太地区文化遗产保护奖优秀奖。这是全国仅有两个、江苏唯一获得该奖项的项目。

潘祖荫故居是南北融合的建筑典范，曾因年久失修一度出现花园被毁、屋面渗漏等衰败景象。2011年底苏州启动了首批古建老宅保护修缮工程，潘祖荫故居被列入12个试点之一。秉承"修旧如旧、保留其真"的原则，施工时运用正宗的古宅工法予以修缮。如今的潘祖荫故居花木掩映，庭深巷幽，古朴典雅。

潘祖荫故居经改造成为探花府·苏州文旅花间堂精品酒店（图片来源：中共姑苏区委宣传部）

一代名宅历经210余年沧桑后焕然新生，如今化身为精品酒店、保护工作室等。修复后的探花府·花间堂成了平江路上的"网红酒店"。潘祖荫故居修缮项目是古建老宅活化利用的成功探索，不仅成为保护苏州遍地珠玑的历史建筑遗产的范例，更成为传统苏式生活的活化例证。

用10年的时间对一座历史建筑进行保护修缮，揭示了古城保护和城市更新工作的特殊性和复杂性。姑苏区政府始终坚持以尊重历史的态度进行保护性修复，以服务当今的理念开展古建筑的创新性利用。

当前，保护区、姑苏区有可活化利用的古建老宅286处，已完成修缮利用95处。"使用是最好的保护"，姑苏区创新性地推出了"古城保护更新伙伴计划发布平台"，首批精选唐寅故居、苏肇冰故居、隆庆别院等18处已修缮完成的古建老宅，"一宅一策"地发布"伙伴计划"：为老宅"做媒"、寻找"伙伴对象"，挑选那些有能力、有情怀、懂保护、懂传承的经营者对老宅进行活化利用。仅潘祖荫故居一处，在探花府酒店和探花书房分期对外开放的过程中，咖啡店、美食店、汉服馆、数字文化产业园等新业态如雨后春笋般在周边迅速生长起来。

姑苏面向世界贡献了古城保护的"苏州方案"，在"承文脉""传古韵""涵精神"上着力，坚持统筹好保护和利用的关系，有情怀风貌，也要有人间烟火，赋予了古城不断自我更新发展的活力，为古老中华文明的现代化建设探索了新路径。

（二）传承非遗之魂，留住文化之根

画笔伴琴瑟，绣丝映飞檐。

在平江路上有一家桃花坞木版年画工作室，门面虽不起眼，却人来人往、络绎不绝。偶尔，透过窗户，看到墙壁上一张张雅致秀丽、色彩鲜艳的桃花坞

水韵江苏

木版年画，一位年轻女性正伏案刻版。这里是乔麦年画工作室。乔麦不是苏州本地人，家里也没有从事年画相关行业的人，但她学习、制作苏州桃花坞木版年画已将近20年。

苏州桃花坞木版年画是最古老的彩色印刷术，一版一色，套色印刷，距今已有400多年历史，在2006年被列入第一批国家级非物质文化遗产名录。乔麦则是国家级非物质文化遗产代表性项目桃花坞木版年画市级代表性传承人。"我第一次见到桃花坞木版年画是在读大二时，在学校举办的展览上看到它，就被深深地吸引了。"木版年画秀丽雅致的风格、浓郁的江南特色，一次照面，就成了乔麦数十年如一日的陪伴。

埋首锦缎之上，素手翻飞，苏绣代表性传承人卢建英正在绣制她的新作《桃花太平鸟图》。苏绣被誉为"东方明珠"，明代文渊阁大学士王鏊曾评价道"精细雅洁，称苏州绣"，苏绣以其技巧精湛而位居中国四大名绣之首。2006年，

卢建英埋首锦缎之上，素手翻飞（图片来源：卢建英）

第五章 社会文明程度高 建设"可感可知"美丽家园

苏绣入选第一批国家级非物质文化遗产名录。

卢建英出生于苏绣之乡镇湖的一个刺绣世家,七八岁时便跟着母亲学习刺绣技艺。从艺 30 多年来,卢建英一直致力于苏绣的传承和传习。她的仿古画绣作品众多,件件堪称精品,被多地美术馆永久收藏。卢建英的女儿从小学习素描,大学学习设计专业,毕业后选择跟随母亲学习苏绣技艺。卢建英认为继承并发展苏绣技艺是自己的责任,也是这个四代刺绣之家的使命。卢建英希望,能有更多的年轻人喜欢苏绣、学习苏绣,让这项非遗技艺像平江河水一样静谧流淌、生生不息。

天色渐暗,暮色四合。"江南雾中雨呀,轻轻么落银纱……"平江历史文化街区大儒巷 38 号,苏州评弹专场正在上演,表演者是国家级非物质文化遗产代表性项目苏州评弹区级代表性传承人王敏仙。她身着旗袍、怀抱琵琶,在拢捻抹挑间吟唱着《江南雾中雨》。2015 年退休后,王敏仙全身心投入公益性演出活动,"现在了解学习评弹的人越来越多。我经常到社区、学校做讲座,还在演出过程中讲授专业知识,努力将评弹传得更广"。

一张版画、一架绣绷、一曲评弹,伴随欸乃橹声,宛如共同奏响文化传承发展"协奏曲"。

一路行来,平江路上的苏绣、宋锦、缂丝、苏帮菜、制扇技艺、评弹等众多非遗项目,随处可见。这些珍贵的非遗,是中华优秀传统文化的重要组成部分,也是中华文明绵延传承的生动见证。苏州籍作家范小青如是说:"苏州古城之所以对老人和年轻人同时散发出如此巨大的磁石般的魅力,究其原因,是传统文化深入人心。人与城相互依赖、增彩,千年古城越发显现青春活力。"

近年来,姑苏区围绕"物、艺、人"三要素,实施非遗传承提升发展行动,充分挖掘保护缂丝、宋锦、苏绣、苏扇、桃花坞木版年画等非遗资源,精心打造"非遗一条街",向世界展示中国风、江南韵、苏州范。姑苏区积极推动"文化＋数字"融合发展,"云游苏州"App 展示了包括文化风俗、非遗手工作品和下单的商品等，体现了"非遗+数字"的巨大潜力和商机；"惠姑苏"App则设置了"非遗项目""非遗传承人""非遗文创"等栏目，不断增强姑苏非遗文化的吸引力、影响力、传播力。

（三）坚持人民至上，厚植民生福祉

平江历史文化街区，可谓是中华文明传承发展的生动现场。

在这里，习近平总书记对大家说，昨天我看了工业园区，今天又看了传统文化街区，到处都是古迹、名胜、文化，生活在这里很有福气。

坚持以人民为中心，用群众的开心和快乐来诠释幸福，才能勾勒古城现代文明"繁华图"。让群众满意，就要踏踏实实为群众办实事；让"生活在这里很

贯通后的中张家巷河，河道再次连通平江河、护城河（图片来源：中共姑苏区委宣传部）

第五章 社会文明程度高 建设"可感可知"美丽家园

有福气",就要时时刻刻听民声、察民情、解民忧。

平江路边的中张家巷河,当年曾一度消失在人们的视野里。20世纪五六十年代,为了增加人流车流通道,满足建新校、办新厂的土地之需,中张家巷河被填平了。实际上古城的诸多河道如同"毛细血管",除满足景观、生活等功能外,天然具有排水、自洁功能。填平河道破坏了排水机制,内城河道与环古城河纷纷断流,许多留存河道成为不通活水的黑臭水体,周边居民叫苦不迭。要让平江周边河里的臭水变清,重新开通中张家巷河便提上了日程。从2005年规划选址到2020年全线正式通水,古城内恢复的第一条河道耗资超过2000万元,历时整整15年之久。

如今漫步在平江路及各条小巷,微风拂面带来阵阵馨香,俯身探看,只见清澈的河水中成群的小鱼在碧绿的水草间游弋。恢复后的中张家巷河不仅沟通了水系,具有重要的水利价值,同时也把沿线景点串联在了一起,对于盘活旅游资源产生积极意义,更让老住户们找回了乡愁,让群众的幸福感大大提升。

习近平总书记指出,平江历史文化街区是传承弘扬中华优秀传统文化、加强社会主义精神文明建设的宝贵财富,要保护好、挖掘好、运用好,不仅要在物质形式上传承好,更要在心里传承好。[1] "保护好、挖掘好、运用好"这九个字,深深印刻在每一个姑苏人的心上。

2002年,姑苏区启动平江路风貌保护与环境整治工程,采取"修旧如旧,保存其真"的修缮方式;2010年,平江路历史文化街区进行古建老宅保护修缮工程;2012年,启动城市居民家庭改厕工程;2015年,实施古井老井治理;2018年,开展架空线整治和入地工程;2023年,启动"平江九巷"项目,对连接平江路和观前商圈的9条东西向街巷进行活态保护、更新改造,建设历史文化与现代文明交相辉映的综合性片区。姑苏致力厚植民生福祉,用实实在在的

---

[1] 《赓续文脉,绣出中国式现代化"姑苏繁华图"》,《新华日报》2023年7月8日。

民生工程，用心用情用力把古城保护好、挖掘好、运用好，为苏州在江苏推进中国式现代化走在前、做示范中当好排头兵作出姑苏贡献。

姑苏古城的厚重文化、特色肌理只有和人间烟火气有机结合，才能让城市留下记忆，让生活在这里的人们有更多获得感。在未来，来者依恋、居者自豪的姑苏古城将生动呈现"幼有所育、学有所教、劳有所得、病有所医、老有所养、住有所居、弱有所扶"共同富裕最美图景，让"食四时之鲜、居园林之秀、听昆曲之雅、用苏工之美"成为苏式生活最佳典范。

传统与现代双向奔赴，融汇成生生不息的城市脉动，造就了苏州的独特气韵。千年岁月，姑苏唯美依旧；江河不息，文明孕育锦绣。

以文脉凝聚共识、以共识激发共为、以共为实现共享，努力实现人文与经济互促共进，璀璨千年的苏州"双面绣"正绽放出新时代的风采。

（赵莉、刘璐　中共苏州市姑苏区委党校）

第五章　社会文明程度高　建设"可感可知"美丽家园

四、一个实业巨人　一座近代名城

时代在飞速发展，社会在迅速改变，有时快得连时空的边界也有些模糊。这不，突然之间历史的胶片变成黑白的了……

（一）开篇：一个夏日午后的南通

1922 年 8 月的一天午后，22 岁的南通女孩顾雅君梳妆打扮后走出家门。今天是周日，她约了两位通州女子师范学校的老同学在濠河边的"有斐馆"喝下午茶。

顾雅君是南通县一个士绅的小女儿。开明的父母非常支持家里女孩读书，雅君天资聪慧且勤奋，4 年前她考取了通州女子师范学校，就读本科部。通州女子师范学校是中国第一所民办女子师范学校，由实业家张謇于 1905 年创办。雅君今年春天大学毕业后就职于南通大生集团大生一厂秘书处，从事档案管理工作。为此，雅君的祖母曾抚着她的头发感慨道："我们小囡赶上了好辰光了，女小囡竟然也可以读大学堂，毕业后还能出去工作赚钱养活自己！"

顾雅君当天早上离开家，走在碎石子铺就的沿河马路上。只见南通城道路平坦宽阔，路两边种植着高大挺拔的行道树，行道树及街边的店铺门头上都高挂着火红的灯笼和鲜艳的五彩旗，洋溢着节日的氛围。顾雅君猛然想起昨天报

水韵江苏

纸上的消息:中国科学社近期将在南通召开年会,这是全国性的盛会第一次在江北小城南通召开!

顾雅君和同学聚会的有斐馆坐落在南通城中心的长桥上,饭店紧邻濠河,坐北朝南,区位、风景俱佳,是张謇在南通城创办的新式旅馆。有斐馆外立面对称装饰着几根高高的白色大理石罗马柱和希腊雕塑,门厅高挑,地面铺设大理石闪亮得能照出人影,两层楼高的巨型水晶吊灯照射得大堂像宫殿般金碧辉煌,不愧是南通城达官显贵们交际出没的主要场所,也是雅君这样的时尚新青年交际聚会的首选地。

顾雅君刚走进旋转门,迎面遇上一行人,走在最前面的是一位身穿旧式长衫、留着小胡子、个子不高却精神矍铄的老者。雅君连忙闪到一边站立,恭敬地低头致意。这位老者正是此时中国最大也是最具影响力的民族资本企业集团——大生资本集团的主事人、近代南通城的缔造者张謇。

张謇,字季直,1853年出生于南通海门县常乐镇,1894年考取清朝状元,授翰林院修撰。1895年他创办了南通大生纱厂,到1922年大生纱厂已拓展为大生资本集团。集团经营涵盖了国民经济体系的诸多领域,横跨一二三产业,在南通构建了一个运行良好的国民经济内循环。在办实业成功后,张謇秉承"父教育,母实业"的理念,又着手创办中国第一个民办师范学校:通州师范学校,并在此基础上创办了包括通州女子师范学校在内的培养初、中、高级人才的一系列学校,如纺织学校、水产学校、银行专科学校、航运学校等,为南通乃至中国的现代化建设奠定了坚实的物质基础和社会基础。正因如此,1922年的南通成为当时中国最现代化的城市,是中国第一个模范县。张謇也被誉为中国早期现代化的前驱。

张謇此时来到有斐馆,正是因为中国科学社年会近期将在南通召开,国内外各界专家、名流、巨贾、记者等将云集南通。事必躬亲的张謇一定要来有斐馆——这次盛会的主要招待场所亲自视察一番的。张謇一行人走出有斐馆,迎面便是宛如少女脖子上佩戴的项链般环绕着南通城的濠河。一行人站立濠河岸边，望着眼前干净整齐、到处洋溢着青春朝气、欣欣向荣的城市，不禁慨叹：仅仅二十年，竟换了人间！

（二）中篇：中国近代第一城的南通

时间转回到 1894 年初春，42 岁的张謇告别家乡父老参加科举考试。从 1868 年他第一次参加科举考试开始算起，距今已经近 30 年。多年来他屡战屡败，又屡败屡战，一事无成，蹉跎多年后他已无心仕途。无奈，病重的老父再三叮嘱他最后再试一次，他只得应允。1894 年 4 月，张謇终于在科举考试中拔得头筹，成为状元，授翰林院修撰，官职虽不高，却是他踏上仕途最为关键的一步。然而，同年 9 月父亲病故，他遵制丁忧三年回乡守孝。

1895 年中日甲午战争以北洋水师全军覆没、中国惨败告终，清政府被迫与日本签订《马关条约》，举国哗然。一个泱泱大国居然与日本国签订如此丧权辱国的不平等条约，中国民众难以接受！悲愤中的张謇给清政府呈上了《代鄂督条陈立国自强疏》，提出了以他多年的幕僚经历和实践得出的两个富民强国主张："富民强国之本实在于工""诸大国之用人，皆取之专门学校"。[1] 即实业救国和教育救国。洋务派代表人物、两江总督张之洞看到张謇的条陈后也非常赞同，1895 年底他请了三位辖区内的江苏籍官员回乡办厂，其中就包括张謇。

张謇事后回顾这段经历时说："我是捐弃所持，舍身喂虎。"[2] 为了自己提出的救国救民的主张，他抛弃自己的所有，舍生取义，义无反顾地投入办厂的事

---

[1] 李明勋、尤世玮：《张謇全集》第 1 卷，上海辞书出版社 2012 年版，第 22 页。
[2] 李明勋、尤世玮：《张謇全集》第 4 卷，上海辞书出版社 2012 年版，第 550 页。

业中。的确，1895年中国还处于封建社会时期，想在南通创办现代化的工厂，堪比登天。

最终，历经长达5年的艰难筹备，1899年初大生纱厂终于开机。企业取名"大生"，取《易经》"天之大德于生"之意。凭借南通优越的区位、良好的资源禀赋，加上张謇卓越的管理经营才能，大生纱厂当年就盈利颇丰。很快，张謇扩大了纱厂规模，在南通及周边区域办成了4家纱厂，即大生一厂、二厂、三厂和八厂。

为了保障纱厂有稳定和充裕的原材料供给，1901年张謇又成立了中国第一家农业股份制企业：通海垦牧公司。以后又相继成立了泽生水利公司、大有晋盐垦公司等企业，专业从事围海造田，种植棉花、小麦、玉米等多种农作物，养殖蚕桑等现代农业。在建立垦牧等系列现代化农业公司的同时，张謇又在海边荒地上从无到有建设了一个新的现代化的乡镇：垦牧乡。从此，海边荒地上陆续出现了现代化的新住宅、新学校、新工厂、新店铺、新公园等，垦牧乡成为张謇早期现代化建设的起点。

1902年在创办实业的同时，张謇还创办了中国第一个民办师范学校：通州师范学校，他坚信的"父教育，母实业"正一点点变成现实。刚开始张謇对南通现代化的建设并没有高瞻远瞩、涵盖广泛且细致的蓝图规划，他自己所说的，只是"略多想了二、三步而已"。1912年，受西方传教士李提摩太的启发，张謇开始做更加长远、详细的南通现代化发展规划，甚至还大致罗列出实施各类现代化项目所需要的经费。也就从那时开始，张謇开启了中国早期区域现代化的南通试验，最终在南通"开辟了一个新世界！"

张謇着力从四个维度构建现代化南通：

一是以实业夯实物质基础。他以大生纱厂为根基，着力构建现代化工业体系，通过工业化促进区域经济增长。南通现代化工业体系的主要产业为纺织业，（仅纱厂就计划建造13家，最终建成4家）。上游是为给纱厂提供原材料而建

第五章　社会文明程度高　建设"可感可知"美丽家园

立的通海垦牧公司等现代化农业公司，下游是为此兴办的面粉厂、榨油厂、皂烛厂、酿酒厂、机械厂、造纸厂、印刷厂等 20 多家农产品加工制造企业。就这样，张謇在南通构建了一个较为完整的工业产业链。同时他还兴办了一系列与工业配套的服务业企业，包括在南通和上海创办了大达轮步公司、大达内河轮船公司，开设了从上海直达南通、最后延伸到南京的长江航线；在南通创办了电话公司、电报公司、电力公司、淮海银行等。此外，他还投入建设了轮船码头、水利船闸等重要的基础设施，逐步构建了一个相对完善的现代化产业体系，最终在南通打造了良性运行的经济大循环。

二是以教育构筑社会基础。现代化发展主体是人民，受益者也是人民，而要人民接受和参与现代化建设进程，启发民智、教育人民最为关键，这也是张謇教育救国的宗旨。南通构建的现代化产业体系和经济大循环，为张謇办教育、启发民智提供了较为充裕的资金和宣传示范的平台。1902 年至 1926 年，张謇以通州师范学校为根基，共创办了 370 多所学校，从高校到初小，各种学校类型和级别应有尽有。截至 1922 年，南通城乡已经基本普及了小学教育，构建了覆盖一个人所有人生阶段的大教育体系。1920 年教育家杜威到南通讲学时盛赞："南通者，教育之源泉，吾尤望其成为世界教育之中心也。"1922 年的南通在校生达 4 万多人，明显超出周边上海、无锡、苏州等地的 3 万多人，已经成为名副其实的中国教育中心。

三是以公益促进普惠民众。经济和社会的发展成果应该惠及所有人，包括无劳动能力的老人、残疾人乃至流浪者等弱势群体。张謇带头集资在南通各地为弱势群体建造各种福利院、残废院、养老院，为聋哑儿童建聋哑学校，为流浪乞讨者建栖流所，兴办贫民职业救助工场等。他甚至还把传统监狱改造成现代化的模范监狱、戒毒所、感化院等。到 1922 年，张謇倡导和出资建造的慈善机构已遍布南通全域。当年到南通来参加中国科学社年会的国内外各界专家、名流、记者们看到的南通，是"大道旁柳树成行、江岸边建有现代化码头和仓储设施,到处显示着满足、快乐和繁华,这是在中国其他地区没有的"。①

四是用文化奠定思想基石。为了丰富民众的精神文化生活,加快南通的现代化推进速度,1915年张謇倡导股东们集资在大生一厂所在地南通唐闸镇,专为工人兴建"唐闸公园"。公园遍植花草树木,假山、小桥、流水、亭阁无一不精。建成后的唐闸公园成为大生工人们携家带口休闲游玩的主要场所。1917年张謇又在南通城的东西南北中五个方位共建设了五个各有特点的城市公园,既有水上公园、体育公园,又有儿童公园、文人公园等,使南通市民能够出门见绿,就近游园,人人均可得自然、人文之熏陶。张謇对南通公园建设的认识也尤为深刻:"公园者,人情之囿,实业之华,而教育之圭表也。"②

此外,张謇在南通还创办了中国第一家戏剧学校——南通伶工学社,聘请享誉全国的艺术家欧阳予倩担任教育长,开中国戏剧教育之先河。他还建造了现代化的大剧院——更俗剧院;中国第一个自建气象台——军山气象台;中国第一家独立创办的公共博物馆——南通博物苑等,构建了多元化、多层次的现代化文化发展体系。

张謇还科学地按照生态、传统文化和现代化理念规划了南通城市建设,即"一城三镇"。一城即南通主城区,是南通的现代化中枢,南通人主要的生活区;三镇是生产区唐闸镇、交通运输能源区天生港镇和旅游度假区狼山镇。"一城三镇"之间开设公共交通线路,有公交车联通往来。极具中国传统文化风貌的是,"一城三镇"之间并不是紧挨着,而是"阡陌相隔"。不仅可以满足未来镇区发展的空间拓展需求,还适应了国人对田园生活的向往和需求,是典型的中国式现代化的田园城市范本。2002年两院院士、城市规划学家和建筑学家吴良镛到南通参观考察,看到100多年前张謇的这种极具中国传统文化特征又符合现代

---

① 赵明远:《一篇100年前的英文版张謇传记——〈现代之胜利者:张謇〉》,《苏东学刊》2001年第4期。

② 李明勋、尤世玮:《张謇全集》第6卷,上海辞书出版社2012年版,第421—423页。

化城市发展需要的城市规划，盛赞不已，称南通是"中国早期现代化的城市典范"，是"中国近代第一城"。[1]

顾雅君和两位同学在有斐馆喝过下午茶后，又一起来到有斐馆旁边的北公园游玩。周日的下午阳光明媚，北公园里人们三五成群，红男绿女联翩结队。漫步柳荫，迎头遇见一对新人正在濠河岸边拍婚纱照；抬头远眺，有悠扬的结婚进行曲传来，那是另一对新人在举行草坪婚礼。此时，南通城里最流行的就是结婚前在濠河边拍户外婚纱照，在公园草坪举办时髦的西式婚礼。

夕阳西下，雅君几个人又一起去更俗剧院观看了梅兰芳大师的演出。梅兰芳与张謇是忘年交，多次受邀来南通讲学和演出。为了纪念梅兰芳先生和欧阳予倩先生对南通文化发展的贡献，更俗剧院还特别建造了一座纪念亭，取名"梅欧阁"。

顾雅君看完演出，和同学告别后走在回家的路上。夜晚的濠河波光粼粼，流光溢彩。一艘大型游船伴着乐声缓缓驶来，那是中国科学社招待贵宾安排的夜游濠河的苏来舫。此时，雅君不禁感慨：我不仅是赶上了一个好时代，更是因为我生在南通，感谢南通有这位胸怀国之大者的实业家——张謇，张季直！是他缔造了现代化的南通城，也为无数南通人创造了美好的生活和未来。

（三）后篇：新时代的现代化南通

当年的顾雅君在感慨张謇凭一己之力改造了南通时，她大概想不到，真正让南通发展成时尚繁荣的现代化大都市的，是得到了全体人民拥护的中国共产党！

相信顾雅君如果看到100多年后今天的南通，一定会既惊叹又欣慰。南通

---

[1] 吴良镛：《张謇与南通：中国近代第一城》，《清华大学学报》（哲学社会科学版）2003年第6期。

水韵江苏

人民秉承先贤张謇为南通奠定的产业、教育、文化和城市等现代化发展基础，在中国共产党的领导下，持续发扬包容汇通、敢为人先的城市精神，在中国式现代化的进程中，书写了南通现代化最辉煌的篇章。

如同顾雅君当年从事的档案管理一样，未来的南通档案将会永远记载着这一系列数据：2023年全市工业总产值超1.3万亿元，六大重点产业集群产值规模突破1万亿元，船舶海工、高端纺织入选国家先进制造业产业集群，在2023年全国制造业高质量发展50强城市中排名第12位……新时代的南通厚植实业基因，统筹传统产业焕新、新兴产业壮大、未来产业培育，形成了基础扎实、体系完备、具有江海特色的现代化产业体系。

在中国式现代化的进程中，南通将进一步聚焦新型工业化，树牢"工业立市、制造强市"的鲜明导向，坚定不移走新型工业化道路，奋力打造中国现代工业名城，为谱写"强富美高"新南通现代化建设新篇章提供坚实支撑。

新时代的南通已经迈进大城时代，"三对南通"初具规模。

一对是老城南通和新城南通。老城是"一城三镇"，新城是"一核三中心"，古今交映、相得益彰。南通创新区作为城市核心的新片区，中央森林公园绿树成荫，紫琅湖水天一色，医院、剧院、美术馆等应有尽有，北京大学长三角光电研究院等一批高能级科创平台相继落户，成为产业科技创新策源地。

一对是地上南通和地下南通。地上公交与地下地铁，慢生活与快节奏，古朴与现代，城市由平面变成立体。南通成为江苏第6座地铁城市，2条线路呈"十"字串联市区组团，提升现代化城市功能和形象。

一对是滨江南通和滨海南通。滨江，五山拱江而立、秀美多姿，江豚湾"微笑天使"逐浪戏水，"南通之链"绿廊图景徐徐展开。滨海，"缤纷百里"色彩斑斓，这座半岛型城市的脖子上多了一条彩色项链。2023年南通的ＰＭ2.5浓度江苏最低、优良天数比率全省第一。南通作为全国唯一地级市代表，参加第三届"一带一路"国际合作高峰论坛绿色发展高级别论坛，并分享实践成果。南通充分发挥

第五章 社会文明程度高 建设"可感可知"美丽家园

南通创新区（图片来源：中共南通市委宣传部）

了通江达海的独特优势，谱写了水韵江苏美丽画卷中最豪放壮丽的一页。

100多年后的今天，顾雅君的孙辈们可能就读于南通大学，毕业后在南通各行各业为现代化建设添砖加瓦。假日，他们依旧会和朋友相约去饭店喝下午茶。聚会后，他们会乘地铁去新"城市会客厅"中央森林公园漫步。这里有水天一色、绿荫环绕、鲜花盛开的紫琅湖，有典藏大师作品的美术馆，有各种高雅艺术表演的大剧院，更有一系列满足人们吃喝游购娱配套的现代化服务体系。

顾雅君及其同事们所负责记录和管理的近代以来的大生档案，已被列入《世界记忆亚太地区名录》，是南通宝贵的工业财富，更是南通现代化不断演进、发展的历史轨迹。

我们相信，新时代的南通将赓续企业家精神，传扬先贤事业，在中国式现代化的进程中令"中国近代第一城"迸发蓬勃生机活力。

（李汝　中共南通市委党校）

水韵江苏

五、一份特殊的礼物　一种精神的蝶变

淮安是周恩来总理的故乡，也是中国少年儿童的旗帜"新安旅行团"的诞生地。2021年，在庆祝中国共产党成立100周年之际，淮安市新安小学的少先队员积极开展党史学习教育实践活动，他们知党史、感党恩，把学习收获向习近平总书记汇报。5月30日，习近平总书记给新安小学五（8）中队的少先队

江苏省委领导与新安小学五（8）班合影（摄影：张筠）

第五章　社会文明程度高　建设"可感可知"美丽家园

员亲切回信，对他们予以亲切勉励。这座有着悠久历史和光荣革命传统的小学倍感光荣与自豪，也迎来了历史的崭新篇章。

（一）"捧着一颗心来，不带半根草去"

1929年6月6日，人民教育家陶行知应同乡的请求，在淮安河下莲花街创办了新安小学，他亲自担任校长。新安小学招收的学生大多数是当地穷苦人家的子女，并接纳、掩护地下党员后代和革命烈士遗孤，新四军政委项英的女儿项苏云5岁时就曾在该校就读。

筚路蓝缕，以启山林。建校初期，新安小学的办学条件非常艰苦，老师没有薪水，但师生在极其艰难的条件下仍坚持实践陶行知的生活教育思想，他们通过打草鞋、制粉笔、编蒲包来维持学校生存。陶行知得知后亲笔为他们题赠对联"捧着一颗心来，不带半根草去"，褒扬他们无私奉献、艰苦办学的精神。

1935年10月10日，在民族危亡的紧要关头，学校第二任校长汪达之带领14名学生组成了闻名中外的少年儿童革命团体——新安旅行团，以文艺为武器，宣传抗日救亡。此后的17年中，新安旅行团途经全国22个省份，行程5万余里，踏遍大半个中国宣传我党的抗日救国主张。先后有600多人成为团员，他们运用放映抗日电影、宣讲抗日主张、教唱救亡歌曲、表演街头歌舞剧、编辑出版刊物、写标语绘壁画、劳军支援前线、开展岩洞教育等多种形式发动民众，号召各界"有钱出钱，有力出力"，奋起抗战。此外，他们还组织了大批青少年抗日救亡团体，投身伟大的抗日洪流，从而成为上海、武汉、桂林、内蒙古、北平和苏北解放区等地的"孩子头"，被冰心称赞为"民族解放的小号手"。

抗战胜利后，新安旅行团给毛泽东同志写了一封信，汇报工作情况，表示将在党的领导下为建设新中国继续奋斗。1946年5月20日，毛泽东同志亲笔复信:"新安旅行团各位同志们:来信收到,极为感谢!祝你们努力工作,继续前进,争取民主中国的胜利。"在毛泽东同志复信的鼓舞下,新安旅行团随华东野战军转战各地,踏上了建立新中国的伟大征程。

新中国成立后,新安旅行团积极开展文艺宣传,鼓舞民心恢复经济,支援抗美援朝,逐步成长为专业的文艺团体。1952年5月,新安旅行团与其他几个文艺团体合并后调整为华东人民艺术剧院(现为上海歌剧院),完成了光荣的历史使命。

新安旅行团在党的影响下成立,在党的关怀下进步,在党的领导下壮大,在领袖的鼓舞下成长。新安旅行团"人小志气大,爱国走天下",他们将自己的命运融入祖国的命运之中,为中国人民的解放事业建立了不朽功勋,为革命和建设培养了大批优秀人才。新安旅行团的革命精神必将世代相传。

(二)特殊的"六一"礼物

在毛泽东同志回信75年后,"六一"国际儿童节即将到来之际,传承自新安旅行团的新安小学所有师生都沉浸在巨大的喜悦、鼓舞、振奋之中,因为他们收到了一份最珍贵、最特殊的节日礼物——习近平总书记的回信。

"今年是中国共产党成立100周年,也是新安旅行团建团86周年。我们学校开展了唱新旅歌曲、讲新旅故事、诵读红色经典等活动,参观了周恩来纪念馆,成立了'小好汉宣讲团',组织了社会实践调查等丰富多彩的活动。"新安小学五(8)中队的杨路然介绍,"在参观新旅历史纪念馆时,大家看到了毛主席给新旅团员的复信,产生了给习爷爷写信的想法,把我们学新旅的感受向习爷爷汇报"。作为写这封信的主笔,杨路然回忆:"在中队会上,大家热烈讨论后都非常赞成给习爷爷写信,纷纷提出自己的想法。信写好以后,还请辅导员老师作了指导。经过多次修改,才把这封信寄给了习爷爷。"孩子们在信中写道:"敬

第五章 社会文明程度高 建设"可感可知"美丽家园

爱的习爷爷,您好!我们是江苏省新安小学五(8)中队的少先队员。我们学校在周总理的家乡淮安,还是著名的少儿革命团体——新安旅行团的母校呢。目前有3800多名孩子,是全国红色小学名校呢。今年将迎来党的100岁生日,作为'新旅'后代,我们有好多话想对您说……"

杨路然说,他们在信中汇报了中队队员的党史学习情况、新安小学和"新旅"历史、新安小学的现状等,最后还讲述了同学们的志向。这封信寄出后,孩子们日思夜盼。5月30日,习近平总书记真的回信了!

"淮安市新安小学五(8)中队的少先队员们:

你们好!收到你们的来信很高兴。你们学校是'新安旅行团'的母校,你们在信中表达了对学校红色历史的自豪之情,也说到了你们学习党史的收获。

当年,在党的关怀和领导下,'新安旅行团'不怕艰苦,足迹遍及大半个中国,以文艺为武器,唤起民众抗日救亡,宣传党的主张,展现了爱国奋进的精神风貌。希望你们结合自身成长实际学好党史,以英雄模范人物为榜样,从小坚定听党话、跟党走的决心,刻苦学习,树立理想,砥砺品格,增长本领,努力实现德智体美劳全面发展。

'六一'国际儿童节就要到了,我祝你们、祝全国小朋友们节日快乐!"[1]

回信中,习近平总书记对"新安旅行团"的点赞,尤其让全校师生倍感自豪。"我们真的是万分高兴!习爷爷这么忙,还能给我们回信,这是对我们少年儿童的无限关爱呀!这份特殊的'六一'礼物,我将永远珍藏在心中!"杨路然说,"习爷爷对我们深情勉励。我们一定会牢记习爷爷的教诲,学习新旅精神,争当少年先锋,好好学习,天天向上,长大后把我们的祖国建设得更加美好!"

"目前,新安旅行团还有六七十位老团员健在,我们已经把收到总书记回信

---

[1] 《习近平给江苏省淮安市新安小学少先队员的回信》,求是网,2021年5月31日。

水韵江苏

的消息告诉了老团员们,大家都很感到振奋鼓舞!"新安小学校长介绍,孩子们每年都会给老团员写信,向他们讲述学校近况和学习情况,学习和传承"新旅"精神。

(三)优良传统的时代蝶变

1945年8月淮安解放,新安旅行团回到淮安。12月,在原任校长汪达之主持下,新安小学在莲花街原址复校,到1946年国民党军队向苏北解放区进攻,人民解放军作战略转移时停办。1948年底淮安第二次解放,由于原校舍毁于战火,便在河下镇湖嘴街正式复校,定名新安小学。1955年学校迁至城内,在县西街兴建校舍。1960年,学校迁至现址县西街85号。1979年学校被江苏省教育厅确立为省属重点小学。1984年学校兴建了2000多平方米的教学校舍和新安

新安小学老校区(图片来源:淮安市新安小学)

旅行团历史陈列馆，扩建了运动场。到 1990 年，新安小学有 29 个班级，1580 多名学生，107 名教职员工。

新时代，新安小学充分挖掘新安旅行团教育资源，广泛开展"学习新旅精神，争做四有新人""学习新旅爱国精神，开展新时期'三个生存'教育""学习新旅精神，争当四好少年""学习新旅精神，争当新时代小好汉"等丰富多彩的"学新旅"活动，取得了良好的教育和社会效果。此外，学校借鉴新安旅行团的成功育人经验，以课题为引领，先后实施了自主发展教育、"自觉行知、自主成长"教育、"小好汉成长"教育等，学校的知名度和美誉度不断提升。近年来，学校推行"小先生"课堂，开发"小主人"课程，打造"学新旅"红色德育品牌，构建了"敢为小先生、能做小主人、争当小好汉"的"三小"育人体

新安小学学生在纪念馆讲解（图片来源：淮安市新安小学）

系，逐渐形成"红色文化、绿色成长、金色童年"的办学特色。

习近平总书记回信之后，新安小学迎来了新的发展机遇。为全面提升新安旅行团红色基地环境形象，淮安区政府对新安小学包含陈列馆、教学楼、幼儿园、办公楼等屋面、墙面、门窗等多方面进行出新提升。新安旅行团历史纪念馆升级改造，从1300多平方米扩展到2800多平方米，新建了新旅历史纪念馆公园，并以纪念馆为核心打造全国青少年思政教育基地。学校周边道路更加宽敞，沿运河的道路愈加美丽，旧房拆迁相继完成，市民休闲公园在小学周边建成投用，2023年5月，现代化的新安小学河西校区投入使用……

硬件改善的同时，软件建设也同步发力，新安小学着力打造"学新旅"三个课堂：打造"学新旅"实境课堂，组织队员们参观新安旅行团历史纪念馆，重温新安旅行团光辉历程，感受团员们"人小志气大，爱国走天下"的革命情怀；打造"学新旅"体验课堂，开展唱新旅歌曲、讲新旅故事、演新旅事迹，举行"学新旅"主题中队会，举办"红色印记"新旅文化节等活动，体验新旅红色文化；打造"学新旅"实践课堂，深入农村、社区、企业，开展"家乡美、祖国好、我能行"社会实践调查、重走"新旅"抗战路、红领巾寻访等活动，感受家乡新变化，厚植爱党、爱国、爱家乡的情感，引导队员们在"学新旅"中知党史、感党恩、跟党走。

2023年全国两会召开前夕，全国人大代表、新安小学校长张大冬要去北京参会，少先队员们听说后有许多心里话想对习近平总书记说。有同学说："习爷爷，您好！我在儿童剧中担任主角，我现在变得更自信了，好期待您能来看我们的演出啊！"有同学说："习爷爷，您好！我们的校园现在变得更美了，走进校园就能看到新安旅行团纪念公园，盼望您能来我们学校走一走、看一看。"全国两会期间，习近平总书记在参加江苏代表团审议时，张大冬校长向总书记汇报了这一年多以来少先队员们和教师们的变化，兴奋地说"孩子们听说我要到北京参加两会，特别高兴"，总书记高兴地回应道，"给孩子们问好啊！"总书记的回信和温暖问候,已经成为孩子们最珍贵、最美好的儿童节礼物,更是成为新安小学不断培根铸魂、启智润心、培育新人的新动力,在认真学习总书记的亲切关怀和重要回信精神的同时,孩子们更加坚定"四个自信","听党话、跟党走"的信念也越发强韧。

新时代的新安小学,始终牢记习近平总书记的殷殷嘱托,弘扬"新旅"光荣传统,努力培育拥有"四个自信"的新时代好少年,在全力办成让人民满意、让社会尊敬、让学生和家长有自豪感和荣誉感的学校,打造全省乃至全国标杆性、标志性的一流学校道路上阔步前行。

(王俊杰　中共淮安市淮安区委党校)

水韵江苏

六、一种新范式 一个新图景

无锡市人文气息浓厚,是江南文明、吴文化的重要发源地,传说因锡山锡矿挖尽而得名"无锡"。这是一座有着深厚历史文化的江南名城,无锡工商业和社会事业的发展,人文精神的弘扬,都离不开这份深厚的文化底蕴。近年来,无锡深入学习贯彻习近平总书记关于人文经济学的重要论述,按照"打造历史文脉与现代文明交相辉映的江南文化名城"定位,高质量推进新时代文化强市建设,文化设施更加完善、文化供给更为优质、产业发展更具优势、遗产保护更富实效。无锡连续多年成功入选"中国最具幸福感城市",走出了一条厚植人文底色,在人文与经济的良性互动中迈向高质量发展的中国式现代化无锡之路。

(一)完善文化设施,彰显城市魅力

秉承"传世心"筑造"新地标"

着力建设重大文化基础设施,构筑公共文化新地标、新格局。无锡市文化艺术中心、无锡交响音乐厅、无锡美术馆三大文化新地标建设,总投资额超26亿元,总建筑面积近10万平方米,计划于2025年底建成投用。"城市封面"国

第五章　社会文明程度高　建设"可感可知"美丽家园

际会议中心精彩揭幕，运河艺术公园等一批标志性文旅地标跃升为新晋"顶流"，延安精神无锡学习天地、中国乡镇企业博物馆等一批"红色地标"为传承红色基因提供有形载体。一系列文化设施的建设将进一步优化全市文化设施布局、补齐公共文化服务短板，更好地满足人民精神文化生活新期待。

聚集"书香浓"擦亮"新名片"

倡导全民阅读，建设"书香无锡"。培育和巩固太湖读书月等一批全民阅读活动品牌，推进市图书馆特色分馆建设，加强区（县）图书馆总分馆制建设。新无锡图书中心焕新起航，新建市级图书馆特色分馆2家，市、区两级图书馆全部跻身"国家一级"。擦亮"钟书"文化名片，截至2023年，全市已建成百余个"钟书房"优质公共阅读空间，城市书香氛围越发浓郁。各地因地制宜，创新植入多种业态，市场化运维，探索出了"钟书房＋饮品""钟书

改造一新的钟楼图书馆（始建于1912年，位于二泉映月广场）（摄影：潘正光）

房 + 花店""钟书房 + 文旅"等模式，成为一张张散发着书香的代言无锡的特色名片。

彰显"小而美"雕琢"新空间"

全市各板块同步发力，推动文化设施布局延伸至"最后一公里"。持续推进"艺术拾珍·美好空间珍珠链"三年行动计划，串珠成链打造 100 个城市文化新空间，成为市民"家门口的好去处"。小剧场打响"无锡有戏"品牌。截至 2023 年建成锡剧艺术中心等 103 家公益性小剧场，全年开展"东林拾忆""文笑雅堂"等小剧场演出 3774 场。锡剧博物馆小剧场、江阴市公共文化艺术发展中心小剧场获评省级示范小剧场，成为深受市民游客喜爱的城市文化窗口。全新打造的"无锡市书画院美学空间"开放，江阴的月城镇弦歌水韵园入选全国最美乡村公共文化空间创新案例。梁溪河休闲景观带、太湖广场、古运河（东门段）滨水示范空间等项目先行先试，为市民游客打造出了城市文化的"多维空间"，成为市民幸福感的新源泉，凝聚起最强文化"归属感"。

（二）优化文化供给，提振文化自信

推精品，"无锡原创"频频出圈

把握"出精品"和"出人才"两个关键，实施文艺精品创作提升工程和文化艺术人才引培工程。出台《无锡市文化艺术项目扶持奖励办法（试行）》等制度，通过设立文化艺术项目扶持奖励资金，评选"文艺名家工作室"、成立市文艺院团传习中心等方式，大力推进文艺精品创作高地建设，催生了艺术领域的累累硕果。儿童文学《慢小孩》、舞剧《歌唱祖国》、锡剧《追梦路上》、电视剧《人世间》、电影《了不起的老爸》等一系列文艺精品相继涌现，记录着中国式现代化建设路上亿万中华儿女的实干身影。舞剧《10909》、舞蹈《能不忆江南》入选第十四届全国舞蹈展演，入选数占全省三分之二；儿童剧《今天我是升旗手》入选第九届全国优秀儿童戏剧展演，为全省唯一入选项目；锡剧《钱伟长》等 6 个项目入选 2024 年度国家艺术基金资助项目；电视剧《人世间》荣获第十六届精神文明建设"五个一工程"奖。

塑品牌，"无锡套餐"有滋有味

努力打造无锡文化品牌。与中国美术家协会合作打造"倪云林"系列美术作品双年展；与中国艺术研究院共同打造"盛世传芳"学术展览品；争取中国美术馆指导，策划推出"掇菁撷华——无锡历代名家书画精品展"，充分彰显"书画无锡"的城市底蕴。持续办好无锡星期广播音乐会、文化场馆月、"情韵江南"群众文艺展演等品牌；创新举办无锡城市艺术季，首季即吸引 30 余万人次观看，让百姓尽享家门口的文化福利。高水平建成无锡交响乐团、无锡民族乐团，无锡荡 YOUNG 音乐节、无锡太湖音乐节等让年轻人"乐"享时尚生活，2023 太湖美音乐会吸引全球目光——无锡正以"古韵新声"，启动建设"世界音乐之都"。连续 12 年举办上海国际艺术节无锡分会场活动，现象级演出"一票难求"引爆文化市场，人文经济激荡出了时代强音。

走出去，"无锡故事"漂洋过海

努力让世界听见无锡，看见中国。市锡剧院创排的传统锡剧《珍珠塔》参演第四届粤港澳大湾区中国戏剧文化节，是锡剧大型剧目首次赴澳门演出。舞剧《歌唱祖国》参加了中宣部主办的全国优秀舞剧邀请展演，民族交响《梦华江南》参演第三十九届上海之春国际音乐节、国家大剧院第二届"国乐之春"，赢得了广泛关注与好评。市歌舞剧院、民族乐团组团赴老挝、加拿大参加"四海同春·华星闪耀"2024 年龙年系列春晚，奏响"春之乐章"民乐专场音乐会，让世界聆听东方之韵、民乐之美。小剧场锡剧《红豆》《锡剧折子戏专场》分别走进中葡职业技术学校、澳门濠江中学附属英才学校，彰显了锡剧历久弥新的艺术价值，充实了人们的精神世界，提升了城市的文化自信。

2023无锡城市艺术季（第二季）演出（摄影：毛伟骏）

（三）做强文化产业，激活发展动能

政策引领：激发产业活力

制定《关于推动无锡市文化产业高质量发展的若干政策》，政策支持从文化产业拓展到文化全领域，有力支撑城市文化竞争力提升。建立健全文化产业工作统筹协调机制，形成以市级文化产业高质量发展协调推进领导小组为核心的"1+8+N"工作推进体系，落实市（县、区）党政"一把手"抓文化产业工作责任，定期召开领导小组会议、联席会议。出台文化事业、文化产业两个"三年行动计划"，明确16个专项行动和55个具体工程，进一步突出政策引领、固强扶新。截至2023年，全市规模以上文化企业1010家，实现营业收入1554.67亿元；实现利润总额89.54亿元，同比增长69.3%，位居全省前列。

拓展优势：壮大市场主体

围绕建设区域性文化中心城市和文化影视之都目标，充分放大先发优势，积极抢占未来赛道，大力发展数字文化产业和创意文化产业，聚焦影视、数字内容、动漫游戏等细分行业，拓展文化旅游、创意设计、现代演艺、文化制造等重点领域，加快构建现代文化产业体系和市场体系，打造文化科技深度融合、文化形象开放时尚、文化创意引领潮流、文化产业活力迸发的江南文化名城。6家企业入围第五届江苏民营文化企业30强；6家企业获评江苏省重点文化科技企业。依托无锡国家文化出口基地，2023年，有8家企业、2个项目入选国家文化出口重点企业和项目，数量居全省首位。

融合发展：提升消费能级

树立全域旅游发展理念，深入实施文商体旅融合发展战略，支持"文化+"跨界产品开发，大力发展假日经济、赛事经济、音乐经济、首店经济、非遗市集等"特色经济"，构筑复合型文商体旅消费新空间，培育新型文商体旅业态和消费模式。统筹抓好长江、大运河沿线全域旅游融合示范区、度假区、旅游风情小镇等创建工作；培育"文渊雅集""西水市集"等新消费品牌；推动清名桥历史文化街区跻身国家级夜间文化和旅游消费集聚区……无锡马拉松已成为世界田联金标赛事，刷新了中国马拉松报名人数记录，2024年赛事带动相关产业效益达 2.83 亿元。2023 年全市接待入境过夜旅游人数 19.01 万人次，接待国内旅游人数 12711.97 万人次，全市旅游总收入 1581.08 亿元。

（四）擦亮文化品牌，展现立体无锡

让古建筑"活"起来

2022 年启动实施"百宅百院"活化利用工程，按照"护其貌、美其颜、扬其韵、铸其魂"的工作思路，对具有历史、艺术、科学价值的文物建筑进行风貌恢复和活化利用，计划用 3 年时间完成 100 个以上锡城古厝活化利用的典范。探索实践"政府主导、社会参与、专家把关、市场化运作"的利用路径，通过保护修缮，叠加新功能，植入新业态，打造新游径，让文物建筑成为可游、可憩、可观的新型文化空间，切实守护好、传承好生生不息的江南文脉。祝大椿故居成为工商文化体验基地；钱少卿老宅成为集文创、书店、餐饮等复合业态的定胜堂；阿炳故居成为二泉映月的展演场馆……截至 2023 年底，已完成 83 个"百宅百院"活化利用项目，相关活化案例成功入选全国文化遗产旅游百强案例。

让非遗"火"起来

2023 年启动实施"百匠千品"非遗传承创新工程，通过创新市场供给、推进融合发展、加快人才培养等途径对彰显江南文化、工商文化和吴文化的非遗项目实施系统性保护，计划用 3 年时间选树 100 名具有工匠精神的代表性传承人，开发 1000 项具有市场前景的非遗产品，催生文化消费新爆点。在全市高职院校设立非遗传承人工作室 18 个，推进全市 70 所中小学校开办非遗传承课堂，设立"小锡班""二胡班"等特色班级，累计培训学员 13 万余人。惠山泥人代表性传承人柳成荫等 6 位传承人入选第六批国家级非遗代表性传承人；爱宜艺术陶瓷非遗工坊等 5 家单位获评江苏省首批非遗工坊；宜兴紫砂陶制作技艺代表性传承人季益顺等 6 位匠人入选 2023 福布斯中国杰出匠人 TOP100 名录，均创历届最高。2023 年全市非遗及周边产业销售规模达 250 亿元，非遗在无锡不仅"活了"而且"火了"。

让吴文化"热"起来

围绕太湖西部史前文化、无锡早期文明发展历史、吴文化探源等课题，无锡加快鸿山、阖闾城国家考古遗址公园建设，推进吴家浜遗址考古发掘，进一步展示了江南文脉在多元一体中华文明形成和发展过程中的历史贡献和独特地位。宜兴丁埝遗址首次在溧水湖岸发现规模性良渚文化遗址、首次发现距今 5000 年前代表权力的"虎纹刻符石钺"。梅里古镇二期建设项目中首次发现泰伯奔吴时期的商周遗址。无锡和复旦大学联合发布了无锡市马鞍遗址马家浜文化时期人骨检测报告，首次成功获得了 6000 年前马家浜文化时期的古人类基因组数据。这些考古成果的问世，为江苏和无锡地域文明探源工程提供了重要学术支撑，为推动吴文化研究提供了巨大动力。

"文化很发达的地方，经济照样走在前面。可以研究一下这里面的人文经济学。"这是 2023 年全国两会期间，习近平总书记在参加江苏代表团审议时专门提出的课题。历久弥新的文脉传承、久久为功的文化复兴，走在新时代的无锡，发展更有韵味、城市更加灵动、生活更具诗意，努力探寻着人文与经济共生共荣的发展密码，正在谱写新时代人文经济学的无锡故事样本。

（汪垚、钱炜　中共无锡市委党校）

水韵江苏

结语

孔子曾说,"君子遇水必观",是因为水具有"德、义、道、勇"等"九德",通过观水之德可以启迪做人处世、建功立业的智慧。中华优秀传统文化讲求以德修身,明察是非,道义为先,善化他人。江苏人深得水性,也深得以文化人、润物无声之法。

两个文明建设深入人心。江苏坚持走"两个文明"协调发展的现代化之路,积极用文明创建助力道德风尚高地建设。以全国文明城市张家港为代表,江苏全省13个设区市全部建成全国文明城市,丰硕文明成果有效凝聚了全社会昂扬向上的"精气神"。

社会主义核心价值观更加广泛传播。经过广泛宣传教育、广泛探索实践,扎实推进城乡精神文明建设融合发展,社会主义核心价值观成为引导江苏人民前进的强大精神动力。像南通"莫文隋"这样的典型越来越多,社会文明程度稳步提升。

优秀传统文化保护传承和创新发展形成更多标志性成果。江苏是中华文化的重要发祥地和中华文明的重要承载地,多年来江苏深入挖掘江苏地域文明,做好长江文化、大运河文化等优秀传统文化的保护传承,努力把江苏建设成为中华优秀传统文化的重要传承发展地、革命文化的重要弘扬地、社会主义先进文化的重要创新策源地。苏州给世界贡献了一份古城保护的"苏州方案",江苏有信心在优秀传统文化创造性转化和创新性发展中创写全新篇章。

今天的江苏,全过程人民民主不断发展,法治江苏、平安江苏建设高水平推进,社会治理现代化水平显著提高,向上向善蔚然成风,社会大局和谐稳定,人民群众文化获得感、幸福感显著增强。江苏正朝着建设社会主义文化强国先行区的目标奋力前行。

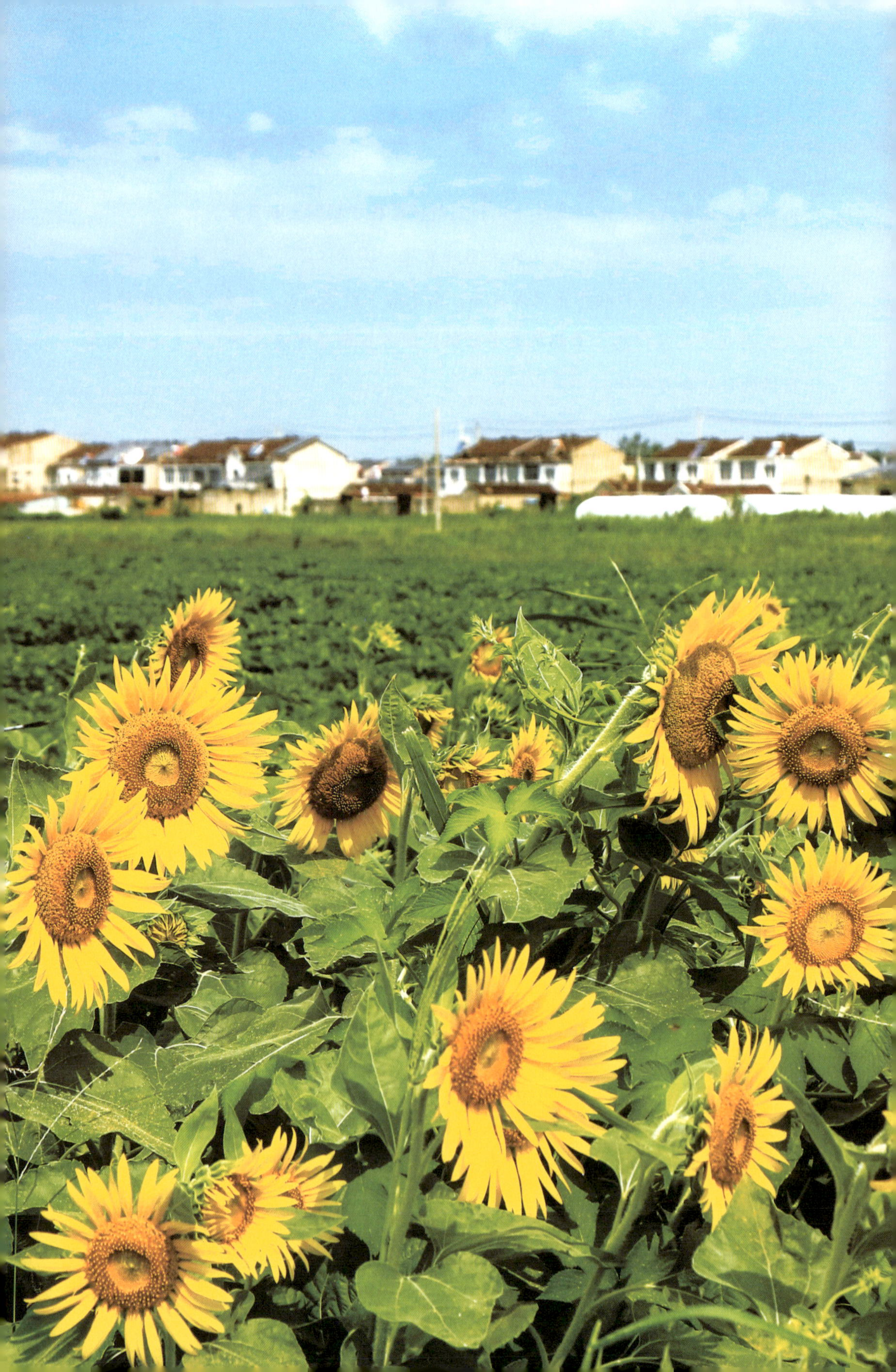

第六章

党建引领好
打造"强富美高"新发展红色引擎

君子观水，水平似法。

水韵江苏，得水之本。源清流远，守正笃行。

"问渠那得清如许？为有源头活水来"，古人借景喻理说透了"流"与"源"的关系：源清则流洁，源远则流长。身在全国水域面积最多的省份，江苏人对源头活水包含的守正之德、对水平如镜寓含的公平之德、对流水不腐内含的清廉之德体会更深。

今天的江苏人深切体会到，全面推进中国式现代化建设，实现中华民族伟大复兴，关键在党。江苏坚持以新思想培根铸魂，以习近平总书记关于党的建设的重要思想为引领，始终以高质量党建保障高质量发展继续走在前列。各级党组织突出加强党的政治建设，着力深化理论武装，以提升组织力为重点夯实基层基础，以严格正风肃纪为抓手巩固发展良好政治生态，筑牢推动高质量发展的战斗堡垒。坚持"围绕发展抓党建、抓好党建促发展"，激发组织"红色动能"，激活党员"红色细胞"，切实把组织优势更好转化为治理效能、发展优势，为全省"争当表率、争做示范、走在前列"、谱写"强富美高"现代化建设新篇章注入源源不断的红色力量。

水韵江苏

一、党建引领，
　　推动两个文明比翼齐飞

"人逢喜事精神爽，庆党的生日我登场，党的创新理论聚人心，乡村振兴面貌新……"徐州马庄村大院文化礼堂内传来阵阵演奏声。原来，马庄农民乐团正在进行排练，筹备一场年度的"大戏"。"7月1日，我们将在村里举行《永远跟党走》大型专题晚会，庆祝中国共产党的生日。"徐州市贾汪区潘安湖街道马庄村领导兴奋地说，他们精心编排了多个节目，一展农民新风采和农村新风貌。

马庄村风貌（摄影：汪磊）

第六章　党建引领好　打造"强富美高"新发展红色引擎

马庄村坚持走"党建引领＋乡风润村＋产业富民"模式，精神文明与物质文明两手抓、两手硬，先后荣获全国文明村、中国十佳小康村、中国民俗文化村、全国民主法治示范村等荣誉称号，走出了一条可推广、可复制、可借鉴的乡村振兴之路。

（一）党建引领，筑牢基层党组织战斗堡垒

1986 年，马庄村党支部提出了"六个坚持"工作法，即坚持以党的形象影响人，坚持用先进的文化教育人，坚持依法治村规范人，坚持用竞争的机制激励人，坚持用党的宗旨服务人，坚持用马庄精神鼓舞人。1986 年至 2016 年，马庄村以"六个坚持"为核心，全村形成了党风正、民风淳、人心齐、效益增的良好局面。2017 年 1 月，村党委开展以"党内政治生活规范化、党内监督常态化"为主要内容的"两化"先进基层党组织创建活动，明确政治素质好、作风形象好、团结协作好、组织生活好、发展实绩好"五个好"创建标准，推动全面从严治党在基层落地生根。2017 年 9 月，创新实施了"一强三带"工作法。"一强"即强战斗堡垒，包括强班子、强队伍、强本领。"三带"，分别是"带生态宜居"，建设生态马庄、美丽马庄、绿色马庄；"带乡风文明"，以文化教育人、文明塑造人、法治引领人；"带生活富裕"，发展现代农业富民、盘活资源增收、文化产业强村。2017 年 12 月 12 日，习近平总书记到贾汪考察时，对马庄村党委取得的成果予以肯定。

在党建引领下，马庄"小村大治"为鲜红的党旗增色添彩。每月 1 日党委会、13 日党小组会、15 日党员大会（党员活动日），30 年一以贯之。《议会制》《党员联系户工作制度》等 21 项 150 条规章制度，30 年一脉相承。"小人大""小政协"等"村两会"组织，30 年一锤定音。30 年来，在"红色马庄"小矛盾不出联系户、大矛盾不出村民小组、大纠纷和疑难矛盾不出村，成为徐州党建示范

的一面旗帜。

2023年11月26日下午，有着36年党龄的71岁马庄村"十必联"党员志愿者徐传贵来到村委，与其他党员志愿者交流志愿服务心得。

"作为一名普通的老党员，平常也干不出啥大事来，就通过茶余饭后串门拉呱的方式，跟大家伙儿联系一下，谁家有红白喜事的，有头疼脑热的，有言差语错的，我都知道得一清二楚。村里有工作任务了，传达给大家伙儿；村里发福利了，给大家送上门去。群众信任党员，咱就得让群众知道党组织就在身边，当好沟通上下的桥梁，充分发挥余热。"

徐传贵家是马庄村6组的，平时负责联系同单元楼上楼下的6户邻居。徐传贵说，从20世纪90年代起，马庄村就开始了党员包挂服务群众的行动，谁家有耕种困难党员就上门帮扶，这个传统一直延续至今。随着时代的变化，联系和帮扶的内容更加丰富了。

党员志愿者交流志愿服务心得（摄影：汪磊）

第六章　党建引领好　打造"强富美高"新发展红色引擎

提起 2017 年习近平总书记来到马庄，作为当时正在村委党员活动室开展主题党日活动的党员之一，徐传贵至今仍然心潮澎湃："总书记问大家伙儿，你们支部有多少名党员，支部书记是谁，每年发展几名党员……总书记非常关心基层党组织建设。"总书记对马庄村党建的关心，激励着他在党员志愿服务中一直干劲十足。

近年来，马庄村党委坚持选优配强"两委"成员，在"两委"换届中精选有想法、活力旺、能力强的年轻人加入村工作队伍，党组织战斗力显著增强。村党委充分发挥"固定学习日""政治生日"等机制，坚持对重点工作一天一反馈、一周一调度，聚焦乡村全面振兴，不断进行"头脑风暴"，在谈心谈话中交流碰撞不同思想。

马庄村深化党建在社会治理工作中的引领力，持续推进党建"三大工程"，全体党员共同参与"党建＋常态学习""党建＋社会治理""党建＋精准扶困"。村里相继组建了"党员志愿服务队""民兵志愿服务队""巾帼志愿服务队""乐团志愿服务队"等多支志愿服务队伍，在党员走访、理论学习等方面充分发挥党员先锋带头作用，进一步推动党建工作提质增效。

2023 年下半年，更是以基层社会治理"大排查大整治大提升"行动工作为抓手，创新推出"全家福 2.0"数字化管理系统，以数字管理赋能社会治理，将村庄地图、示意图、全体村民姓名、年龄、所在地，以及特殊家庭等信息"数字化"，将原本的"简单录用"转为"详细实用"，进一步提升治理效能，促进"和谐马庄"建设。

（二）乡风润村，打造农村精神文明家园

20 世纪 90 年代，马庄村在实践中凝练出"一马当先的勇气，马不停蹄的毅力，跃马扬鞭的速度，马到成功的效率"的马庄精神，靠着马庄精神追求的支

持，马庄村避开了 20 世纪 90 年代初乡镇企业改制对集体经济发展带来的冲击，顶住了 2001 年煤矿全部关闭导致集体收入锐减五分之四的震荡，通过产业转型升级、采煤塌陷地治理、发展生态观光农业等举措，走出了一条经济发展与生态建设齐头并进的和谐发展之路。2017 年，到马庄调研的习近平总书记知道马庄精神的四句话时说，一个村庄有自己的精神，并且每句话都带了一个"马"字，有意思[①]。

1988 年，经历改革开放 10 年的发展，马庄靠煤炭产业摘掉了贫困的帽子，百姓口袋也渐渐鼓起来。但随之而来的是滋生了一些不良风气，家庭矛盾频发、邻里纠纷不断、酗酒赌博、打架斗殴、搞封建迷信活动等现象时有发生，甚至出现了一些刑事犯罪案件。村党支部召开"两委"成员会议，全面分析、认真总结改革开放以来村民"富了口袋却穷了脑袋"的根源，最后统一思想，认为"只注重抓经济建设、忽视精神文明建设"是最重要的原因，"富了口袋"的同时不能"穷了脑袋"，必须用积极健康的文化引导村民，让村民远离不良价值取向和生活方式，让清风正气占领村民的思想阵地。1988 年 6 月，村党支部统一思想，提出"口袋富了，脑袋也得富""文化立村、文化兴村"的发展理念。秉承这种理念，以发展、繁荣先进文化为目标，组织开展了一系列健康有益的文化活动。村民在寓教于乐的活动中，受到潜移默化的教育，形成了一种独特的"马庄现象"。习近平总书记在视察马庄村时指出："农村精神文明建设很重要，物质变精神、精神变物质是辩证法的观点，实施乡村振兴战略要物质文明和精神文明一起抓，特别要注重提升农民精神风貌。"[②]

实现乡村振兴，乡风文明是灵魂。2018 年 4 月 9 日，央视《焦点访谈》栏目将镜头对准了马庄，以《马庄村的"三宝"》为题，向全国人民展示了马庄

---

① 《孟庆喜：看马庄村如何"一马当先"》，中国文明网，2018 年 9 月 10 日。
② 姚雪青、薛晴：《江苏徐州市贾汪区马庄村：精神文明作底蕴 生活充实有奔头》，《人民日报》2018 年 3 月 7 日。

"文化立村、文化兴村"的乡村振兴之路。

马庄村一年一度"十佳媳妇""十佳婆婆"的评选，为好婆媳树立榜样，和谐婆媳关系，也是马庄文明的一个重要标志。除此之外，马庄村还有6个"30年"，即民兵、金马之声、乐团、升旗、春节大联欢、敬老尊贤6个方面工作30年来常抓不懈。"坚持不懈、持之以恒做了30多年的六大工作，是马庄基层党建及精神文明建设的有力支撑。"马庄村书记介绍说。

家庭档案、星级文明户、最美乡贤、村规民约、红白理事会、百姓积分超市……多年来，马庄村坚持用先进的文化教育人，用依法治村规范人，用竞争的机制激励人，用马庄精神鼓舞人。村里高标准建成新时代文明实践站（点），打造理论宣讲等5个平台和19个特色阵地，成立党员、民兵、巾帼、文艺4支志愿服务队伍，全村四分之一的群众成为志愿者，"甘于奉献、互帮互助"在马庄蔚然成风。全村努力让每个人都能找到属于自己的文化活动，使群众在自编

马庄村演出现场（摄影：汪磊）

自演、自娱自乐的群众文化中受到潜移默化的教育，形成了人人参与、共建共享的浓厚文化氛围，"文化搭台、经济唱戏"促进了全村各项事业的全面发展。

全区推广的马庄经验十项活动，即成立一个红白理事会，成立一支广场舞队，成立一支百姓合唱团，开通一个新农村大喇叭，每周评选表彰一次"贾汪正能量 身边好榜样"，每周举办一次贾汪草根秀——"百姓大舞台 有才你就来"群众自办文化活动，每月举行一次升旗仪式，每年重阳节"晒"一次孝礼，每年举办一次邻里互助节，每年举办一次"我们的村晚"，有力地将马庄经验落到了纸面上，让马庄经验有了实实在在的实践抓手，实现了"实践—理论—实践"的新跨越。

（三）产业富民，绘就乡村振兴美丽画卷

2017 年，习近平总书记在马庄村参观了王秀英香包工作室，对马庄香包连连称赞。总书记的点赞，点燃了王秀英老人把香包产业做大的激情，也敲开了马庄香包走向大产业之门。

王秀英，国家级非物质文化遗产代表性项目徐州香包市级代表性传承人。她从 10 岁起就跟随外婆学习香包制作技艺，一干就是 70 多年。如今她虽已满头白发，但身体康健、精神矍铄，不愿放下手里的活计。

时隔多年，王秀英回忆起当时的场景，"仿佛就是昨天"。看到总书记的那一刻，她激动得不知道说啥好。听到总书记对香包连连称赞，她的心情很快放松了下来。令她没想到的是，总书记为了给她"捧捧场"，还当场花 30 元买了一个香包。

习近平总书记的"捧场"激发了王秀英和村民们制作香包的热情。2018 年，村里将手套厂改建成香包文化大院。在这里，每天固定有 30 多个村民制作香包，更多的村民选择将材料带回家加工。

靠着小小的香包，王秀英所在的马庄村"绣"出了大产业。如今占地2000平方米的马庄香包文化大院建成，集香包制作展览销售等功能于一体，与行业领先的运营转化公司合作，组建马庄香包运营团队，开通电商平台，新开发功能性香包和特色文创产品80余类，研究配制中药配方16个。从香包产业化以来，年均产值达800万元，直接创造就业岗位近400个，越来越多的人通过"小香包"得到"大实惠"。

依托潘安湖景区蓬勃发展势头，马庄村科学规划美丽乡村建设方案，先后对全域3个自然村基础配套、景观绿化等进行全面提升。美丽宜居的中心村、河净岸青的真旺村、整洁有序的正旺村，共同组成了一幅景怡人和的美丽画卷。同时，马庄村大力发展乡村旅游业，成功创建国家AAA级旅游景区，村民们也吃上了"旅游饭"。目前，村里正在积极与潘安湖一体创建国家AAAAA级旅游景区，努力将旅游产业做大做强。

马庄村民制作的香包（摄影：汪磊）

牢记嘱托，感恩奋进，蓬勃发展的马庄村正以自己的方式续写新的故事。马庄村党委书记表示，一代代马庄人用坚如磐石的信念、昂扬向上的斗志和百折不挠的韧劲，在每一次经历挫折困难后，始终坚持、坚韧、坚守，现在接力棒到了我们手上，我们将以党的二十大精神和二十届三中全会精神为指引，以更加奋发有为的精神状态，从"富口袋"做起，在"富脑袋"上发力，谱写乡村振兴、乡风文明的马庄新篇章。

（王素华　中共徐州市贾旺区委组织部）

二、"耿车模式"，"两山"理念的实践伟力

20世纪80年代，具有经商意识的宿迁市耿车镇人因穷思变，自发地向非农业领域寻求生计，并探索形成了乡办、村办、户办、联户办"四轮齐转"和民营、集体"双轨并进"发展乡镇企业的耿车路径。社会学家费孝通把这种不发达农业地区发展乡镇企业的新模式称为"耿车模式"。最初，因废旧塑料回收加工的成本低、操作工具简单、劳动时间可以充分利用等，受到了耿车人的青睐，很快发展成为支撑"耿车模式"的主要产业之一。"耿车模式"在相当长的时间里快速推动了群众致富和经济发展，在全国引起很大反响，耿车人曾为之自豪和骄傲。

此后30年，由于多种因素叠加影响，诸如重眼前轻长远的思维方式、不计环境资源成本的传统观念、健康环保意识不强等，导致耿车废旧塑料回收加工始终徘徊在回收、分拣、清洗、破碎、造粒等产业链的低端，而且发展迅猛。20世纪80年代末耿车成为苏北较大的废旧塑料市场，90年代末更成为华东地区规模最大的再生资源加工基地，以耿车为中心，向周边乡镇扩散，面积超过100平方千米。2015年，耿车镇有超三成的家庭、超三分之二的人口从事废旧塑料加工，整个耿车片区有近7000户吃"垃圾饭"，加工废旧塑料近300万吨，产值达80亿元。最高峰时，加工户达8000多户，从业人员近10万人。长期的

粗放式发展，废旧塑料回收加工给当地乃至全市的生态环境、群众健康、城市形象、区域发展等方面都造成了严重危害。不仅严重影响了广大人民群众的生产生活，也严重破坏了全市的自然生态环境。

（一）向"绿"而生

2016年，耿车镇党委班子首先统一思想，下定决心对废旧塑料污染产业"彻底禁、禁彻底"。镇党委要求全镇党员干部直面日益严重的环境污染问题，动员各级党组织主动作为，以"壮士断腕"的勇气和决心，组织群众向废旧物资加工行业宣战，万众一心向废旧塑料加工行业决战。仅用66天时间，3471户废旧塑料回收加工经营户全面清理，59个交易货场全部取缔，61个地磅、2100户设施设备全部拆除。清理外运废旧塑料40余万吨，整治沟渠15条50千米、汪塘120个78万平方米，清运垃圾10余万吨，清理违法用地995亩。耿车打赢了一场众志成城的"战斗"，踏上了一条"向绿而生"的转型之路。

在转型过程中，党组织基层堡垒始终发挥模范带动作用。全镇各个村第一个关掉颗粒粉碎机的是党员、第一个卖掉颗粒粉碎机的是党员、第一个拆除简易厂房的还是党员。

新华村党支部书记从事废旧塑料加工10年，年收入30万元左右，在这次整治中第一个站出来放弃多年辛苦经营的产业，用他的话来说，党员的先锋模范作用，"行动就是最好的证明、最佳的示范"。

（二）踏"绿"而行

耿车经历了牺牲"绿水青山"去换"金山银山"、再用"金山银山"修复"绿水青山"的惨痛教训，铁一般的事实证明了绿色发展是生态文明建设的必然

第六章　党建引领好　打造"强富美高"新发展红色引擎

要求，更是永续发展的必要条件和人民群众对美好生活追求的重要体现。为此，耿车镇党委把转变发展理念、提高生态文明建设意识作为党员教育的突破口，组织党员干部认真学习习近平生态文明思想，坚持把推动产业发展和群众增收协同共进、人居环境和自然生态美美与共作为实现乡村振兴的新支点，努力打通绿水青山与金山银山转换通道，让失而复得的"绿水青山"真正成为群众追求高品质生活的"金山银山"和"幸福靠山"，从而实现绿色转型的精彩蝶变。

绿从根来，变在思想。今天在耿车，新发展理念深入人心、"三生"融合见行见效，"四化"同步集成改革如火如荼。生态经济化、经济生态化风头正劲，"生态＋产业"发展格局渐成。2023年，全镇居民对绿色转型满意率突破95%，以个人为主体推动转型升级的意愿占比超过80%，绿色发展得到群众的广泛支持

耿车镇刘圩村新貌（摄影：齐靖宇）

和认可。2023 年，转型成功的龙马包装以 3800 万元的产值排名耿车镇年产值第 10 位，与转型前产值排名第一的企业相当。耿车人李平从"卖垃圾"到"卖多肉"，年销售量 2000 万元以上，以"美丽经济"实现了人生的华丽转身，也带动更多村民踏上绿色致富之路。

绿上枝头，变在环境。蓝天、碧水、净土，耿车人在自己的土地上，见证着一场保护美丽中国的新"战役"。耿车镇委、镇政府坚持以生态环境质量改善为核心，按照"只能更好、不能变坏"的目标要求，统筹推进降碳、减污、扩绿、增长。目前耿车 132 条大小河道均达Ⅲ类水质标准。2021 年经专业机构检测，耿车镇土壤容重达优质土壤质量标准。2021 年以来，空气优良天数保持年均 10% 以上的增长，PM2.5 浓度整体下降 30.4%。"四纵三横"镇区改造提升工程全面完成，通行不便、雨污混流、内涝积水等困扰百姓的"老大难"问题得

耿车镇白鹿湖生态公园（摄影：齐靖宇）

第六章 党建引领好 打造"强富美高"新发展红色引擎

耿车循环经济产业园（摄影：齐靖宇）

到根本解决。水美刘圩、田园红卫、文明大众"三朵金花"越发美丽，所有村居均达省级整洁标准，城乡人居环境和群众的满意度、幸福感显著提升。2023年4月，耿车被评为全省生态宜居美丽示范乡镇。

绿果累累，变在产业。耿车建立了"镇党委履责、村党组织落实"的工作体系，依托党组织联系挂钩工作平台，严把村集体经济发展关口；及时召开座谈会，分析研判村集体经济发展进度，帮助村（社区）解决发展问题；采用"周通报、月调度、季考核"工作机制压实责任，随时发现问题解决问题，不断促进村集体经济良性循环发展。

目前，耿车有绿色家居产业园、直播电商创业园、快递物流产业园、生态农业示范园四大平台筑巢引凤，有绿色家居、多肉花卉、直播电商、快递物流四大产业引领，耿车正在高质量奋进转型。

从2021年开始，电商经营方式由平台网店销售，转为专业性更强、优势更大的直播平台销售。全镇现有家具家居、塑料制品、多肉园艺网店3120家，年销售额在500万元以上的网店有303家，1000万元以上的网店70余家，网店体量和销售利润率实现翻倍增长。

依托3000余亩核心区的生态农业示范园，发展多肉花卉、果蔬采摘、文旅休闲等多种产业，打造三产融合发展集群。全镇现有多肉花卉企业30余家，其中龙头企业4家、农业重大项目13家。培育多肉植物500余种1.6亿株，组建20多个网络销售团队，年销售全国各地多肉植物达9600万株，2023年销售额达13.2亿元。

全镇企业科技研发投入突破3000万元，3个博士工作室入驻，耿车多肉品牌打响国际园艺博览会。2023年全镇地区生产总值突破42亿元，电商销售额超过90亿元，居民人均可支配收入达到3.5万元。全镇注册创业主体超过6000个，平均每4人中就有1个创业主体，创业活跃度全市领先。

（三）乘"绿"而起

耿车以"党建+"的方法，带领群众大力实施乡村振兴战略，践行"两山"理念，坚持生态优先，绿色经济快速发展。转型多肉植物、绿色果蔬、花卉经济和电商经营带来了显著经济效益，"绿水青山就是金山银山"理念在耿车深入人心。今天，耿车充分释放"党建+"的聚合、辐射效应，乘"绿"而起的雄心更加远大。

打造百亿规模产业镇。瞄准激光、精塑、绿色家居3个产业开展精准招商，壮大产业集群发展，2025年将达到3个百亿规模；做强多肉花卉产业，与一流院校、科研机构深度合作，提升产品竞争力。通过跨境电商，带领耿车多肉跨境出海，销往国外；跟紧直播电商，加快培育一批有粉丝、会经营、能带货的直播销售人才，建立完善本土产品和网络销售两个区块衔接合作的发展体系，

第六章 党建引领好 打造"强富美高"新发展红色引擎

预计 2025 年全镇电商销售额将突破 150 亿元。

打造全国知名品牌镇。把调查研究作为改革创新的基本功,回顾耿车 40 年发展历程,剖析 8 年转型之路,提炼"耿车精神",再创一个可复制推广的"耿车新模式"。在实践中汲取智慧,以党建为引领,在项目招引、便民服务、创业增收等方面大胆创新,创成"四化"同步集成改革示范镇,入围全国特色小城镇品牌传播指数前 100 名榜单。

打造好山好水样板镇。党组织坚持以正确用人导向引领干事创业导向,党建工作坚持"铸魂"与"赋能"同步推进。精心选配政治素养好、群众口碑好、能力素质强、服务意识强的"双好双强"党员干部充实基层,增强发展动力。具体行动上,学习"千万工程"经验,启动"和美乡村"三年行动,结合打造全域生态,同步实施民生实事补短板、多网融合强治理、弱势群体稳兜底等为民工程。按照"两村试点、三村示范、三村跟进"计划,为各村量身定做产业项目,重点解决高年龄、低学历等特殊人群的就业难题,确保强村与富民同步发展,让发展成果受益率达到 95% 以上。

耿车人依靠党建引领乡村振兴形成了强大合力。耿车将紧盯乡村振兴总目标,瞄准基层党建与乡村振兴的契合点,努力把党建资源转化为经济资源,把党建优势转化为发展优势,坚定绿色发展,聚焦共同富裕,阔步走好"生态优先、绿色发展"的"耿车新路",不断打通"绿水青山"与"金山银山"的双向转化通道,全心打造强村富民新样板,奋力彰显"两山"理念的实践伟力。

(陈茂辉 宿迁市宿城区耿车镇人民政府)

水韵江苏

三、渔村蜕变，
　　从"黄沙窝"变"黄金窝"

"2024年刚开年，村里的乡村振兴产业展示馆就正式开馆了，为全年的工作开了个好头。新的一年，我们将更有信心，向着乡村振兴、村民富裕的目标阔步迈进！"连云港市连云区高公岛街道黄窝村党支部书记说。

黄窝村全貌（摄影：张言华）

第六章　党建引领好　打造"强富美高"新发展红色引擎

村党支部书记提到的这个乡村振兴产业展示馆，通过老照片、老物件、老故事将时间串联，真实地记录了一代代黄窝人接续奋斗、脱贫致富的实践故事，也直观地还原了黄窝村从"黄沙窝"向"黄金窝"的蜕变历程。它既是奋斗史，也是成果展，展现出黄窝村依靠党的领导，扎实创造，推进中国式现代化建设新实践的决心和信心。

那么，过去一个贫困落后的小渔村要如何发展成为现在远近闻名的小康村呢？黄窝村是这样提交答卷的。

（一）节流不如开源，村支书带头找路

黄窝村位于连云港市连云区云台山脉山脚下，村域面积仅 2 平方千米，从地形地势来看，三面环山、一面临海，固有"窝"字之说。历史传说有凤凰从东海飞来在此栖居，又说皇帝李世民曾在此避雨，故"黄窝"还有过"凰窝""皇窝"之称。单从名字来看，有山有海、有历史有传说，黄窝村可谓是一块"风水宝地"。

都说"栽下梧桐树，引得凤凰来"，但在 21 世纪之前，黄窝村的发展却与美好的愿望大相径庭。20 多年前，黄窝村还是个靠捕捞为主的传统渔村。当时捕鱼是项大成本营生，修船、燃油、更换渔具、购买给养等无一不用钱，无奈村里没有耕田，米、面、油、菜样样都得花钱买，村民过着紧巴巴的穷日子。更严重的是，随着海产资源枯竭，村民捕鱼"十网九空"，人均年纯收入不足 4000 元，村集体负债也一度超过 300 万元。海边人靠海吃海，却越吃越穷，黄窝村成了全区有名的贫困村，被大家戏称为"黄沙窝"。

想要脱贫致富，找对路子是关键。2001 年换届后，村党支部领导班子积极探索，实施"党建＋产业"发展模式，瞄准"弃捕转养"的发展方向，通过不断试错，终于找到紫菜养殖的致富路子。村党支部书记率先贷款在近海养殖紫

菜作示范，一年后不仅还清了贷款，还有些许利润。为了让更多的村民参与其中，村党支部书记主动"授人以渔"，积极推广养殖技术，带领全村干群修码头、造船台、办工厂、建基地。2022年底黄窝村紫菜养殖面积超10万亩大关，全村80%以上的人口从事紫菜养殖及一次加工相关产业。全村实现总产值2.4亿元，村集体经济年收入1102万元，村民人均年纯收入4.5万元。黄窝村由原本"消极颓废"的贫困村，摇身一变成为远近闻名的小康村、富裕村。

（二）开发保护并重，"国字号"纷至沓来

村集体的收入多了，村民们的钱包鼓了，黄窝村"两委"下决心要改变村子环境落后、民居破败、道路不畅的"脏乱差"面貌。全村干群牢固树立和践行习近平总书记"绿水青山就是金山银山"的理念，充分依托山海资源禀赋，围绕"绿色美丽、生态宜居"的目标，同步开展村庄生态环境治理和资源开发利用，走出一条绿色发展、生态富民的路子。

村里先后投资3000余万元，加强环境整治，扮靓村容村貌。在新建塘坝、修建防洪坡、疏浚山涧河道的基础上，更新自来水管道、新建污水处理站、铺设污水管网、实施旱厕改造。同时完成广场新建、道路翻修、景观美化、村庄亮化、民居出新、健身步道等惠民工程，不断改善人居环境。

美丽的风光和良好的环境吸引了广大游客慕名而来，村党支部随即决定着力将资源向资产转化，继续加大投资力度，重新修整龙潭涧、情人谷、孔雀园等景点，建成凤仪广场、涧潭水系、森林公园等项目和片区，建成游客服务中心、景观大门、生态停车场、旅游公厕、露营基地、海鲜餐饮一条街、户外拓展基地等旅游设施，并成功创成凰窝国家AAA级旅游景区。

实践证明，绿水青山既是自然财富、生态财富，又是社会财富、经济财富。近年来，黄窝村累计完成了九大类近百项工程，往日渔村旧貌得到彻底改变，

第六章 党建引领好 打造"强富美高"新发展红色引擎

治理后的黄窝生态环境（摄影：王健民）

出落成山清水秀、宜居宜业的新渔村。黄窝村先后荣获全国文明村、全国美丽宜居村庄、全国美丽乡村示范村、"中国农民丰收节"100个特色村庄、国家森林乡村、全国一村一品示范村、全国"千村万寨展新颜"特色村庄、江苏省生态文明建设示范村、江苏省水美村庄、江苏省健康村等荣誉100余项，逐步成为全市知名的乡村旅游目的地，每年接待游客达10万人次。

（三）探索转型升级，三大产业布局更优

2022年以来，随着紫菜养殖规模极限扩张，加上气候、环境变化加剧，紫菜养殖病害频发、产量下降甚至绝收。在全市上下大力整治"三无"船舶的背景下，失海失渔村民增多、收入锐减，紫菜养殖"热度"不复以往，黄窝村的

水韵江苏

产业结构升级转型势在必行。

为此，村"两委"积极召开党员大会、村民大会，集思广益，最终确定采取"减一、增二、扩三"的方针，走出了一条"海洋富村、生态立村、旅游兴村"的一二三产业融合发展之路。

面对紫菜减产，黄窝村主动引导村民"弃海上岸"，缩减海上养殖面积。加强与吉林大学、江苏海洋大学等产学研合作，鼓励少数养殖经验丰富的村民改进养殖技术，发展贝藻立体化养殖、底播混养等高效养殖方式，减少近海养殖对水体的污染。同时，延展海产品加工链条，建设紫菜二次加工厂、海产品冷链加工厂等精深加工企业，生产高附加值的海洋产品，海洋渔业资源利用率得到极大提高。

游客在凰窝景区戏水（摄影：王健民）

更重要的是，村"两委"明确当前的中心任务是大力发展海洋旅游产业，推广"集体＋客商＋合作社＋农户"发展模式，确定世居黄窝的村民为合作社原始股股民。有了经济效益"捆绑"，全村"劲往一处使"，以打造现代化风情小镇为目标，扩建了"凤凰山居"民宿群，新建了乡村振兴综合服务中心。此外，还鼓励有条件的村民与村集体共同开发海上观光、休闲垂钓、出海捕捞、滩涂赶海、特色餐饮、渔村民宿、民俗体验等"渔旅融合"项目，打造"听淳朴乡音、吃渔岛海鲜、购优质海货、体渔家生活"的深度休闲旅游品牌，为游客提供有看、有玩、有吃、有购的快乐旅游体验。2023 年，村集体经济总收入513.8 万元，村民人均年纯收入 3.9 万元，村民的口袋更充实稳固了。

（四）改善民生福祉，百姓生活滋味更浓

"有困难找党员"，是黄窝村民常挂在嘴边的一句话。近年来，为做好全村群众的服务保障工作，黄窝村探索建设"海上红帆""山中红院""景区红领""园区红厂"党建品牌，推行"村民吹哨、党员必到"的服务模式，致力于将党旗插在渔船上、山林中、景区间、园区里，基层党组织的"主心骨"作用不断彰显。

村里老年人口多、收入来源少，村集体就加强民生兜底，将所有利好都反馈给村民，充分营造敬老、爱老、孝老的浓厚氛围。村里连续 15 年、累计使用 400 余万元，为 60 岁以上老年村民发放生活补贴和过节费，购买医疗保险和意外伤害险等。同时，新建居家养老服务中心、老年活动中心等功能室，添置电动按摩椅、摇椅、电视、空调等设施，联合社区医院开展健康义诊等上门服务，让村民也能享受市民保障，过好幸福晚年。如今的黄窝村不再流行"养儿防老"这句话，生男生女都孝顺，真正做到了老有所养。

随着环境改善、收入增多，乡亲们看得见、摸得着的获得感越来越多，对

水韵江苏

村民自发组织开展文艺活动（摄影：王健民）

美好生活的追求也更上一层楼。黄窝村党支部鼓励党员发挥带头作用，积极参与志愿服务，2014年以来，创建山海黄窝志愿服务队、教育培训志愿服务队、卫生环保志愿服务队等6支志愿服务队伍，组织开展送科技、送环保、送法律、送安全、送文化等志愿服务千余场次，村民幸福感得到极大提高。此外，黄窝村还积极弘扬文明风尚，每年定期开展最美党员、最美村民、星级文明户、最美院落、善行义举榜等评选活动，通过树立典型、表彰先进，让乡风文明浸润每位村民的心灵。

现在的黄窝村，生态良好、产业兴旺，现在的黄窝村民，生活富裕、精神富足，村子发展得越来越好，村里的年轻人也越来越多，原来灰头土脸的"黄沙窝"，正真真切切地变成"引凤筑巢"的"黄金窝"。

（聂晶、金圣林　中共连云港市连云区委党校）

（朱云、吴秋婷　中共连云港市委党校）

四、党建领航，"小网格"彰显"大作为"

近年来，无锡市滨湖区蠡园街道充分发挥党建领航"轴心"作用，强化党建引领功能，注重激发社区党组织活力，逐步形成以"党建为核、网格为基、服务为本、多元参与"的社会治理模式，从聚焦"急难愁盼"、实施惠民项目、搭建议事平台等方面入手，有效增强辖区居民的获得感、幸福感和安全感，让"小网格"彰显"大作为"。

（一）党建为核，强化"主心骨"

蠡园街道始终把党的建设贯穿基层社会治理现代化建设始终，持续优化党组织设置。积极搭建以街道党工委引领下的"社区党委（总支）—网格党支部—楼栋党小组"三级网格党建体系，夯实网格化社会治理的组织基础。

一是配强"领头雁"。坚持德、智、勤、绩、廉全面考察，选拔政治素质高、工作能力强的同志担任党组织书记，优选120多名政治过硬、群众基础好的党员担任网格员、兼职网格员和楼道长，把党的组织优势转化为人才工作优势。二是打造党建联盟。以蠡园街道网格化服务管理为切入点，构建集"网格长＋网格管理团＋网格管家团＋网格指导团＋网格顾问团＋网格巡查团"于

水韵江苏

无锡市滨湖区蠡园街道党建联盟结对签约（图片来源：蠡园街道）

一体的"一长五团"网格团队矩阵，实现党建搭网、人员进网、服务固网。通过文明创建、环境整治、治安防控等项目化共建和"菜单式"服务，合力打造辖区党建"同心圆"。三是突出党员先锋。坚持让党员"动"起来，开展党员进网格活动，将工作重心下沉到一线；把形象"树"起来，在职党员通过亮身份、亮承诺，发挥示范引领作用；将服务"做"起来，党员带头管护周边环境、促进邻里和谐，以正向激励提升社会治理软实力。

在蠡园街道面积最大、人口最多的老旧小区西园里中心片区，社区党委整合多方资源，构建了集"小区党组织—网格功能性专委会、楼委会—网格员、青管家、智理团、金乡邻"于一体的小区三级网格团队矩阵，不断增强治理力量。由小区党组织负责事务统筹及党员、支部委员的组织协调。由社区组建的人民调解、治安保卫、公共卫生、文化体育、民生保障、环境和物业管理 6 个功能性专委会及33个楼委会，全面负责解决小区的专题事务。由专职网格员通过网格群、协调会、支部活动等渠道收集解决居民日常诉求，并号召网格内支部党员、楼道长参与小区共建、邻里互助等事务。首批聘任6名返乡大学生担任小区青管家，参与文明宣传、志愿服务、爱心暑托课程讲解等志愿服务，线上线下协助网格员开展社区工作。小区智理团则由街道老干部支部、移动、电信、江苏银行等7家小区党建联盟成员单位组成，提供爱心家政、老年课堂、通信管家等清单式、项目化服务。社区党委还同步挖掘了一批熟悉民情、热心服务的小区居民小组长、支部老党员等担任"金乡邻"，参与矛盾调解、协商议事、民生事务决策建议等工作。通过锻造坚强堡垒、更新治理团队、构筑红色平台、提供精细服务，西园社区不断书写老旧小区综合整治难题的生动答卷。

蠡园街道西园社区小区智理团召开小区改造居民议事会（图片来源：西园社区）

（二）网格为基，织密"一张网"

蠡园街道坚持以网格化服务管理中心、大数据中心为基础，用好"大数据＋网格化＋铁脚板"机制，统筹推进平安稳定、矛盾化解、治安防范、服务群众等工作有序开展。

一是网格融合不缺漏。以网格化服务管理中心为枢纽功能，将 18 个沿街店铺单元，132 栋 8 个园区楼宇全部纳入专属网格管理，划精划细 329 个微网格，配齐配强了微网格联络员、志愿者，依据"智慧网格"平台，以标实数据为底，各条线数据为色，构建居民生态数据链，建立了街道实时更新的标准数据库，实现"1+8+8"的全要素全领域网格化社会治理。二是明确矛盾不上交。以网格为基本单元，集中开展排查清理专项行动，外来人员、重点对象出入小区预警准确率达到 95% 以上。对智慧社区监控预警、网格员巡查发现和居民网格群、工单系统反映的问题，及时通过大数据预警协同网格员"铁脚板"入户排查，建立台账、分解任务、落实责任，努力做到"小事不出社区，大事不出街道"。三是确保平安不出事。借助大数据筛查和监测判定，通过区分重点人员、弱势群体、列管人员和陌生人等类别，实时分类监测，及时为弱势群体服务、重点人员跟踪及群众安全保障提供第一手资料。

蠡园街道湖滨苑社区是 2004 年 9 月建成的包含商品房、安置房、别墅区的整合型社区，地处蠡园开发区核心产业集聚地，周边有多个工业园区。辖区内五大网格共有常住居民 2503 户，其中出租户约 1020 户，管理难度相应较大。近年来，湖滨苑社区积极探索"精网微格"治理新模式，精选人员、岗位赋能，在每个网格又划分出 3 个微网格，发展 3 名微网格联络员、9 名微网格志愿者，形成了一网多格的"1+3+9"高效治理模式，使收集民意更加到位，隐患排查内容更细，矛盾纠纷调解更快。

第六章 党建引领好 打造"强富美高"新发展红色引擎

蠡园街道湖滨苑社区网格前哨（图片来源：湖滨苑社区）

"你好，我是 70 号门的居民，刚才发现我们楼道门口雨棚玻璃碎裂，存在安全隐患，最好尽快处理一下。"在"网格前哨"站内，湖滨苑社区坐班网格员记录下居民反映的问题，第一时间通知网格员实地查看，同时向物业反馈，做好记录，并对后续处理情况进行跟踪，给居民一个满意的答复。

（三）服务为本，找准"方向标"

聚焦民生关切，通过持续推进安民、惠民的各项民生工程，努力答好基层社会治理"民生卷"，打开社会治理新局面。一是打造"惠民工程"。街道将惠民实事项目纳入年度重点工作，先后投入 2000 多万元。通过实施智慧社区建设、平安社区建设和消防提升等工程，进一步织牢基本民生保障网。二是推进"一

蠡园街道社区治理学院成立仪式（图片来源：蠡园街道）

网通办"。依托"魅力蠡园"工单系统，通过线上"一网通办"、线下"一站办结"，"一个窗口受理、一站式审批、一条龙服务"等手段，真正实现"服务零距离，满意在蠡园"。三是提升专业能力。鼓励各社区发掘有经验、有威望、有特长的退休老党员、老书记成立"五老顾问团"，纳入网格进行纠纷调解。此外，街道还与江南大学合作，成立无锡市首家街道级社区治理学院，为提升社区治理水平提供理论支撑和人才保障。

为了更好地实施适老化改造，改善社区老年人的生活环境，隐秀苑社区适老化改造项目聚焦老年人安全、健康等功能性需求，采用"菜单式"解决方案，进行常规改造和智慧化改造。常规改造是对地面、客厅、卧室、厨房、卫生间、康复用品六大项改造，包括防滑地垫、橡胶坡道等。智慧化改造包括智能烟感、气感、门磁、红外感应、智能网关等设备。老年人可根据自身需要和实际情况在"菜单"中选择不超过 8000 元的改造内容，改造的全过程，居民不用掏一分钱，实现了真正为群众办实事。

在隐秀苑部分楼道也可以看到，楼道里安装了双层扶手，为整栋楼的老年人上下楼梯"搭把手"。有些老年人家中卧室的床头，有一颗红色的按钮，有状况可以随时报警；黄色的扶手就安装在床边，起身和下床时可以借个力；巴掌大的感应灯放在床头柜上，起夜时，人一动就自动亮了；在家里活动有助行器和四脚拐杖；卫生间里马桶旁的扶手可以随时收放，不占地方，洗澡还有助浴椅。此外，卧室、客厅、厨房分别安装了红外感应器、烟感报警器及燃气报警器。所有这些设备，织成一张安全网，缓解年龄和疾病带给老年人的不适感。

渔港社区党委聚焦居民诉求，立足社区"小"细节，新增电动车充电桩桩位 200 余个、新增不锈钢集中晾衣架 50 多个、重拳整治楼道乱堆放并对楼道脏污墙面进行集中粉刷、全面出新，切实打造干净、整洁的人居环境。依托社区新时代文明实践站，联合共建单位、党员志愿者开展常态化志愿服务活动，为辖区居民提供健康义诊、口腔咨询、公益理发、小家电维修、普法宣传等多项接地气的便民服务，实现服务"零距离"。

（四）多元共治，画好"同心圆"

蠡园街道积极构建以社区党组织为核心、居民为主体、社会各方面共同参与的综合治理体系，多方联动共同推进，将矛盾纠纷化解在基层和萌芽状态。

一是深化居民自治。通过完善社区自治章程并建立社区"小微权力清单"，引导居民积极参与社区治理。西园社区的"院落自治2.0"、湖景社区"八微四全"工作法等项目荣获无锡市社区治理创新项目前三名。二是促进融合共建。推动社区网格和警格深度融合，民警全部进入社区"两委"班子；组织开展"法官进社区"和"律师进社区"，把化解矛盾的触角延伸到基层"前哨"站。2023年成功调解遗产继承、房屋买卖等纠纷 185 件。

水韵江苏

蠡园街道湖景社区协商议事现场（图片来源：湖景社区）

湖景社区党委依托湖景社区党群服务中心活动室、有事好商量同心议事厅、天空花园农场、社区治理学院等线下平台构筑微阵地，引入了一批优质的专家教授、社工资源。由社工老师开发微课堂，为团队成员提供能力培训、活动设计、成果交流；聘请专家讲解民主协商议事规则、社工知识。社区坚持以党群同心带动社居同心，从党小组长、楼道长、热心居民志愿者等群体中挑选了55名骨干，又从周边社区、职能部门、法律顾问等群体中邀请15名领域代表，组成议事代表库，当居民提出诉求时，社区党委就牵头从议事代表库中随机选出35人，召开同心议事会。社区还推出支部考核制度"堡垒指数"、党员"先锋指数"管理、支部联络员制度，为每名党员建立"党性"坐标，激发社区党员队伍活力。

"我们还依照从社区到片区、从片区到楼道的综合治理网格体系，凝聚了以

第六章 党建引领好 打造"强富美高"新发展红色引擎

区蠡园街道湖景社区"天空花园农场"（图片来源：湖景社区）

社区党委班子成员为核心、离退休干部担任片区网格长、社区热心人士担任楼道网格长的基层治理生力军，实现了小事不出楼道、大事不出社区。"湖景社区党委书记介绍。由议事代表库作为人员基底，社区不断优化"一事一议"居民联系会这一议事平台，逐步形成了"社区搭台、居民唱戏"的社区治理氛围，每年协调解决小区停车位矛盾、老年活动室管理、主干道卡车堵路等现实问题20余个，真正实现了社区从"代民做主"到"让民做主"、从"直接管理"到"主动服务"，百姓从"被动参与"到"主动参与"的转变。

（黄磊 中共无锡市委党校）

五、王杰精神，穿越时空的红色光芒

山有脊梁而巍峨，人有精神而挺立。王杰，一名伟大的共产主义战士，一个让党和人民永远铭记的英雄，他用自己的宝贵生命践行了军人的崇高使命，在人们心中矗立起一座永恒的精神丰碑。2017年12月13日，习近平总书记在视察徐州并看望王杰生前所在连的官兵时指出："王杰精神过去是、现在是、将来永远是我们的宝贵精神财富，要学习践行王杰精神，让王杰精神绽放新的时代光芒。"

1965年7月14日，王杰在组织民兵训练时突遇炸药包意外爆炸，危急关头为了保护在场的12名民兵和人武干部，王杰舍身扑向炸点而英勇牺牲，年仅23岁，谱写了感人至深的英雄赞歌。2009年王杰光荣入选《100位新中国成立以来感动中国人物》，2019年获评新中国"最美奋斗者"光荣称号。2021年9月，王杰精神被第一批纳入中国共产党人精神谱系。邳州是王杰精神的发源地，王杰精神就像一座永不熄灭的灯塔，不断绽放出新的时代光芒，一直激励和引导着195万多邳州人民砥砺前行。

（一）灯塔引领：从25名跃升到第1名

2017年，邳州市王杰中学仅有377名学生。因地处城郊乡村，基础设施相

第六章　党建引领好　打造"强富美高"新发展红色引擎

对薄弱，校舍不足 3000 平方米，没有理化生实验室、器材室、学生宿舍等，本地生源入学率不足 50%。但是经过 5 年多的努力，王杰中学在全市 33 所乡村中学教学成绩排名中，从位列第 25 名跃升到第 1 名。学校同时完成了从校园环境和教学设施老旧到设施配备完善、教学方式现代化的转变，目前学生数量增加到了 1500 余人。

6 年多前，新调任的王杰中学宋端凯校长到任，当他踌躇满志地走进校园时，教师懈怠、学生逃课、校园脏乱差等问题扑面而来。宋校长认为，校如其名，王杰精神正是立校之本。要想让王杰中学打一场漂亮的翻身仗，必须大力弘扬王杰精神，由内及外擦亮学校的精神底色。

经过深思熟虑，宋校长提出以"弘扬王杰精神、创建优质学校"为总目标；以"英雄王杰在我心中、王杰中学在我心中、王杰师生在我心中"为校园文化；以"全力提升课堂教学质量，倾心打造优质寄宿学校"为发展路径。同时，号召全校教职工向党员看齐、向教干看齐、向中高教师看齐。党员干部要亮身份、作承诺、当先锋、树形象，干在实处、走在前列，要勇于担当、敢于担当、善于担当，要像英雄王杰那样平常时候能看得出来、关键时刻能站得出来、危难关头能豁得出来。

有了党员干部的带头示范，全校师生员工自觉将王杰精神内化于心，外化

邳州市王杰中学校园文化（图片来源：邳州市王杰中学）

于行。教学管理上主动加大管理和改革力度；教师积极进行榜样示范、思想引领，对学生细心关爱、严格要求；学生精神昂扬，主动上进……在王杰精神引领下，全校师生面貌焕然一新，教学成绩不断攀升。

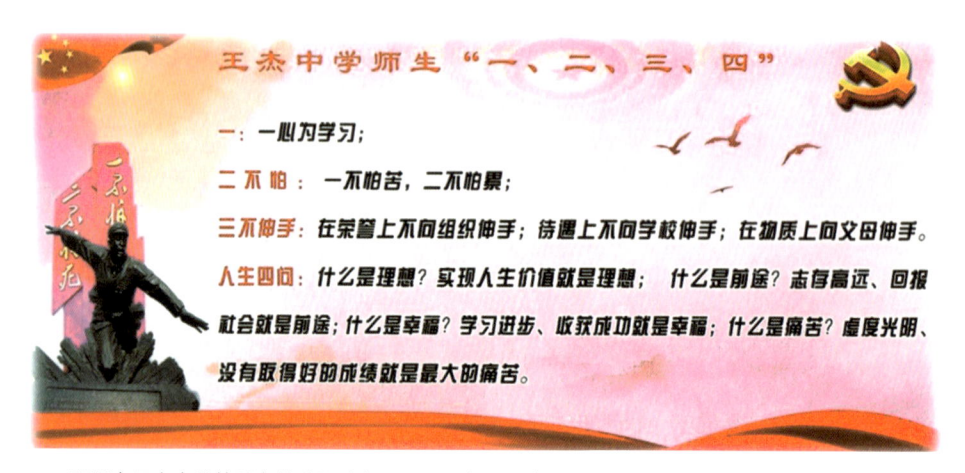

邳州市王杰中学校园文化（图片来源：邳州市王杰中学）

仅仅一年时间，2018年邳州市王杰中学中考平均分提升52分，一举进入全市前15名，实现了历史性突破。当年招生人数达到13个班级、785人。初一本地生源就学率由原来不足50%提升到92%，外地生源也纷至沓来。2019年学校教学成绩进入全市前十名，2021年学校人数达到1400人，成绩提升至全市第1名，2022年、2023年教学成绩继续在全市名列前茅，学生数量超过了1500人。邳州市王杰中学教育教学质量实现了质的飞跃，先后荣获全国足球特色学校、徐州市控流止辍先进单位、徐州市师德建设先进集体、邳州市教育系统先进集体、教学工作先进单位等一系列荣誉称号。现在，王杰中学的本地学生入学率、教学成绩、管理水平等各方面得到了当地群众和主管部门的充分认可，实现了"办好家门口优质学校"的目标。宋端凯校长也因学校发展而被选拔参加教育部"长三角"名校长培训，并于2023年3月受人民日报社邀请参加《铸魂育人》新书发布会并作弘扬王杰精神主题演讲。

（二）全新风貌：幸福洋溢在师生们的脸上

王杰中学因其英雄的印记，无论是基础设施还是教育教学，都理应体现作为红色学校的面貌和特质。话虽如此，但对于一所乡村学校，补齐校园设施和管理制度上的短板，非一朝一夕之功，工作难度可想而知。但是，全校师生坚信：有王杰精神的激励和感召，就没有什么不可能！

学校克服困难，多方筹措了60万元资金，尽力改善办公、教学条件，实现班班有一体机，班级、宿舍都有空调，床铺桌椅全部更新等。2017年至2018年积极争取上级资金171万元，建设塑胶化运动场地；投资70万元，将学校门前三米宽的泥泞道路改造成10米宽水泥路。2018年11月启动校安工程，建设了两层餐厅4000平方米，学生宿舍楼7000平方米，彻底改善了学生食宿条件，

邳州市王杰中学校园建设规划图（图片来源：邳州市王杰中学）

"公办优质寄宿学校"的愿景基本实现。

短短不到两年的时间,曾经有人认为的"不可能"变成了"现实",学校面貌焕然一新,翻新了教学楼、硬化操场、搭建食堂和宿舍,设置多媒体教室;在食品安全的基础上制作了适合学生们食用、健康可口的菜肴;在学生宿舍内设置独立卫生间、在走廊等公共区域设置吹风机等生活用品设施,住宿条件向高校看齐。

为激发教师干劲,以更高质量做好教学工作,王杰中学为高级职称的教师设立奖惩制度,并要求全体教职工结合青少年精神成长的方向,在校园里大力提倡学习王杰精神,在课堂教学中融入王杰精神内涵,让王杰精神在学校教育中发扬光大、深入人心。

世上无难事,只要肯攀登。如今的王杰中学,基础设施功能完善,操场、乒乓球场等设施一应俱全;在多媒体教室中,每位学生都能通过平板电脑观看数学几何、化学实验、历史故事等学习视频;食堂菜品丰富,宿舍内后勤设施配备完善,幸福的笑容洋溢在师生们的脸上。

(三)恒久滋养:王杰精神的活化内化

王杰精神内涵丰富,蕴含"一心为革命"的政治忠诚、"一不怕苦、二不怕死"的战斗精神、"在荣誉上不伸手,在待遇上不伸手,在物质上不伸手"的高尚情操,以及"什么是理想,革命到底就是理想;什么是前途,革命事业就是前途;什么是幸福,为人民服务就是幸福;什么是痛苦,失去人民的信任和为人民工作的机会就是最大的痛苦"这"四个自问"的人生境界。探究王杰中学这所乡村初级中学的精彩"蜕变",关键在于将弘扬王杰精神与学生的成长、教师的进步、学校的发展紧密结合起来。王杰精神成为学校的立校之本,也是实现创新发展、全面突围的根本所在。

第六章 党建引领好 打造"强富美高"新发展红色引擎

弘扬王杰精神不是一句空话，也不是简单的照搬照抄。王杰中学立足学校实际，遵循教育教学规律，着力从多个层面、多条路径将王杰精神内化为学校的精神底色。秉承王杰精神"爱国爱党、克难奋进"的内核，围绕"弘扬王杰精神、创建优质学校"的总目标，将王杰的"一心为革命"内化为"一心为教育、一心为学习"，将王杰的"两不怕"内化为"一不怕苦、二不怕难"，将王杰的"在荣誉上、待遇上、物质上不伸手"转化为全体师生共同遵循的"在荣誉上不向组织伸手、在待遇上不向学校伸手、在物质上不向父母伸手"，将王杰的"人生四问"提炼为"什么是理想？实现人生价值就是理想；什么是前途？志存高远、回报社会就是前途；什么是幸福？学习进步、精神富足、收获成功就是幸福；什么是痛苦？虚度光阴就是最大的痛苦"。在春风化雨、润物无声之中，这些精神特质逐渐成为师生共同遵守的行为指南，养成了"爱国、爱校、自尊、自强"的校风，"爱教、爱生、精心、精细"的教风和"爱学、爱问、成长、成才"的学风。

如今，王杰中学成长为一所现代化的乡村初级中学，不仅在教学成绩上荣登农村中学第1名，还广泛开展各类学习弘扬王杰精神的主题活动，让学生们的课余生活变得丰富多彩。比如，每年开展"王杰的枪我们扛"歌咏比赛和"王杰活在我心中"诗歌诵读比赛；组织全体学生参加"弘扬王杰精神、传承红色基因"主题征文比赛并荣获优秀组织奖；举行"传承英烈精神 献礼建党百年"王杰事迹报告会，邀请王杰民兵班第一任班长"活着的王杰"李彦青老人到校宣讲王杰事迹，聘请李彦青老人为名誉校长、终身红色顾问；组织学生到王杰烈士纪念馆等参观祭扫；在学校书法、美术、舞蹈、音乐、剪纸、写作、朗诵等各个兴趣小组，结合王杰精神开展活动，让红色基因根植学生心中并不断发扬光大，王杰中学也因此成为江苏省中小学品格提升工程实验学校。

岁月无痕，丰碑永存。半个世纪以来，王杰精神穿越时空，历久弥新，始

邳州市王杰中学举办迎新年大合唱比赛（图片来源：邳州市王杰中学）

终散发着夺目的光辉。在王杰精神的激励下，从乡村中学长跑中成功"突围"的王杰中学，不负先烈英名，造福当地百姓，正向着更加现代化、多元化的创新道路奋勇前进。

（姜振安、刘洋　中共邳州市委党校）

第六章　党建引领好　打造"强富美高"新发展红色引擎

结语

　　孔子认为，水总是能保证自己在一个平准面上，这就像法度一样公正持平；水无论装在什么器皿中多了就溢出来，体现的是从不贪多的正气；水滚滚向前，不舍昼夜，体现了永不动摇的志向信念；水能涤荡万物回归清澈，就如同思想教育可以正本清源……先贤已然开启智慧，今人自当打开格局。

　　江苏不断通过主题教育引导广大党员干部明理增信、崇德力行。源清则流远，通过以学铸魂、以学增智、以学正风、以学促干，推动全省各级党组织和党员干部不断增强拥护"两个确立"、做到"两个维护"的政治自觉、思想自觉、行动自觉。

　　基层党建不断提质增效。多年来江苏围绕经济建设这一中心工作和高质量发展这一首要任务，进一步加大上下游、中小企业、城乡基层组织的党建力度，切实增强基层党组织的政治功能和组织功能。徐州马庄村、宿迁耿车镇、无锡鑫同街道的发展就是把强大组织力转化为先进生产力的最好证明。

　　不断加强新业态、新就业群体党建。"新质生产力"的提出，为社会生产方式变革与生产关系改革提供新方向、提出新要求。江苏党建工作中针对新质生产力中劳动者、劳动资料、劳动对象的发展变化，以及催生的新产业、新业态、新模式，织密建强与发展方式、生产方式的变革相促进的组织体系，做到高质量发展推进到哪里，党的组织就覆盖到哪里，党的工作就跟进到哪里。连云港黄窝村从"靠海吃海"到"靠山吃山"产业结构转型的成功，正是党建工作及时推进、有效覆盖的典型。

社会发展需要思想引擎，社会公众需要精神旗帜。江苏提出一名党员就是一面旗帜、一个支部就是一个堡垒，要求广大党员紧紧团结凝聚在党的旗帜下，主动在改革攻坚等急难险重任务中挑重担、打头阵。无锡蠡园街道党员被称为"领头雁"，徐州王杰中学将"王杰精神"活化、内化，就是激发红色引擎为高质量发展注入强动能的生动写照。

后　记

本书系应中共中央党校（国家行政学院）中国式现代化研究中心、国家行政学院出版社关于"中国式现代化的故事"丛书约稿，为全景展示中国式现代化在江苏的生动实践而组织编写。

本书由中共江苏省委党校（江苏行政学院）常务副校（院）长杨明教授担任主编，副校（院）长李宗尧教授、教育长李立峰教授担任副主编，由江苏省习近平新时代中国特色社会主义思想研究中心省委党校基地组织编写。

本书的组稿工作得到了全省十三个设区市党校的热情支持，编辑过程中有多位领导、专家和主体班学员提供了宝贵意见，省委党校谢孝龙教授全程参与了书稿统稿工作，校科研处承担了书稿的组织协调工作。国家行政学院出版社相关编审专家对本书的编辑出版提供了专业性指导意见。对各位领导、专家的帮助在此一并深表感谢！

由于编者水平有限，本书倘有疏漏之处，恳请读者批评指正。

本书编写组
2025 年 3 月